U0907483

名校工程
职教创新系列

中国职业教育

名校/名校长创新管理评析

课程改革卷

国家教育行政学院职业教育研究中心 组编
总 主 编◎邢 晖
本册主编◎关林柏

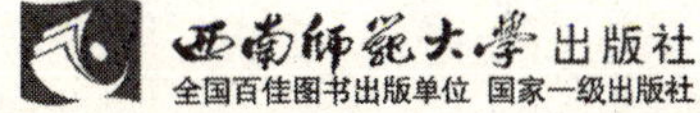

图书在版编目（CIP）数据

中国职业教育名校/名校长创新管理评析·课程改革卷/关林柏主编．—重庆：西南师范大学出版社，2012.10

（名师工程系列丛书）

ISBN 978-7-5621-5946-9

Ⅰ.①中… Ⅱ.①关… Ⅲ.①职业教育—课程改革 Ⅳ.①G71

中国版本图书馆 CIP 数据核字（2012）第 193729 号

名师工程系列丛书

编委会主任：马 立 宋乃庆

总策划：周安平

策　划：李远毅 卢 旭 郑持军 郭德军

中国职业教育名校/名校长创新管理评析·课程改革卷

Zhongguo Zhiye Jiaoyu Mingxiao/Mingxiaozhang Chuangxin Guanli Pingxi · Kecheng Gaige Juan

关林柏 主编

责任编辑：张浩宇 李 平
封面设计：大象设计
出版发行：西南师范大学出版社
地址：重庆市北碚区天生路 1 号
邮编：400715 市场营销部电话：023-68868624
http：//www.xscbs.com
经　销：新华书店
印　刷：重庆华林天美印务有限公司
开　本：787mm×1092mm 1/16
印　张：15.5
字　数：262 千字
版　次：2012 年 10 月 第 1 版
印　次：2012 年 10 月 第 1 次印刷
书　号：ISBN 978-7-5621-5946-9

定　价：35.00 元

前　言

职业教育，关乎国计民生，影响发展大局，在推动经济结构调整和产业转型升级、促进劳动就业和文化进步、推进教育结构合理化和人的全面发展等方面，其职能价值不可替代；在培养技能型人才和高素质劳动大军、解决持证上岗就业、提供终身学习、改善畸轻畸重的教育偏失等方面，更是功不可没。特别是当今，中国进入全面建设小康社会和转变生产方式的关键期，进入工业化和城市化快速发展的攻坚期，进入人力资源强国建设和教育整体改革发展的深入期，职业教育面临更大的机遇和挑战，更加任重道远。我们没有理由忽视和漠视职业教育，必须把职业教育放在更加突出的位置。

职业学校，是现代学校的重要类型，也是我国职业教育的主要形式。中等职业学校，是现阶段我国职业教育的主体力量。如果说普通中小学和大学在改革创新和发展中百花开放，竞相争艳，那么职业院校特别是中等职业学校（含中专、职高、技校、成人中专等）更像一簇后发的奇葩，含羞怒放，光彩夺目。职业学校历经数年的攻坚克难，在困境中闪亮转身，在曲折中奋步前行，在负重中实现跨越，办学成就和特色凸显：高中阶段“半壁江山”的规模、面向人人“培养技能”的功能、开门办学“前店后厂”的特点、校企合作“工学交替”的模式；面向市场需求的专业设置、对接职业标准的课程安排、工作任务导向的教学实施、融入工业文明的学校文化、技能大赛产生的社会影响；职校校长“多能性”的角色、职校教师“双师型”的素质、社会能人请进课堂、职校学生“多证在手”；职业学校与国际接轨、与市场接轨、与企业接轨、与社会接轨，办得有声有色、有滋有味、可圈可点。我们没有理由不认真总结职校经验，大力宣传职校成果。

职业学校管理，是教育生产力的“软件”，是“无本万利”的关键元素，是学校提升水平、健康持续发展的重要保障。与普通学校相比，职业学校管理既有共性，也有个性，其研究价值在于本身区别于其他教育类型的特殊规律。比如，管理环境的外生性和多面性，管理思想的社会性和开放性，管理主体的多层性和多类性，管理对象的特殊性和交叉性，管理体制的复杂性和合作性，管理范围的广泛性和整体性，管理内容的多样性和职业性，管理方式的灵活性和多变性，管理过程的复杂性和综合性，管理目标的适切性和多层次性，这些都是由职业教育的特点和特殊规律所决定的。

职业学校校长是职业学校的灵魂，一个好校长在某种意义上就是一所好学校。校长使命和学校管理是两个角度一个命题，也可以说是学校生存发展的动力和关键。与普通学校相比，职业学校的校长管理有独特的要求：思想更加开放、活动更加多样、体制更加复杂、模式更加灵活。但是迄今，无论是对学校管理工作的研究，还是对职校校长思想的挖掘，都显得比较单薄和分散，管理案例的搜集和研究还不多见，与“中等职业教育占据高中阶段半壁江山”的发展规模很不相称，与职业教育管理的多姿多彩和职校校长“多面能人”的类型特色很不相符，我们没有理由不更多地搭建一些平台，更多地聚焦职业学校管理，更多地关注一些“不一般”的职校校长。

本丛书是职校管理或校长管理案例研究的一次初步性尝试，也是2010年以来全国中职校长改革创新研究班的一个延展性成果。正是基于上述考虑，由国家教育行政学院职教研究中心牵头组编，全国各地中等职业学校（几乎均为国家级重点校）踊跃参与，形成这套《中国职业教育名校/名校长创新管理评析》系列丛书。其整体构思是：中等职教是主体，职校校长是主角，学校管理是主题，10个管理板块是重点；单块成册，集合成套，既独立，又关联，亦分亦合。丛书共10卷，分别为学校管理卷、特色德育卷、教学研究卷、师资建设卷、课程改革卷、就业指导卷、特色专业卷、校企合作卷、实训基地建设卷、农村职教特色卷。

丛书各卷的呈现思路大体一致，包含“名校/名校长简介—核心思想—实践应用—拓展反思—专家评析”等主要环节；每一卷分别聚焦一个主题，精选和荟萃十几篇有特色、有创新、有影响的典型院校管理案例，旨在提炼每一所学校的成功模式，展现不同类型校长相同或个性化的行动与思考，总结其改革和创新经验，对他校和他人提供启示和借鉴；同时，由业界专家和学者精心撰写了言简意赅、画龙点睛的点评，力求对学校进一步发展提供指导和启迪。另外，丛书在内容取舍和体例安排方面，既保证了内容的可读性，又力争能够体现观点的广度、分析的深度。

在丛书编写中对几个关系的认识和处理，有必要做些说明。一是绝对与相对的关系。好学校或称名校，好校长或称名校长，是具有一定内涵的相对概念，并非也不可能是绝对的。相对于 1.36 万职业学校和成千上万的校长来说，国家级重点校或省级重点校、改革创新示范校及其校长，称其为名校和名校长（有些校长确有相关的标志性的荣誉称号）并不为过，当然这种判断要动态地、辩证地看。二是共性与个性的关系。同是职业学校，办学和管理上必然有共性。但千校千面，各有特长，大家不同，大家都好，我们更侧重其个性化的特色。三是继承与发展的关系。任何一所学校都不可能割断历史，任何一位校长也不可能终身任职，过去、现在和未来，本书更立足于现实，基于眼前再看过往和明天。四是校长与学校的关系。本书实际上是两条主线，亦明亦暗，有些是以学校为明线，有些是以校长为明线，但主题都是管理创新。五是主观与客观的关系。本丛书力求事实可靠，素材准确，分析客观，但各卷各篇案例大多由学校自己撰稿，难免带有主观色彩；专家点评也多是基于案例文稿，如有不妥，敬请批评指正。

希望这套丛书能够发挥积极有效的作用。对于人们认识理解职业教育的地位和功能、探求把握职业教育管理和发展规律、深化拓展职业教育各项工作和管理改革创新，对于激发振奋校长群体和职教人的斗志精神、引领提升中职校长领导力和管理水平、展示讴歌职业学校的风貌风采，对于建设具有中国特色的职业教育，促进世界上最大规模的职业教育又好又快发展，如果对读者能够从某个点上有所裨益和帮助，我们就聊以欣慰和知足。

最后，向参与本丛书规划、创作、点评审稿的领导、专家学者，向提供案例材料的学校、校长，以及编写人员一并表示衷心的感谢！

编　者

2012 年 6 月

于国家教育行政学院

目录

Contents

目　录

Contents

现代职业教育理念的成功实践

——河北省邢台市农业学校

名校／名校长简介

2004年，邢台市农业学校在国家中等职业学校招生与就业政策并轨的冲击下，遭遇了办学历史上最严峻的“寒流”，全校三个年级在册生仅有556名，120名专职教师一半上课，一半“下岗”，不仅办学规模小，而且办学条件十分简陋。

2004年6月，关林柏自清河县政府调至学校任校长，学校新一届领导班子坚持在办学观念上求创新，在改革中求突破，使学校在较短时间内发生了巨变。学校不仅迅速摆脱了生存的困境，而且创造了中等职业学校飞速发展的神话：

2004年以来，学校连续7年招生数量位居邢台市同类学校第一名，在校中专生数量达到10975人、成人教育在校生人数达到3557人。学校领导班子连续6年被邢台市委授予“优秀领导集体”称号。

2005年，学校获得河北省农类专业中职学生技能大赛团体二等奖。

2006年，学校晋升为国家级重点中等职业学校。

2007年，经省教育厅批准，学校牵头组建了河北省现代农业职业教育集团，成为河北省现代农业职业教育的“领头羊”。

2008年，学校党委被中共邢台市委评为先进基层党组织。

2009年，学校被人力资源与社会保障部、教育部联合授予“全国教育系统先进集体”称号。

2010年，又被人力资源与社会保障部、教育部授予“全国中等职业学校德育工作先进集体”称号；被中共河北省委、河北省人民政府评为省级文明单位。

由邢台农校首创的送教下乡农村职业教育新模式受到了中共中央政治局委员、国务委员刘延东等领导的充分肯定。在最近召开的全国中等职业教育招生改革案例推介会上，以送教下乡为主要表现形式的河北省“双带头人工程”与四川的“藏区 9+3 免费教育计划”、重庆的“统筹城乡职业教育”一起被列为中职教育三大模式在全国推广。

随着我国教育体制改革的不断深入，职业学校要想更好地生存和发展，就要不断地与时俱进，用现代的职业教育理念指导学校的教育教学工作。

一、教学技能化

教学是学校的核心工作，学校充分认识到职业教育的教学特点，坚持以服务为宗旨，以就业为导向；在办学模式上，结合不同的专业特点，探索出产教结合、校企结合和订单培养等多种形式。学校深入了解企业的人才需求，依此确定专业，设计培养目标；按照企业要求，确定教学内容，组织教学，并根据经济和社会形势的发展，增加新知识、新技术、新工艺内容。学校将相关企业作为实习基地，组织学生到企业实习，了解生产情况，提高实践能力。教学安排以培养学生能力为原则，强调操作技能的实践性。教学理念赋予“能力”新内涵——知识的理解能力、实践操作技能和解决问题的工作能力，强调能力的全面性。

二、运作市场化

市场经济要求的是合理配置资源，以最小的投资获得最佳的经济效益。作为职业教育者，就是要建立市场营销的理念和市场开发的意识，中等职业教育必须完成从“供给驱动”向“需求驱动”的转变。“供给驱动”的核心是“供给”，而在学习岗位供不应求的情况下，办什么样的学校，设什么样的专业，培养什么样的人才，是由政府、学校说了算。而“需求驱动”的核心是“需求”，市场需求的人才，学生、家长的教育消费都是学校无法左右的，办什么样的学校，开什么样的专业，培养什么样的人才，只能由市场需求来决定。所以，对于现代职业教育来讲，一方面要无条件地满足企业（间接消费者）的需求，否则“出口”就不畅，培养的学生就难以就业；另一方面，专业设置要满足学生及其家长（直接消费者）的要求，否则“入口”就不旺，学校招生就有问题。

三、职业教育社会化

《国家中长期教育改革和发展规划纲要（2010—2020 年）》指出：“职业教育要面向人人，面向社会，着力培养学生的职业道德、职业技能和就业创业能力。”而我国传统的中等职业教育一直将培养对象局限于初中应往届毕业生。在建设社会主义和谐社会的历史进程中，职业教育应当承担更大的责任，职业教育的阳光应该照在社会的每个成员身上。只有这样，才能构成我国完整的职业教育体系，为建设社会主义现代化国家作出更大贡献。

基于以上认识，邢台农校确立了“以消费者为中心，为学生成长服务，为学生家长服务，为用人单位服务，为社会主义新农村建设服务”的办学理念和“以技为本，服务社会”的办学宗旨，把“以服务为宗旨，以就业为导向，以教学为中心，努力培养掌握适量专业技术知识、具有较强实际动手能力的技能型就业人才”作为办学的指导思想，把培养“有文化、有技术、留得住、用得上”的新型农民、实现农村富余劳动力的优质转移作为我们的目标和责任。

一、借力发展——推动教育基础设施建设

众所周知，1999—2003 年我国职业教育处于政策调整期，面对高校扩招和随之而来的“高中热”，邢台农校面临着前所未有的困难与挑战。面对如此局面，如果办学条件不改善，办学规模不扩大，就很可能被淘汰出局。但要想发展，又面临着资金短缺、师资力量不足等诸多困难。邢台农校曾经历过两次搬迁、三次办学调整，历史欠账很多，自身经济实力也远远不能满足职业教育的快速发展，若寻找政府财政支持，短期内又难以实现目标。针对这一情况，学校领导班子确立了“引进社会资金、借水行船、借鸡生蛋、借梯上房、借力发展”的新思路，大胆地根除传统的办学观念，解放思想，走出了一条借力发展的低成本迅速扩张之路。但是花自己的钱容易，花别人的钱难！商人不是慈善家，他们图的是挣钱，我们要的是发展，他挣钱，我发展，双方各得其所。

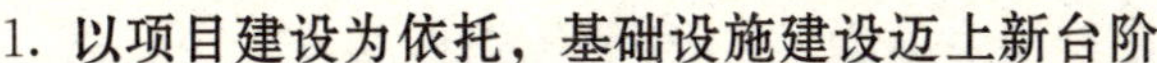

1. 以项目建设为依托，基础设施建设迈上新台阶

2004 年以来，学校出台了优惠政策，广泛吸收社会力量投资，本着“谁投资、谁管理、谁受益”的原则，做到了投资者赚钱、学校发展，真正实现了“双赢”。学校先后利用社会资金 1200 多万元，建立了能容纳 1200 多人的高标准学生公寓、学生家长招待所、学生洗衣房、浴室等，新建起了 3000 多平方米的集学生餐饮、娱乐、购物为一体的多功能学生食堂，新增建筑面积 1 万余平方米，这比过去 20 年新增建筑面积之和还多。2010 年，邢台农校再次吸引社会资金 2000 多万元，用于新校区建设。

2. 以融资、引资为主要手段，实训水平大幅提高

2005 年，邢台农校采用股份制办专业的新思路，先后融资 500 多万元建设了 1200 平方米的现代化实习车间，并充实了钳工、焊工、数控机床、汽车维修、电工电子、供热通风与空调六大实习车间。另外，投资 40 多万元装备了九大涉农实验室，引资 120 万元，建设了两个网络机房，学校的实训水平得到大幅度的提高。

3. 以办学条件外移为主要思路，开创了农业学校办工科专业的先河

邢台农校是一所有着 40 多年办学历史的老牌农业学校，农类专业是传统专业，由于我国农业发展滞后，农业产业化发展步伐缓慢，社会对农业类技术人员的需求量不大，招生受到制约。随着工业化进程的加快，工业企业的技术工人供不应求。面对渴望学到工作技能的大批农村青年，面对学校的发展现状，邢台农校人意识到，农校要想做大做强，必须着眼于长远，必须办综合型中等专业学校。面对一无师资、二无设备的实际条件，学校提出了办学条件外移的新思路，在实训设备不到位的情况下，实训可以通过校企合作来完成，师资通过外聘来解决。目前，邢台农校已外聘教师 60 人，外聘教师成为学校建设的一支生力军。通过大家的共同努力，工科类专业经过 5 年发展，已建成 6 个实习车间，成为支撑学校发展的三大类专业之一。

二、三个服务——推动学校健康持续发展

按照职业教育人性化的办学管理理念，邢台农校把“一切为了学生的健康成长，一切为了学生的稳定就业”作为学校工作的指针，努力转变观念，强化服务意识，树立以学生为中心的工作指导思想，把构建和谐校园、培养德技双优的优秀人才作为努力方向。

（一）联系学生实际，因材施教——为学生成长服务

近年来，教育改革与学校竞争给中职学校的招生工作带来巨大的影响，中等职业学校的在校生呈现出整体文化素质下滑、个体差异悬殊较大的特点，大多数学生在文化基础和学习能力方面存在较大障碍。而长期以来中等职业学校一直沿袭着“学科型”的教学模式，其特点是强调学科知识的系统性，忽视实践教学的重要性，培养出来的学生往往出现“毕业难就业，上班不上岗”的局面。

1. 理论够用，实践过硬

如何改革教学方法，适应当前职业教育的发展变化，邢台农校坚持以学生为本，把为学生成长服务视为根本，强化技能训练，因材施教，扎实推进教学改革，努力提高学生的实践技能水平。在教学过程中，学校适当减少理论课的教学内容，降低难度，增加实训的时间和内容，做到“理论够用，实践过硬”，使实践教学时间占总教学时间的50%以上。

2. 实行分层教学，力求教学效果

学校在数学和英语这两门学生文化水平差异最大的课程中实行了分层教学，让学生根据自己的水平从三种教材中选择适合自己的教材，让他们听得懂、学得会、用得上，使每个学生能在“最近发展区间内”有所进步，改变了过去那种有的“吃不饱”、有的“吃不了”、多数“吃不好”的现象，进一步增强了学生学习的主动性和能动性。

3. 试行学分制教学改革

2005年，邢台农校被省教育厅确定为学分制改革试点单位，在学习借鉴兄弟学校改革经验的基础上，在计算机专业试行了学分制改革。学生除了可以选择学习本专业的课程以修完学分外，还可以学习相关专业的部分课程或感兴趣的公共课程以获得学分。学分制改革成为职业教育发展的方向，学校在教育实践中积累了许多宝贵经验，得到了省教育厅和职教同行的高度重视和好评。

4. 改革学绩评价标准和方法

传统的课程评价标准只重视学生掌握课程知识点的程度，考试方法多以单一的结业书面考试为主要形式，这看似很严格，却无法体现学生学习过程中的表现和激励学生，也不能真正客观全面地体现课程特点和学生掌握知识的程度。为此，邢台农校对考试制度进行了改革尝试。一是根据不同课程特点采用不同的考试方法。如《公关礼仪》完全抛开了书面笔试，而采用现场

模拟的方式；《英语》则是书面考试与情境模拟口试相结合的办法；《钳工》则是采用书面考试、现场口试和综合技能操作相结合的方式；等等。二是将课程评价内容分为三部分，即学习态度、平时成绩（包括课堂提问、平时作业、章节小测验）和期末综合结业考试，激励学生加强平时学习。学生大大提高了学习效果，克服了以前平时不学、考前临阵磨枪、学习效果差的弊端，在学习中更注重对知识的理解和实际运用。三是将课程考试与职业技能鉴定相结合，近几年来学校获得职业资格证的比率达到了96%。

由于教学改革有针对性，学校取得了丰硕的成果：学生就业率达到96%，稳定率达到88%；在2005年河北省农类专业中职学生技能大赛中获得团体二等奖；2007年在邢台市职业院校学生技能大赛中获中专组团体第一名；2010年在河北省中职院校技能大赛上荣获团体一等奖，代表河北参加全国中职院校农业类技能大赛并获得三等奖；2011年在河北省农类专业中职学生技能大赛上获团体一等奖。

（二）教会学生做人做事——为学生家长服务

现代中等职业学校的学生呈现出思想活跃、自主意识和平等意识增强、自立能力和协作意识较差、个体素质差异悬殊等特点。学生家长把学生送到学校，一方面希望学生能够学到一定的专业技能，另一方面希望学生能够成为一个积极上进、心理健康、具有成熟人格的社会人。因此，教会学生做人做事是职业学校教育的一个重要方面。

长期以来，学校把育人作为立足点，把促进学生的个性发展和综合素质提高作为出发点和落脚点，牢固树立“管理就是教育，管理就是服务”的基本理念，制订了“一手抓学生的专业教育，一手抓学生的成人教育”的教育管理方针，主要体现在以下几方面：

1.“三增三减”，改革课程体系

“三增三减”即政治思想、道德、法律和职业综合素质等与学生健康成长有密切关系的课程适当增加，系统理论课程适当减少；增加促进个性发展的选修课（如书法、音乐、体育等），减少专业必选课内容，将原来的部分必修课内容改为专业拓展课；增加教学实习、生产实训等实践技能操作，减少纯理论教学，以学生能接受、乐意接受为目的。

2. 改革基础课程，使学生受到优秀传统文化的滋养

学校针对学生和学生家长的要求与建议，将语文课分为四部分——普通话、演讲与口才、应用文写作、传统文化学习，建立“大语文”的教学理

念，不仅提高了语文课的实用价值，而且受到学生的普遍欢迎。

3. **将德育列入常规教学环节**

为了培养人、启迪人、教育人，学校成立了德育教研室，抽调专人负责，组织人员定期授课，使德育工作有计划进行。学校制订了《邢台农业学校德育课教学大纲》，组织骨干力量编写了德育课专用教材，从班主任、中层干部、党员队伍中选聘了德育教师，并规定每周三下午为法定的德育课时间。另外，学校党委还实行了党委委员包专业、支部包年级、党员包班级制度，120名党员干部深入各个班级进行重点帮扶。学校针对学生思想实际，集中开展以“增强法律意识、提高纪律观念、提升道德水平”为主题的教育活动，提高了学生遵纪守法的意识。

（三）针对就业岗位设置课程——为用人单位服务

当前，中等职业教育坚持以就业为导向，教学改革也必须遵循这个导向。学校同时面对两个“消费者”，在教学改革中不仅要考虑为学生成长服务，而且要考虑为用人单位服务。

1. **大力开展订单教育**

学校与中国农民大学及大北农集团合作，开办了畜牧兽医、种业科技、植物保护和农业数字化专业；与首都机场港洁物业公司合作开办了制冷（制热）设备运行、低压电工、管工等专业；与苏州新区、天津开发区联合开办了机械电子、钳工技术应用、焊接技术应用、车工技术应用等专业；与河北华龙日清责任有限公司、河北兴达集团、邢台滨河物业管理公司、邢机顺达园艺公司等合办了食品科技、畜牧兽医、园艺园林和物业管理等专业；与沙河市委和邢台县委组织部合作，开办了农村发展专业。

2. **培养教育富有针对性**

学校领导在课程建设过程中，广泛听取企业的意见和建议，调整课程设置和教学大纲，聘请企业的技术人员来校讲课，让教师和学生了解企业文化和企业需求，使教学更加符合用人单位的要求。如学校与沙河市组织部联合举办农村发展专业，针对学员将来要担任农村干部的需要，将课程分为三个能力模块，即最新农业实用

食品专业学生实习

技术模块、农村政策法律法规模块、农村管理模块。学校与华龙日清联合开办食品科技专业，学生将来主要在该集团承担食品检验分析、设备维护等技术性工作。根据企业要求和建议，我们将食品科技专业分为食品检验和食品机械两个专业方向，在课程设置上，增加了基础课和专业基础课，减少了原来的营销、管理类课程。学校与兴达集团合办畜牧兽医专业，根据企业性质和需要，减少了兽医类的内容，增加了化学、畜禽营养与饲料、检验、养殖技术、饲料营销等方面的教学内容。由于培养目标明确，学校培养的学生完全符合了用人单位需要，到企业后很快就能适应工作岗位，学生满意，用人单位满意，学校取得了办学效益和社会效益双丰收。

3. 实行毕业生（实习生）召回制，提高就业服务质量

为了确保毕业生能够稳定就业，邢台农校大胆引入企业的召回制度，首次对已就业的毕业生与实习生实行“召回”。对于因不适应就业岗位要求而返乡待业的毕业生，学校一律“召回”并负责免费培训，再次推荐就业，真正兑现了“一切为了学生健康成长，一切为了学生稳定就业”的承诺。

三、送教下乡——开创农村职业教育新模式

职业学校要适应经济发展方式的转变和产业结构调整的要求，为城乡统筹作出应有贡献，就必须改革创新办学模式，而改革创新的根本出路在于深入学习科学发展观，推进办学模式改革。作为农业学校，为了满足农民接受职业教育的需求，让农民享受普惠、方便、低成本教育，让先进的农业生产技术快速转化为现实生产力，邢台农校从 2009 年首创了“送教下乡”办学模式，实现了中等职业学校由封闭办学到面向基层、面向企业、面向农村的开放办学的重大改革。

1. 什么是送教下乡

所谓送教下乡，就是把城市涉农类职业院校的优质教育资源送到农村，把学校办到农民的家门口，把实践课放在田间地头、饲养场，让想上学的农民有学上。邢台农校力求通过 3—5 年的系统学历教育，提高从业农民的生产技术水平、经营管理能力和思想道德水平，为社会主义新农村建设培养有文化、懂技术、会管理的新型农民。

2. 实施送教下乡的基础

当前，我国总体上已进入以工促农、以城带乡的发展阶段。统筹城乡发展是我国今后相当长一段时间内的总体要求，目的就是实现各种要素向农村

转移覆盖，帮助农村更快地发展。之所以可以实施送教下乡，有以下五个基础：

（1）国家农村政策为送教下乡提供了依据。农业、农村、农民问题关系党和国家事业发展的全局，国家一直都高度重视并着力解决“三农”问题。2006年，《中共中央国务院关于推进社会主义新农村建设的若干意见》（中央第三个一号文件）明确指出：“继续支持农民科技培训，提高农民务农技能，促进科学种田。”2008年《中共中央关于推进农村改革发展若干重大问题的决定》中进一步指出：“发展农村教育，促进教育公平，提高农民科学文化素质，培养有文化、懂技术、会经营的新型农民。”“为尽快普及农村高中阶段教育，重点加快发展农村中等职业教育并逐步实行免费。”“加强远程教育，及时把优质教育资源送到农村。”由此可见，选定涉农专业，开展送教下乡工作，既是国家农村政策的客观要求，也是落实国家农村政策的一项具体措施。

（2）国家教育方针及教育行政部门的相关规定给送教下乡工作提供了政策上的支持。教育和劳动生产相结合是国家一贯倡导的方针，2001年以来，教育部、省教育厅先后发出通知，要求职业院校深化教育改革，提高教学质量，逐步建立一种适应市场经济建设、社会进步和学生个人发展需要的更加灵活开放的教学组织和教学管理模式，试行学分制与弹性学制。学分制与弹性学制的实行，改变了过去人才培养的单一模式，有效地贯彻了因材施教、按需施教的原则，满足了经济社会对人才多样化的需求，能给学生创造更加宽松的学习环境，在多个环节上给学生以自由选择的机会，同时也为送教下乡提供了政策上的支持。

（3）农业产业化步伐的加快，农村区域产业特色逐步形成，为送教下乡、集中办学提供了必要的产业基础。随着农业产业化的进一步发展，不同地区出现了一批农业产业化龙头企业，它们促进了区域产业特色的形成，正是这种产业特色为送教下乡设立教学点和开设专业奠定了基础。如在养殖业相对集中的地方开设养殖专业，在特种种植业相对集中的地方开设种植专业。

技术指导

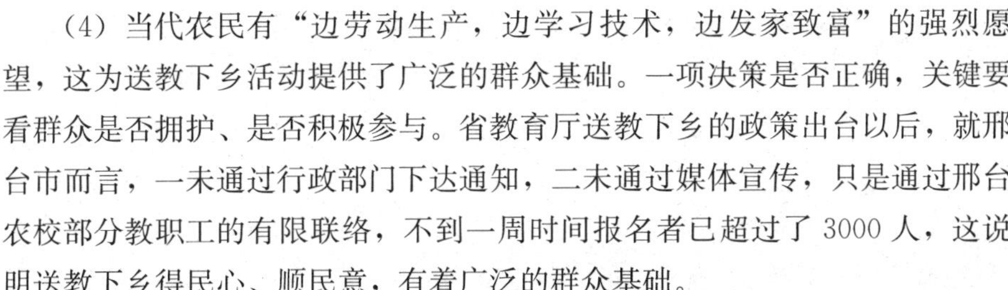

(4) 当代农民有“边劳动生产，边学习技术，边发家致富”的强烈愿望，这为送教下乡活动提供了广泛的群众基础。一项决策是否正确，关键要看群众是否拥护、是否积极参与。省教育厅送教下乡的政策出台以后，就邢台市而言，一未通过行政部门下达通知，二未通过媒体宣传，只是通过邢台农校部分教职工的有限联络，不到一周时间报名者已超过了 3000 人，这说明送教下乡得民心、顺民意，有着广泛的群众基础。

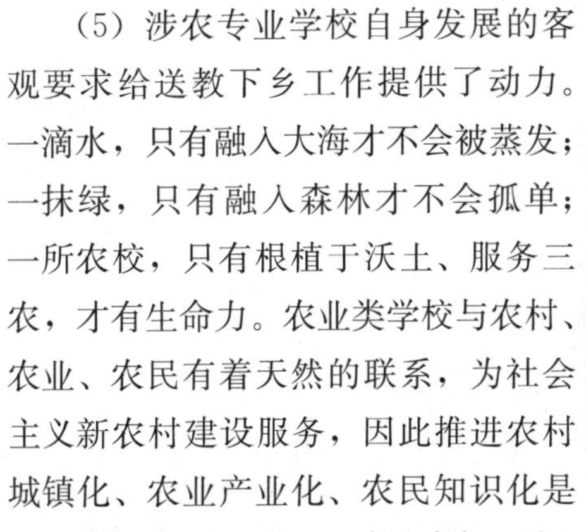

(5) 涉农专业学校自身发展的客观要求给送教下乡工作提供了动力。一滴水，只有融入大海才不会被蒸发；一抹绿，只有融入森林才不会孤单；一所农校，只有根植于沃土、服务三农，才有生命力。农业类学校与农村、农业、农民有着天然的联系，为社会主义新农村建设服务，因此推进农村城镇化、农业产业化、农民知识化是农业类职业院校义不容辞的责任。为此，借学习科学发展观为契机，改革现有的办学模式，转变现有的工作作风，实施送教下乡，将涉农教育资源送到乡村，把学校办到农民的家门口，把实验课放在田间地头、饲养场，变农民进城上学为学校“送教下乡”，为社会主义新农村建设培养一批“留得住、用得上”，有文化、懂技术、会经营的中等专业技术人才和经营管理人才是涉农类中等职业学校生存发展的必由之路。

副校长李克军为农民讲解果树技术

3. **送教下乡的组织实施**

送教下乡是一项十分复杂的系统工程，不亚于组建一所新的职业学校。对于邢台农校来说，送教下乡面临着来自九个方面的挑战：一是学校要推倒围墙，老师要走出高楼，走进农村教室；二是实习课要设在田间地头、养殖场；三是招生时间、招生年龄要打破传统；四是招生对象要打破传统；五是课程设置、教学方法要打破传统；六是学生评价标准要打破传统；七是教师管理要打破传统；八是教学时间要

学生在养殖场实习

打破传统；九是要增设教师下乡交通工具、教学器材等。

送教下乡关键在一个“送”字，主要是“送”什么，如何“送”。为了使送教下乡工作能够持续、稳定、健康发展，校长关林柏先后深入3个县10个教学点进行调查研究，走访了近百名农民，写出6000多字的专题调研报告，为送教下乡指明了方向。

（1）组建机构，为送教下乡“正名”

邢台农业学校建校46年来，始终高举“农字”大旗，坚定不移地走服务三农的道路不动摇，多年来致力于办学模式改革，致力于学校内部机制的完善与发展。2009年2月，全国职业教育与成人教育工作会议召开后，根据省教育厅的指示，学校开始了“农村改革发展”与“科技致富”双带头人培训的探索，在总结以往服务三农工作经验教训的基础上，首次提出了“送教下乡”的新观点、新思路，组建了“送教下乡”的新机构。这个组织机构自成体系，与原有机构互为补充，它使学校内部运转系统形成网络（见下图）。目前，邢台农校根据全市教学点的分布情况，划分了6个教学区、63个教学点、79个教学班，共计招收农民学员5730人，任命了各学区负责人，选举产生了79个班委会，同时根据党员分布情况建立了临时党支部，使送教下乡工作形成了一个完备的教学管理系统。

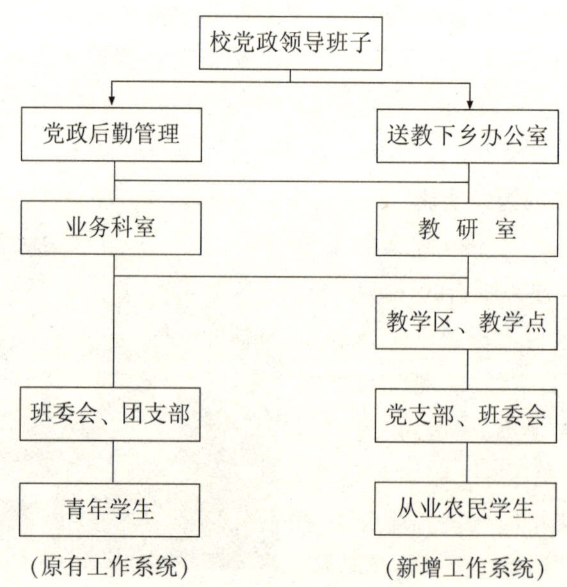

邢台农业学校改革后的工作系统

（2）明确责任，为送教下乡“护航”

送教下乡工作点多、线长、面广，为确保每一个阶段、每一个环节环环相扣、运转自如，学校进一步明确了送教办、教学区、教学点、教学班的工作职能和岗位责权。送教办的主要任务是受理各教学点的申报、考察与认定工作，指导各教学区、教研室开展工作，制订教学管理、学生管理、后勤服务等项工作制度并督查落实。教研室的主要任务是编制实施性教学计划，制订课程教学大纲，开发专用校本教材，审核授课计划，组织教学检查、学生考试及教师业务考核等。教学区的主要任务是代表学校对辖区内教学班及任课教师行使管理权，协调解决教学过程中出现的各种问题，以及任课教师的生活困难等。

（3）严格标准，确保送教下乡“管用”

为保证送教下乡教学班的农民学生学习不走过场，切实做到“课时数量不减，教学质量不降”，学校制订了送教下乡学生管理办法。在教学内容上，适当减少理论课，增加实践课，每周集中两天学习理论，三天分散实践，形成了“2＋3”教学模式。为了保证送教下乡工作顺利进行，学校投资200多万元购置了70台计算机、5台投影仪、15部送教下乡专用车和各类便携式教学实验设备，每天发送车辆20余次，近百名教师奔付各教学点，风雨无阻。在教学方法上，学校大胆改革传统以学生入学时间为起点的按部就班的教学方式，根据动植物生长过程中所需要的饲养管理和田间管理技术，采用“理实合一”的教学方式，让农民学生知道当前需要做什么、怎么做，并结合必要的专业理论知识，逐渐明白为什么这么做。如此循环，农民学生不仅听得懂、学得会，而且还掌握了本专业所需的系统的专业理论知识和实践技能。在对农民学生的评价标准上，主要看其能否运用所学知识，提高农产品质量，扩大生产规模，增强市场动作能力，带动其他农民致富。

（4）创建职业农民培训体制，确保送教下乡“持续”

为确保送教下乡工作持续健康发展，学校于2010年4月首次提出了农民“持证下田”的新理念，并利用送教下乡的网络平台付诸实践。所谓持证下田，就是组织从业农民或农村新成长劳动力开展相对系统的农业生产技术知识及生产技能培训，引导他们参加自己主要从事的农业生产种类（如果树生产、蔬菜生产、动物养殖等工种）的职业资格等级考试，从而获得国家颁发的职业资格证书，像工人持证上岗一样，让农民持证下田。这是学校为贯彻2010年中央一号文件精神和促进农业发展方式转变而采取的一项重大举措。众所周知，我国农业的劳动力素质、设施装备水平和产品的科技含量都是比较滞后的。作为职业学校，设施装备和产品我们解决不了，但提高农业劳动力素质，还是能尽微薄之力。学校通过实施农民“持证下田”培训工程，不仅满足了学员取得阶段性学习成果的要求，而且带动了其他农民参与培训，使从事种植的农民拿到了国家种植业证书，从事养殖的农民拿到了养殖业的技能证书。2010 年全市参加“持证下田”培训的农民有 1200 多人，其中 804 名农民取得了国家颁发的农业生产初、中级职业资格证书，从而成为我国首批持证下田的新一代职业农民。

农民学员在学习计算机

4. **送教下乡正在悄悄地改变着农民群众的生活与生产方式**

邢台农业学校送教下乡的实践证明，有目标、有考核、有组织、有纪律的系统性学历教育是提高农民素质的有效途径。

送教下乡活动正在悄悄地改变着农民群众的生活与生产方式：

一是农村打麻将赌博的少了，一起相互交流学习和生产体会的多了。巨鹿县南花窝村的学员在果树修剪季节自发组织在一起，今天一起剪你家的树，明天一起剪他家的树，就是在一块儿喝酒聊天，也在互相讨论学习和生产上的事，他们感到技术水平有了很大的提高。

二是在一些教学点出现夫妻同桌、父子同桌、兄弟同桌的现象，不出家门就能讨论一些技术问题。内丘县岗底村果林 25 班学生杨得刚、武乔英，以前经常为生活琐事生气拌嘴，参加学习后，把精力都放在学习和果树管理上，在家里经常讨论一些技术问题，现在不但不吵架了，今年又承包了邻村两亩地种上了果树。

三是生产水平有了提高。大曹庄农场教学点 37 班曹建亮种植的 60 亩小麦亩产达到了 1052 斤，玉米亩产达到 1260 斤，比上一年提高近 20%，收入达到 5 万多元。内丘县岗底村通过送教下乡和持证下田培训，191 名农民通过了果树中级工或初级工的职业资格考试，拿到证的果农每公斤苹果增加 2 毛钱，还增加了敬老金。在老师的带领下，很多不是一个教学点的学生建立了 QQ 群，在网上交朋友，并交流学习和生产体会，互通信息，提高了生产经营水平。

5. **送教下乡的社会影响**

实践证明，邢台农校首创的送教下乡办学模式不仅适合农民学习实际，而且完善了职业教育的社会职能，实现了让有业者乐业的目标，促进了教育公平，盘活了教育资源，提高了农民素质，受到了各地群众的热烈欢迎。2011 年 1 月 31 日，中共中央政治局委员、国务委员刘延东作出重要批示："河北省'送教下乡'的做法很好。职业教育就是要面向基层，面向企业、农村，适应他们的需求，为他们服务，才能体现价值，才能更有作为。"中央电视台、《人民日报》《光明日报》《中国教育报》《农民日报》《河北日报》《河北经济日报》、新华网、人民网、长城网、中国职成教网、长城网等多家媒体报道了邢台农校的送教下乡工作成绩。全国 100 多所职业学校及教育行政主管部门来到邢台农校参观学习，有 100 多家职业学校加入送教下乡队伍，全国数十万农民受益。

邢台市农业学校的快速发展得益于与时俱进的理念和敢于尝试的勇气，归纳起来，学校的主要做法有以下几个方面：

一、把握好市场定位

中等职业学校的教育教学改革首先面临的问题是培养目标的准确定位。中等职业教育受高等教育和普通高中教育的双重挤压，一段时期以来生源绝对数量急剧下降。中职学校如何在夹缝中赢得一线生机？中职学校培养目标定位很重要，必须弄清市场需要什么人才及学校应该培养什么样的人才这两个问题。邢台农校在进行充分的市场调研的基础上，提出了"以服务为宗旨，以就业为导向，以教学为中心，努力培养掌握适量专业技术知识、具有较强实际动手能力的技能型就业人才"的目标，并在教学、管理等一系列环节进行了大幅度的改革，收到了较好的效果。

二、职业教育社会化、终身化

职业教育的社会化早已是发达国家的普遍做法。中等职业学校要树立面向全体社会成员的"大职教"理念，打破传统的观念，努力寻求服务地方经济建设的最佳形式。职业教育正在变成终身化教育，当今社会，每个人都必须不断地学习新知识、新技术、新理念，才能适应社会的发展需要，否则就会被淘汰。职业学校办学形式越来越多样化，校企合作办学、社会力量办学等形式越来越常见。邢台农校在办学实践中探索出了送教下乡的新模式，找到了农业职业教育的服务方向与农村人才需求的最佳契合点，不仅受到各地群众的热烈欢迎，同时也受到各级领导的充分肯定。

三、大胆决策，快速出手，敢于承担风险

校长关林柏如是说："认准了就要大胆出手，如果只想不做，除了健脑，别无它用。"2004 年关林柏从清河县委调到邢台农校的时候，正值长三角地区出现了"用工荒"，于是关校长到任后第一个重大决策就是抓住企业对工人技术要求不高的机遇，实施跨行业办学，开创了农科学校办工科专业的先河。2004 年，关校长到任后的第一个秋天，一个机械电子专业就为学校招生 400 多人，经过 7 年发展，工科专业已经是支撑学校发展的三大类专业之一。2009 年，由邢台农校开创的送教下乡办学新模式受到国务委员刘延东的充分肯定，但没人会想到从关校长作出送教下乡的决策到 2009 年春季第一次招收 1000 名学员仅用了短短的两周时间。从 2009 年开始实施送教下乡的两年内，一方面学校为送教工作投入了大量的人力、物力、财力，另一方面上级领导部门在很长的一个时期内始终未对送教下乡工作这种新做法给予明确的定位，学校的决策层承担着巨大的压力，但他们坚信送教下乡是一件利国利民的好事，要坚持做下去。就是这样一种敢于承担风险和责任的精神，使学校的事业不断发展壮大。

四、教学改革技能化

职业教育是就业教育，职业学校坚持以就业为导向已毋庸置疑。多年以来，各地中等职业学校在坚持以就业为导向、不断开展教育教学改革方面都做了积极尝试。以我校为例，我们在培养目标的定位、专业设定、教学计划、课程改革、教学教法改革等方面都做了大胆的探索。随着我国经济体制改革的不断深入，中等职业教育的教育教学改革必将在不断适应社会就业需要的基础上逐步深入，坚持教学的技能化、不断提高学生综合素质必将是中职学校的终极追求。

经过 7 年的实践，邢台农校取得了一点点成绩，但与发达地区的优秀学

校相比，还存在着较大的差距，学校的整体办学水平仍然较低，学校的管理水平也有待进一步提高，但邢台农校人相信差距就是进步的阶梯，决心在刘延东国务委员“职业教育要面向基层、面向农村、面向企业”重要批示的指引下，凝心聚力求突破，一心一意谋发展，努力创造农业职业教育美好的明天。

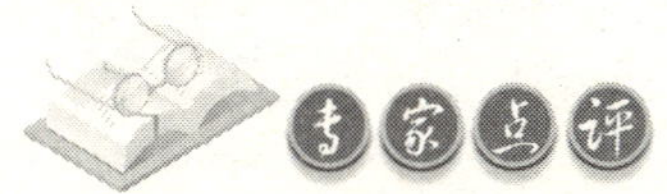

职业教育发展历经数十载，经过大浪淘沙般的洗礼，能持续生存发展下来的职业学校大都积累了丰厚的资源和经验。在原有生源渠道逐步萎缩的趋势下，如何对现有资源进行合理优化和配置，使学校能根据所在区域经济发展和人力资源需求的现状做职教大文章，是所有职业学校持续有效发展的重大课题。河北省邢台市农业学校在这个生存发展的重大课题上作出了有益的尝试，也取得了可借鉴的制度化成效。

1. 根据职业教育规律和学校特点，主动为市场提供优质教育服务

“以教学为中心，为学生成长服务，为学生家长服务，为用人单位服务，为社会主义新农村建设服务”的办学理念充分体现了学校优化资源配置的理念。在此理念的指导下，学校设置了双轨工作系统，即在高质量开展原有学历教育系统工作的同时，开创了“送教下乡——为社会主义新农村建设培养实用人才”的工作系统，并以明确的责任、完善的制度、严格的标准保证该体系的高效运转，不仅培养出我国首批持证下田的新一代职业农民，也改变了农民群众的生活与生产方式，开创了学校发展的又一个广阔空间。

2. 注重学校的内涵发展，严把教育教学质量关

办学模式多样化、教学技能化使学校的“供应出口”与市场的“需求入口”有效对接。邢台农校合理配置学校资源，挖掘自身潜力，持续提升发展内涵，坚持以学生为本，改革课程结构，强化技能训练，突出能力培养，扎实推进教学改革，努力提高学生实践技能水平。在课程体系、学绩评价标准与方法、学分制改革方面，逐步形成了适应学生发展的系列方案，学生素质得到全面提高，学校也取得了丰硕成果。

3. 借区域经济发展之力，夯实学校持续发展基础

学校不断拓宽发展空间，必定需要经济实力。邢台农业学校不等、不靠、不要，采用对外“借力”方式，广泛吸收社会资金和设备，将办学条件外移，不仅使学校办学硬件得到改善，夯实了学校持续发展的基础，也对职业学校合理优化资源配置提供了有益的经验，取得了学校和社会投资的双赢成果。

职业教育是社会与经济发展过程中不可或缺的重要组成部分，职业学校要置于区域经济综合发展的大环境之中，并要合理优化学校资源配置，才能保持稳定发展。邢台市农业学校的蓬勃发展对此作出了很好的诠释。

（点评：徐涵）

课程改革叫响学校品牌

——辽宁省本溪市化学工业学校

名校／名校长简介

苏志满，男，1956年生，研究生学历，高级讲师，本溪市化学工业学校校长，兼任中国化工教育协会常务理事、全国化工中等职业教育教学指导委员会副主任等职。

任本溪市化学工业学校校长期间，他凭借先进的教育理念、科学的发展战略以及人格魅力，与同事们一道，使这所地处辽东山区的普通中等职业学校实现了由“背靠化工保特色”向“面向制药谋发展”的转身，拓展和延伸了办学空间。2007年，他获“全国学校规范化管理杰出校长”荣誉称号；2009年获“全国化工职业教育优秀校长”“首届辽宁省职业教育杰出校长”和“本溪市优秀教育工作者”荣誉称号。其论文《坚持以人为本，探索中职教育管理创新》被收录在《探索21世纪中国教育创新之路——职业教育卷》，同时他担任该卷的副主编。

在苏志满校长及全校师生的共同努力下，学校在2008年获“辽宁省教科文卫系统民主管理先进单位”“本溪市中等职业教育专业技能大赛优秀组织单位”荣誉称号，被中国石油和化工协会、中国化工教育协会命名为“首批石油和化工行业职业教育与培训全国示范性实训基地”，工业分析与检验专业成为辽宁省职业教育品牌专业。2009年，学校获“辽宁省教育系统先进集体”荣誉称号；2010年被教育部、人力资源与社会保障部授予“全国中等职业学校德育工作先进单位”荣誉称号。另外，学校分析检测系学生连续5年（2006—2010）获得全国石油与化工中等职业学校学生化学检验工技能大赛冠军。

本溪市化学工业学校作为专业门类齐全、特色鲜明的国家重点化工制药类普通中专，在全国同类学校中奋然崛起，这在很大程度上源于有先进的教育理念、科学的发展战略以及教育教学等方面的改革与创新。我们始终认为，可持续发展是人生的追求，满足人的职业需求或为人们提供可持续发展的动力是职业教育的历史使命。

职业院校的发展必须建立在明确的教育理念和目标上，职业学校应该坚持把握职业教育价值观，把实现学生的终身发展作为教育的不懈追求。因此，我校一直坚持“以服务为宗旨，以就业为导向”的职业教育办学宗旨，提出了“让无业者有业，使有业者精业，助精业者立业”的办学理念。这一理念的核心是关注人的终身发展。其基本要义是：首先，职业学校要树立服务于人人学习、终身学习需要的观念，在教育实践中，自觉延伸职业教育的功能，学习和培训要着眼于每个人的职业生涯；其次，要扩大职业教育服务社会的功能，紧密结合个人职业生涯和全面发展的需要，提供多样化、开放性、个性化的职业教育和培训；再次，要注重学习者个人能力的培养，包括自我学习、与他人合作、独立解决问题等关键能力和创新精神的培养。职业教育要适应经济、企业的需要，它不只是让学生获取生存技能的途径，而且要成为提升人的境界、丰富人的精神的一种方式。职业教育不仅要教给学生一些简单的技能，更重要的是让学生在技能学习过程中了解、掌握现代工业文明，使他们成为被开发的对象和增加社会财富的资源。职业教育既要着眼于学生的就业，更要着眼于学生的学业发展、职业发展和生涯发展。

多年的工作实践和经验让我们深知，职业教育只有为区域经济发展服务，才有其生存与发展的空间。学校的定位、办学规模与形式、专业与课程设置等，如果能够与区域经济的发展有机结合，走区域化发展之路，根据区域经济和产业、企业对人才的特殊要求，及时调整专业结构、教学内容和培养规模，就会形成自己的特色，学校才会持续发展，才会有生命力。

学校还针对办学模式提出了“深度践行校企合作、工学结合”的新要求，针对专业建设提出了“精专业大服务、小专业大培训”的新思路，针对教学改革提出了“专业课教学前置，教学内容与化工医药产业链岗位群需要、课程体系与企业用人标准全面对接”的新课题，针对人才培养提出了“以产业定职业，以职业定专业”“知识改变命运，技能赢得未来，习惯集成素质，细节决定成败”的新思路。同时，结合社会与企业的需求，进行了一系列的教学改革，包括专业调整、专业标准的制订、课程体系的确立、考核评价标准的修订、教学模式和教学方法的改革等。学校的专业建设、课程开发等紧密结合国家和省经济发展及社会进步的实际，并瞄准本溪经济发展的增长点，将专业建设、专业教学和校企合作联系在一起，推行工学结合培养模式，实现了“零距离”就业的发展目标。

另外，学校坚持把职业生涯规划、爱心教育作为育人的重要课题，着力培养学生的综合素质。

有一年寒假，苏校长与招生就业办的老师一道去烟台万润精细化工有限公司了解学生就业情况，参观了企业的生产车间，他颇有感触。他当时想：“如果我们学校的学生能到这么好的企业就业是多么好的事情啊。”同时他也很自信地认为，我们学校的学生一定能干好这些工作。到了员工宿舍，学生们看到苏校长和本校的老师，一个个高兴得欢呼雀跃，但是当被问到生活和工作时，有些孩子就显得不是很开心。苏校长经过仔细询问才知道，孩子们在学校学习的知识有些和企业相差比较远，还有就是学生的操作技能不是很到位，这应该是在学校培训时没有细化考核技能点所造成的。面对如此情况，苏校长不得不认真去思考这些问题：学校的教育教学不能再这样下去，课程需要改革，教学方法也要改革，改革是学校生存与发展的必由之路，必须寻找一条通向企业的直通车，使学生适应企业的实际需求，尽快步入现代企业发展的快车道。

一、关于课程改革的思考

随着生产力与经济发展水平的提高，人才市场将不再满足于劳动者只具有一技之长；新兴高科技的发展、科技进步周期的不断缩短和传统产业结构

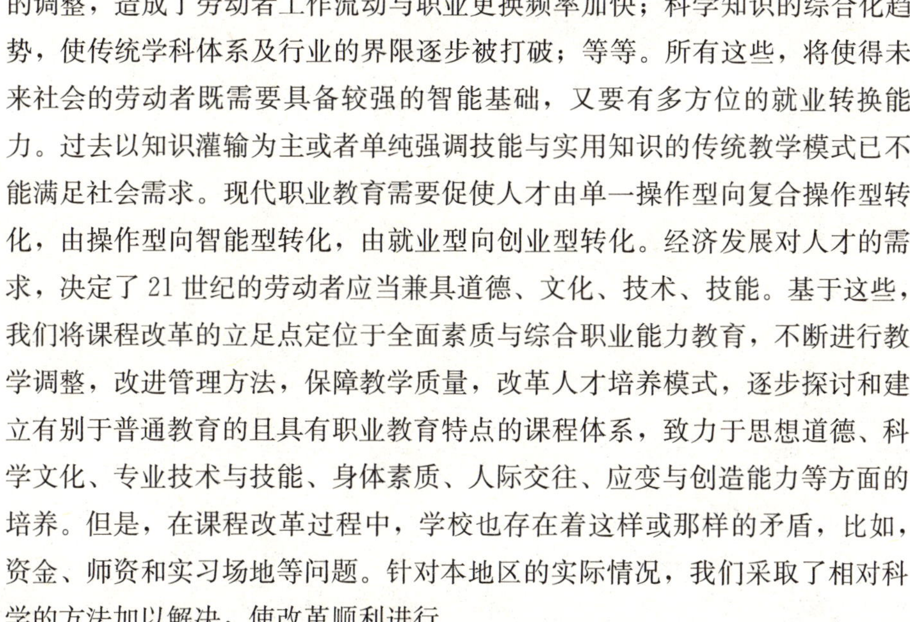

的调整，造成了劳动者工作流动与职业更换频率加快；科学知识的综合化趋势，使传统学科体系及行业的界限逐步被打破；等等。所有这些，将使得未来社会的劳动者既需要具备较强的智能基础，又要有多方位的就业转换能力。过去以知识灌输为主或者单纯强调技能与实用知识的传统教学模式已不能满足社会需求。现代职业教育需要促使人才由单一操作型向复合操作型转化，由操作型向智能型转化，由就业型向创业型转化。经济发展对人才的需求，决定了21世纪的劳动者应当兼具道德、文化、技术、技能。基于这些，我们将课程改革的立足点定位于全面素质与综合职业能力教育，不断进行教学调整，改进管理方法，保障教学质量，改革人才培养模式，逐步探讨和建立有别于普通教育的且具有职业教育特点的课程体系，致力于思想道德、科学文化、专业技术与技能、身体素质、人际交往、应变与创造能力等方面的培养。但是，在课程改革过程中，学校也存在着这样或那样的矛盾，比如，资金、师资和实习场地等问题。针对本地区的实际情况，我们采取了相对科学的方法加以解决，使改革顺利进行。

二、遵循的原则

1. 以服务为宗旨，以就业为导向

学校着力培养适应经济社会发展需要的高素质劳动者和技能型人才，为区域调整经济结构、转变经济增长方式和发展支柱产业服务，为转移农村劳动力和建设社会主义新农村服务。

2. 让无业者有业，使有业者精业，助精业者立业

学校根据不同人群对职业教育的不同需要确定培养目标，调整专业结构，深化课程改革，创新教学环境，改革教学方法，加强职业指导，满足人民群众终身学习和职业生涯发展的需要。

3. 与区域经济发展相适应

学校主动面向社会、面向市场，促进机制创新，紧紧围绕地区行业、企业和社会需求，创新办学模式，形成企业、社会、学校多元合作与集团化办学模式，并服务于区域经济发展。

4. 与生产劳动和社会实践紧密结合

学校创新载体，改革人才培养模式，加强校企合作，广泛实行“工学结合、半工半读”，促进学生实践能力和职业技能的发展。

5. **以人为本，注重学生潜能开发和全面发展**

学校根据中等职业教育的人才培养目标和时代发展对中等职业教育的要求，着眼于学生的个性发展，既充分考虑学生的就业需要，又努力为学生长远发展奠定基础。

6. **坚持职业能力培养，注重课程的实用性**

课程改革要以任务作为教学活动的起点和中心，强调学生在完成任务的过程中学习知识和实践技能，并将知识、技能、学习态度融为一体，突出职业能力和职业精神、职业道德的培养，实现学历证书和资格证书的双证融通，增强学生就业和发展的竞争力。

三、建立基于岗位职业活动的“就业导向型”课程体系

1. **毕业生跟踪调查**

几年来，学校利用寒暑假组织工业分析与检验、中药制药和化学工艺三个专业的教师分别到省内多家医药化工企业进行调研，结合各个专业多年的办学经验及各届毕业生在社会上的工作情况，对部分毕业生进行就业工作跟踪调查，获得了大量的信息资料。问卷设计的主要项目有：该专业毕业生及工作岗位性质；毕业生第一年的月薪及现在月薪情况；头一年就业岗位工作性质及以后任职最长的工作岗位；毕业生认为自己最理想、最适合的工作岗位；对学校实践教学方面及实践课程设置的意见；在企业应用专业知识的情况，课程长效作用如何，课程开设的价值；学校的管理和教育在哪些方面还需要加强；学生在校期间考取的职业技能资格证书对以后工作的作用等。同时，学校每年也向接纳我校毕业生和实习生较多的部分有代表性的企业发出了《本溪市化学工业学校毕业生情况调查表》，并进行电话咨询，了解具体情况，如现在工资情况、工作表现、企业需求和建议等。

调查中，“毕业生认为自己最理想、最适合的工作岗位”一栏中，有79%的毕业生选择了与自己所学专业对应的岗位，而21%的毕业生的理想岗位是管理者岗位。毕业生向往有技术的专业岗位，更期望成为企业的管理人才。因此，除了专业课程外，他们建议学校安排一些管理类的选修课，如企业管理、社交礼仪等课程。在学校教育方面，他们普遍认为动手能力、吃苦精神、事业心、责任心、团队合作精神等方面的教育对自己走向工作岗位最为有用。有20%的毕业生认为学校应开设关于社会科学、人文科学和艺术等方面的选修课，以使学生提高综合素质，了解一些社会哲学，缩短与社会之

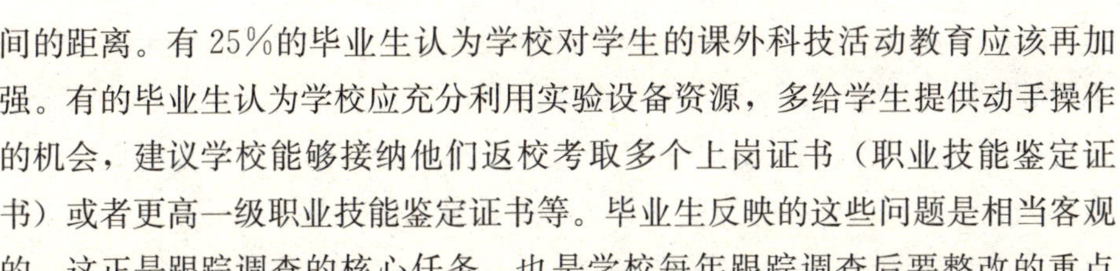

间的距离。有25%的毕业生认为学校对学生的课外科技活动教育应该再加强。有的毕业生认为学校应充分利用实验设备资源，多给学生提供动手操作的机会，建议学校能够接纳他们返校考取多个上岗证书（职业技能鉴定证书）或者更高一级职业技能鉴定证书等。毕业生反映的这些问题是相当客观的，这正是跟踪调查的核心任务，也是学校每年跟踪调查后要整改的重点内容。

企业要求毕业生不仅要学好专业基础知识，还要视野开阔、善于自学，更要养成终身学习的习惯和信念，能将所学知识转化为生产力。有的企业提出了很多宝贵意见，例如，北方煤化工集团认为，学校应加强学生服务意识教育，加强学生心理素质承受能力教育，转变学生的就业观。用人单位的意见代表了社会对人才的需求，学校要输出生产的“产品”，则必须要用科学而正确的市场定位和过硬的教学质量来占有人才市场。

针对调研情况，我们对人才需求预测、学生培养目标、教学计划安排、主干课程设置、能力结构要素、专业开办条件以及专业建设等进行了论证，在认真听取用人单位的意见后，我们明确了专业设置的方向和目标。

对此，学校加大了专业教学力度，创新课程体系，改革教学方法，以质量为生命线，以培养生产一线技术应用型人才为教学目标。在课堂教学和实践教学过程中，学校不断增加有利于开发学生自主创新能力的课程，严格按照国家标准、行业标准要求进行教学和实操，并反复讲解企业精神和企业文化，促使在校生熟练掌握核心课程内容，同时兼顾学习其他相关学科，更快地与企业接轨，真正做到一专多能，适应企业对技能型人才的需求。目前，学校开设了工业分析与检验、化学工艺、中药制药、中药生物技术制药、化工装备技术等专业，初步形成了以“中药”与“化工”两大现代制造业类专业为主、其他专业为辅的格局，各专业均实行校企联合办学模式。

2. 建立“就业导向型”课程体系

校企合作开发“就业导向型”课程体系		
第一学年（基础模块）	第二学年（职业技能模块）	第三学年（综合技能模块）
文化基础课程占总课时16.05%	专业理论课程占总课时16.56% 实践课程占总课时27.01%	顶岗实习占总课时40.38%
通用技能学习	职业技能学习	综合技能学习
校内主导	校企合作	学校管理，实习企业主导

图1 “就业导向型”课程体系

根据毕业生跟踪调查结果，学校组织专业教师与合作企业的技术能手或工程师共同分析目前医药化工行业各个岗位的职业能力，并根据职业能力确定各个专业的工作任务，再根据工作任务来确定课程内容，构建以岗位职业活动为基础的“就业导向型”课程体系（如图1）。学校主要针对辽宁地区相关企业的岗位要求，以岗位职业活动为导向，重组课程教学内容，引入企业产品和案例，把职业技能标准融入课程内容中，与合作企业共同开发各个专业的核心课程技能实训内容。在“就业导向型”课程体系中，我们设计了三个模块，即基础模块、职业技能模块和综合技能模块。在基础模块中，主要完成思想道德、运动技能与健康、基础文化和计算机应用基础方面的教育，培养学生良好的职业道德、爱岗敬业精神、团队协作精神和有效的沟通能力，使学生能正确理解和执行本专业的各类标准，具有初步的计算机操作及应用能力。在职业技能模块中，学校根据岗位职业能力要求，确立课程内容，打破了学科体系，建立了以职业技能为重点的课程，主要完成实习和技巧训练，加大了技能训练学时，加强了实践性教学环节，着重培养学生的职业能力。在综合技能模块中，学校根据职业岗位的要求，让企业指导师傅重新设计教学内容，对实习学生提出工作任务，另外，学校派专门负责人与企业指导师傅一起进行学生综合技能考核。“就业导向型”课程体系按照企业的实际需求，调整了各个专业的理论和实践教学课时比例，使实践教学学时数增长至67.39%，极大地加强了对学生动手能力的培养力度。

教师为制药专业学生授课

在具体实施过程中，第一学年在校内对学生进行职业素质基本能力、职业岗位基础能力的培养。其中，新生入学第一周被安排在校内实训中心、北方煤化工集团有限公司、辽宁大石药业、辽宁药联药业等企业进行职业认知实习。这一阶段，以职业和专业入门介绍、企业体验为主，使学生在入学初期即对所学专业应用领域的技术有一个初步认识，激发学生的学习兴趣和热情。职业基本素质课程和职业岗位课程按照通常的教学安排进行，以培养学生的职业岗位基础能力。学校按照项目教学的要求，根据工学结合的要求实施教学，使教学过程职场化，使学生的岗前职业意识明显增强。

第二学年主要培养学生的岗位职业能力，即专业技术应用能力，课程分项目、分阶段整周进行。对于职业能力拓展课程，采取弹性安排的方式，对接企业生产计划，校内和校外交替，专任教师和企业兼职教师互补，对学生进行专业专项能力训练。

第三学年安排所有学生进行顶岗实习和毕业设计，使其掌握综合技能。在此过程中，学生在企业师傅的指导下，不仅能提升专业技能，更重要的是在企业真实的环境下培养了职业岗位综合能力。学校与企业共同制订学生实习计划，在掌握学生实习情况的同时，随时了解企业技术发展动态，及时修改学生顶岗实习计划。

苦练技术，立志成才

四、改革专业课程设置

1. 专业课适度提前

传统的“三段式”（公共课、专业基础课、专业课）教学，让学生进入学校后长期不知将来干什么，使学生专业学习目标不明确、专业思想不牢固、学习兴趣不高，导致学生厌学。这个问题在目前中等职业学校生源质量下降的情况下显得尤为突出。为了解决这个问题，学校让学生一进校就知道自己将来要从事的工作、所面对的行业、所需要的知识和应掌握的技能，根据学生的实际情况和行业发展对人才的应变与创新能力素质的要求，在学生入学的第一学期就开始讲授某些专业课和实践教学内容。如工业分析与检验专业，将“化学分析检测技术”课提前半年，在第一学期就开始基本的技能训练；将“仪器分析检测技术”提前到第二学期，同时加大基本技能的训练力度。学校还不断充实专业内涵（知识、能力、素质），并按照中等职业学校的教育要求，尤其是可持续发展和岗位应变能力要求，来分析教改模式，重构课程内容，注重教材建设，构建专业模块课程体系，如职业基础理论课、职业技术课、职业技能实训课、综合素质与拓展选修课、订单课、技能拓展课等。

2. 开设综合化课程

叶圣陶先生说过：“学校里的课程各个分立，这是不得已的办法，不分立就无从指导，无从学习。但因为分立了的缘故，某种课程往往偏于一种境界。”“教育的最后目标却在种种境界的综合，就是说，使每个分立的课程，所产生的影响，纠结在一块儿，构成个有机体似的境界，让学生的身心都沉浸在其中。”

职业教育以就业为导向，贴近劳动力市场。因此，学校根据岗位需求确定专业教学标准，基于岗位职业活动来确定课程体系，按照教学内容的性质、功能以及内在的联系，构建综合课程，并按人才培养规格确定课程内容的深广度及技术训练程度（如图 2）。同时，学校针对专业特点，打破了学科限制，按专业需求进行取舍，强调能力本位，突出技术、技能实训课的地位。

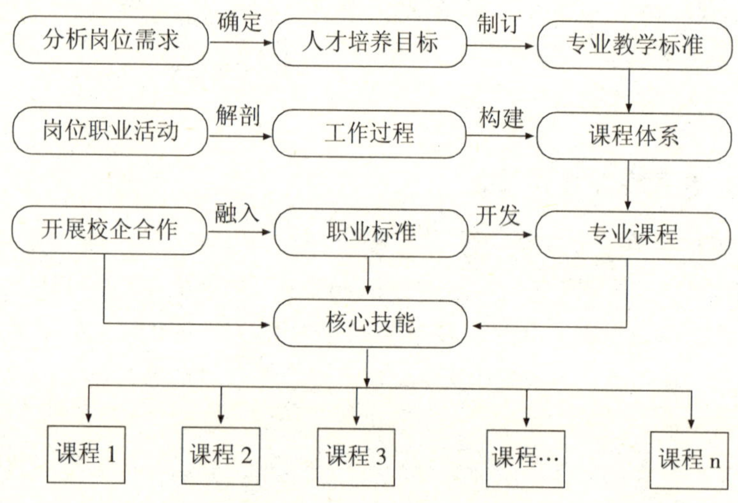

图 2　课程体系与教学内容重构

以工业分析与检验专业为例，我们对各类课程的整合如下：根据本专业的特点，将单质和无机化合物的来源、制备、结构、性质、变化和应用，以及无机合成、配位化学、有机金属化学、无机固体化学、生物无机化学、同位素化学与有机化合物的结构、性质、制备等知识融合为“分析检测基础知识”，使学生对化学知识有一个粗浅的认识，为后续职业技能模块的学习打下良好的基础；将有机物分析与无机物分析进行有机融合，根据化学分析的岗位需求，将物理常数测定、物质的化学分析与简单仪器的分析方法，综合为一门“化学分析检测技术”课程。与此同时，还根据岗位的实际需求，增设了一门“仪器设备维修与维护”课程，以拓展学生的职业技能，使学生到企业后能够结合所学知识对仪器设备进行简单的维修与维护。

3. 职业技能鉴定融入课程

学校积极推进能力评价社会化进程，使专业课教学和能力考核标准、方式逐步开放，并与社会接轨。另外，实行双证制，这一制度是循序渐进地进行。第一年结束后，学生要具备初级工的水平，才可以参加第二学年的中级工考试。为了调动学生的学习积极性，学校推出了一项举措：在所有参加技能鉴定的考生中，如果成绩特别突出，还可以参加高级工考试，考试合格者获得高级工证书，这使学生强化了技能学习，学生的技能水平有了很大提高。根据国家劳动和社会保障部对职业技能鉴定的要求，实际操作和理论考试都有相应的题库和考核标准，我们将这些标准和要求纳入教学计划，在平时的实验实习中，有计划地安排相应的鉴定内容培训，使学生的职业技能训练更有针对性，极大地提高了学生学习的积极性和主动性。

4. 在课程设置中融入职业素质教育

在学生入校的第一年，对学生进行职业价值观和职业适应能力教育。学校各个专业的基础模块教学融入了“学习方法”“树立诚信”“建立自信”“科学思维”“时间管理”“细节管理”等内容，课程设置是围绕学生应具备的“通用素质”和行业企业需要的“职业素质和素养”两大部分来考虑的，旨在让学生明白做什么、怎么做才是正确的、如何既符合道德标准又能灵活地做事及怎样平衡个人和他人的权益，从而培养学生诚实守信、积极主动、尊重他人的品质和责任感。

在第二年的职业技能培养中，将职业素质教育中的技能开发内容融入职业训练。对于一个学生来说，拥有良好的可转移技能将极大地增强他的就业能力，这对于学生整个人生的持续发展也非常重要。因为企业特别需要的是那些不会随环境变化而改变的一系列技能，主要包括学习能力、职业生涯规划、自我管理、思维方式、团队合作、沟通技巧和信息处理等。我们把这些技能称为“可转移技能”。这些技能对学生职业发展是十分重要的，是帮助他们成为一个成功的学生或社会一员的基本元素。

5. 课程设置“稳中求变”“宽中求专”

在社会主义市场经济条件下，行业结构变化的周期越来越短，人才市场趋势预测难度越来越大，这对学校课程设置灵活性的要求越来越高。于是，课程设置过程中“稳”与“活”的矛盾越来越突出。但是，如果学校每隔几年就变换一个专业，这既不符合办学规律，也会造成师资、设备等方面的浪费。对此，学校针对本溪乃至辽宁地区医药化工行业的经济发展形势，将课程设置稳定在医药化工类专业上。学校将医药化工类专业基础与基本技能课统筹固定，以不变应万变。例如，化学工艺专业，它包括化工原料准备、化工总控、蒸馏、过滤、干燥、无机反应、有机合成、萃取等工种，而这些工种有共同的基础与技能课程，像化工基础与基本技能、无机化学、有机化学等。这类课程，专业知识与技能面宽，适应性强，注重专业基础知识，同时进行多工种的基本技能训练，以打好专业素质基础为目的。几年来，这些课是相对稳定的。但是，根据学生就业情况，随着市场经济的调整与人才需求的变化，有些课程就要进行适当的改变。比如，工业分析与检验专业针对分析工、物性检验工和药物检验工，分别开设了仪器设备维修与维护、化验室组织与管理及专业计算等课程，通过这些课程，对学生进行有针对性的专门化教学，同时按工种进行强化，以达到行业等级标准，使课程设置在“稳”中求生存、“变”中求发展。

随着信息技术和计算机科学的发展，21 世纪的生产技术将再次出现质的飞跃，新技术将打破现有的行业或学科界限。那些以单项操作技能为主的劳动者将不再适应未来人才市场的需求。21 世纪将是以智力技能为主的智能工构成劳动力市场的主流，再加上未来劳动者经常更换职业，使得我们在职业教育课程设置过程中必须考虑到课程的知识与技能面。但是，企业对毕业生的要求都是能立即满足顶岗需要，注重的是岗位专门技术与技能，突出了“专”的特色。

经过多年的实践，我们发现课程设置中采用“宽基础、活模块”的做法，能够较好地解决“宽”与“专”的矛盾。

“宽基础、活模块”，即在课程设置中，职业基础能力强调“宽”，职业综合技能强调“活”。也就是说，在职业基础教育阶段，强调“宽”，在专业大类范围内进行职业能力分析，找出具有共性的知识、技能，开设公共文化课与专业基础课，同时进行多工种基本技能训练，以此来促进学生形成较宽的知识与技能面，从而达到较强的适应性。在就业专门化教育阶段，根据学生不同的就业方向，分别开设不同的专业技术与技能课，强调“专”的特色，针对工种与岗位进行等级达标训练。例如，化工过程装备技术专业开设的化工设备与安装维修、化工机器与安装修理等课程，中药制药专业开设的中药学、制药过程设备等专门化课程，就是针对学生的就业方向而开设的技能课。学校根据企业岗位的实际需求对学生进行职业训练，并使学生通过职业资格考核，以满足用人单位的需求。

目前，学校学生文化基础水平参差不齐，非合格初中毕业生在生源中占有相当大的比例，为数不少的学生在义务教育阶段没有养成良好的学习习惯，学习积极性很差，不思进取，行为习惯和个人素质都相对较差。这样的学生群体，其特点为：对具体的、可感知事物的认知能力较强，而对抽象事物的认知能力较弱；形成动作性技能较易，而形成心智性技能较难。如果教学还像初中那样满堂灌，效果是可想而知的，因此教学方法必须灵活而实用，才能收到事半功倍的效果。

五、多种教学方法的应用与探索

1. “教学做合一”教学法

学校采取了教学做合一、目标教学、体验式教学和虚拟现实相结合等教学方法，以技能训练为重点，以现代化教育技术为依托，在专业教学过程中，既体现知识的综合性、通用性，又反映技术的实用性、针对性，把实训场所作为教学的重要阵地，同时在教学中以学生为中心，充分尊重学生的个性差异，结合本溪地区的特点和学校具体情况，建立和完善了教学方法新体系。这极大地激励了具有不同文化基础的学生，使他们根据自己的兴趣、能力和发展需要，来掌握劳动就业或继续学习所必备的知识和技能。

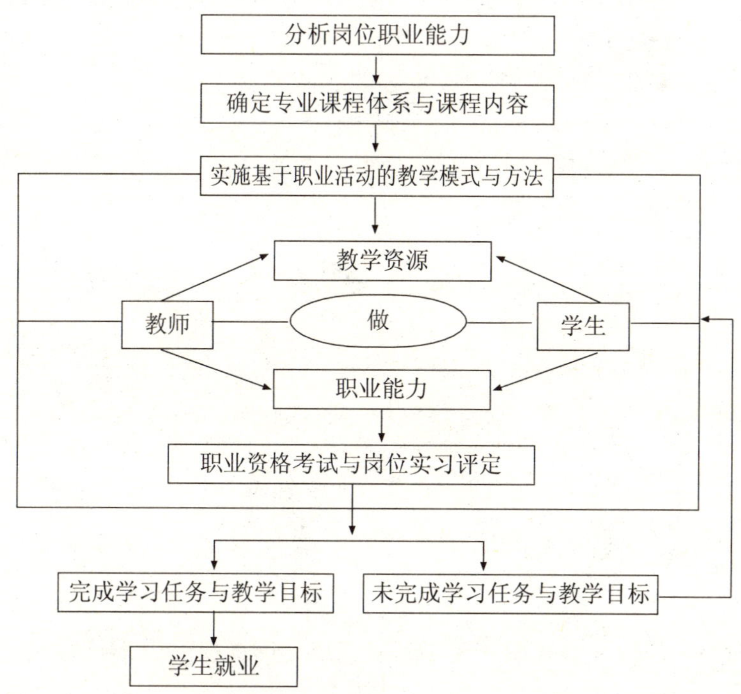

图 3　“教学做合一”教学方法

实训车间

学校现有实验实训基地 5 个，分别是工业分析与检验实训基地、化学工艺实训基地、中药制药实训基地、中草药种植基地和药品营销实训基地，共计 38 个实训室，实验设备 381 台/套。针对现有实验实训情况，在实践过程中，我们探索出一种既能培养教师（向“双师型”发展），又能培养学生的“教学做合一”教学方法（如图 3）。在图 3 中，我们可以看出，这种教学方法是以“岗位职业能力分析”为基础，以“做”为中心，以培养学生动手能力、使学生获得综合技能和完成教学任务为目标。在具体实施过程中，我们将各个专业的教学班按照仪器的台/套数来分实验实训小组，将课堂搬到实验实训室。在教学过程中，教师即为师傅，通过示范操作来引导学生学习，学生则在动手操作过程中掌握知识和技能。学生虽然文化底子很薄，但是思维还是很活跃的，对于动手操作类项目具有较强的兴趣和学习潜能。

2. **目标教学法**

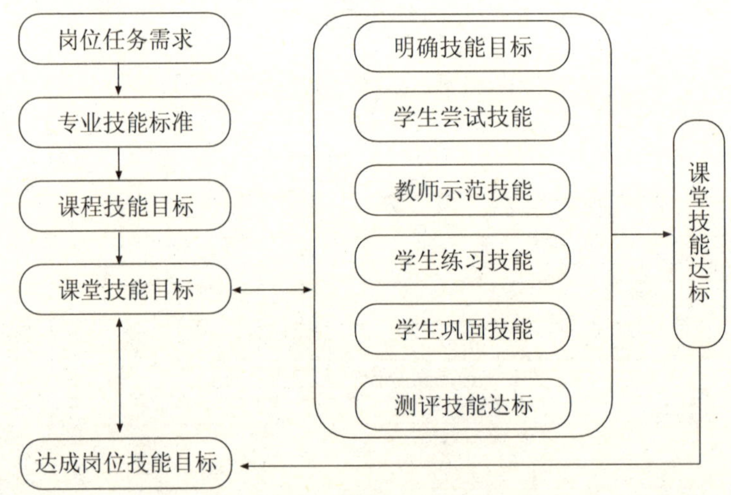

图 4　技能训练模式

我们在技能教学中提出了“目标教学法”，即根据岗位任务确定专业技能目标，根据专业技能目标确定课程技能目标，根据课程技能目标确定课堂技能

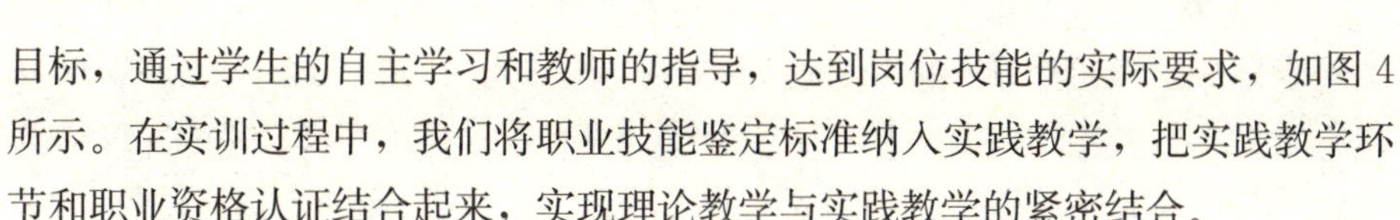

目标，通过学生的自主学习和教师的指导，达到岗位技能的实际要求，如图4所示。在实训过程中，我们将职业技能鉴定标准纳入实践教学，把实践教学环节和职业资格认证结合起来，实现理论教学与实践教学的紧密结合。

3. **演示教学法**

学校的发展规模在不断扩大，实践教学过程中对实训设备的实际需求量也在不断增加，但是任何一所学校都不可能实现每人一台大型实训设备，特别是当我们采取“目标教学法”来培养学生实际能力的时候，实训仪器数量很难达到预期的要求，因此，技能培训的信息化和网络化就显得尤为重要。

自2006年以来，学校研发了化学工艺专业、工业分析与检验专业的虚拟仿真实训软件，该软件系统可以实现优势资源共享，通过网络教室进行演示，教师的操作通过网络可以直接传送到每一台学生机上，使教学更加直观、清晰，而学生可清楚看到每一步操作，并可在教师的指导下用鼠标和键盘进行虚拟实训；实现分层教学和个性化学习，即教师通过系统讲解，保证每一个学生达到本课基本要求，给出足够的时间让学生自己练习，让学有余力的学生超前学习新知识或自学其他软件，挖掘其潜在能力；实现师生、生生之间的沟通互动，特别是生生之间的交流，是单纯师生交流之外非常重要而有益的补充。该软件系统充分发挥了计算机多媒体的优势，把教学内容通过文字、图表、动画等多种表现形式呈现，改善了传统教学方式，有效地提高了学生的学习积极性和学习效果。该软件系统提高了教学水平和质量，解决了学校技能实训中存在的设备数量不足和学生实际动手机会少的现实问题。

4. **体验式教学法**

中等职业教育如果过于强调专业技能的教育，弱化了人文素质教育，将会造成学生辨别是非能力差、思想认识水平低、心理脆弱、公德意识低下等问题。反之，加强人文素质教育能唤醒学生的主体人格和创新意识，使学生从人文的高度去理解自己的专业技能，从而实现综合发展。为实现这一目标，学校引进澳大利亚国际文化资源交流中心（Icro International Group，简称“ICRO”）开发的“体验式学生职业素质教育项目”，将澳大利亚优质的教育资源和先进的教学理念、方法推行到学校的教育教学改革中，将人文教育贯穿于职业技能模块教学之中，体现教学内容的综合化，增强人文知识与其他知识的交互性，全面有效地提升学生的综合素质。

ICRO的最大特点在于：充分考虑学生的兴趣、个性和能力，因材施教；激发学生的内在潜力，加以引导，鼓励其在专项领域取得成就；注重学生的沟通能力及团队协作精神的培养；培养学生独立思考的能力、观察和解决问题的能力和自我学习的能力，使学生真正做到知行合一，切实提升综合素质。

（1）体验式教学与传统教学的互补

体验式教学与传统教学有着本质上的区别，其不同之处见图5。

体验式教学方式		传统教学方式
强调“做中学”	⟺	强调学
团队学习		自主学习
高峰体验		单一刺激
以学习者为中心		以教者为中心
个性化学习		标准化学习
直接接触		无接触
即时的感受		过去的知识
领悟和体认		记忆
注重观念、文化、态度		注重知识技能
实用性		理论化

图5　体验式教学内容与传统教学

（2）体验式教学的设计理念

学校首先对学生性格特征、行为风格和职业倾向三大方面进行全面和科学的测试，在测试完成后为每位学生生成一份个人测评报告。

其次，根据测评报告获得的所有信息，通过分析并结合行业企业对学校各个专业学生的素质能力要求，建立适合学生的职业素质能力课程模型。

再次，在不打破教育部规定的德育课程教学大纲的基础上，将确定的通识类素质能力课程和职业素质能力课程纳入第一学期的“职业生涯规划”、第二学期的“学习原理与方法”、第三学期的“心理健康”、第四学期的“哲学与人生”和“就业常识”范畴内，在不增加课时总量的前提下改变教学内容，丰富教学形式。

（3）体验式教学的实施步骤

学校根据各个专业学生的实际情况和企业的实际需求，将职业素质教育内容有计划、分步骤地实施，在实施过程中以ICRO专家团队为主进行课程设置，制订课程标准。整体框架如图6所示，分成三个阶段来完成，三个阶段是层层深入的，互有联系，相互作用。学生在完成每个阶段的学习后，和老师一起回顾前面的课程，检验和反思在这个阶段取得的进步。

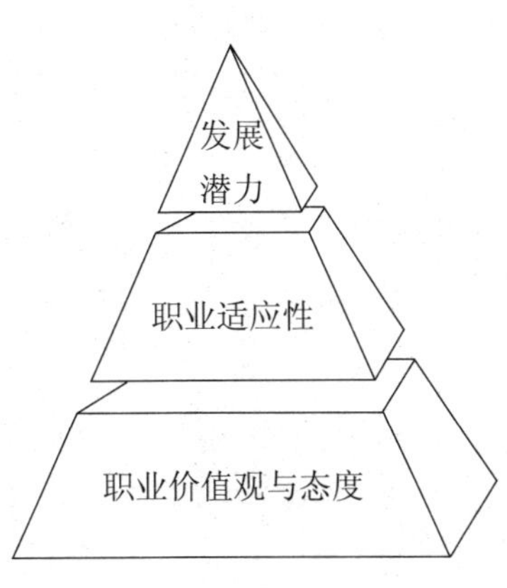

价值观与态度	发展潜力
主动积极	信息分析
责任心、敬业	沟通协调
团队合作	经验开放性
组织认同	学习发展
职业生涯规划	技能类
	专业技能的应用
	创新能力等
职业适应性	行政综合类
诚信	条理性
弹性与适应	沟通和协调等
行动力	国际商务类
时间管理	人际交往
自信	关注细节
	国际礼仪等

图 6　体验式教学模式框架

在实施过程中，我们对学生的学习和成才轨迹做了详细的记录，并建立学生个人档案。这些记录最终将直观地展示给企业，以证明学生整体的就业能力（知识、专业技能和综合素质），实施规划如图 7 所示。

图 7　实施规划

（4）体验式教学的成果

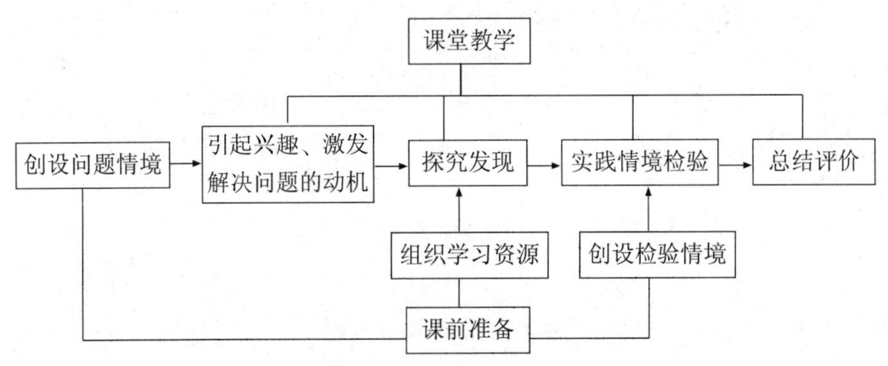

图 8　体验式教学流程

体验式教学流程如图 8 所示。教学时我们将实训室按企业车间设置，让学生体验角色转变，即自己是企业化验室的一名实验员或者车间操作工，并将学生划分为若干小组。例如，工业分析与检验专业学生在进行含量测定的实验时，有原料分析组、半成品分析组、成品分析组。操作标准按企业需求而定，像企业分析一样，教师只给出所要分析的样品及所要达到的目标，让学生自己充分讨论、广泛研究、查阅资料、设计分析方案、配制各种标准溶液以及调试仪器等。学生在规定时间内报告结论，结果必须符合企业要求，否则该项内容不合格，不许进行下一个单元的学习。通过这种模式的教学活动，学生学会了学习，学习有效性得到增强，达到了知识目标。另外，这种教学模式也极大地提高了学生综合分析、归纳、总结的能力和实际操作能力（达到技能目标），使学生的职业技能普遍得到提高，也增强了学生间的团结协作精神和团队意识（达到品德目标）。

六、改革质量评价体系

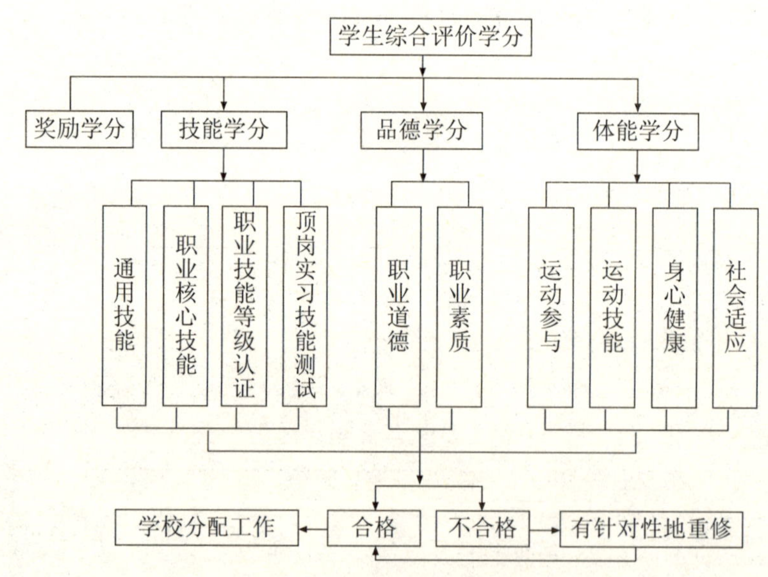

图 9　学生质量评价体系

学校新课程体系以岗位要求为依据确定考试、考核内容，构建学生综合评价体系，包括综合素质和行业岗位需求的知识和能力。评价体系由四个模块组成，如图 9 所示。在技能考核上，学校结合国家职业工种技能鉴定的教学要求，确定某一专业的技能考核内容，要求学生毕业时获得“双证”，即

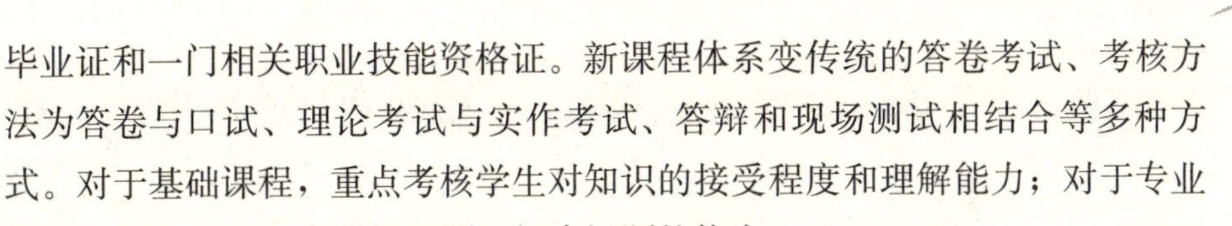

毕业证和一门相关职业技能资格证。新课程体系变传统的答卷考试、考核方法为答卷与口试、理论考试与实作考试、答辩和现场测试相结合等多种方式。对于基础课程，重点考核学生对知识的接受程度和理解能力；对于专业课程，重点考核学生分析问题、解决问题的能力。

传统的教学实训考核模式大体上有两类：一是单向性考核。学生依照实训指导书按部就班地操作或通过模仿教师完成操作，根据所得数据整理实训报告，然后教师依据书面报告进行评分。这种考核，因缺少对学生训练过程的评价，不能反映学生的真实水平，无法对学生形成激励，不利于学生实践技能和创新能力的培养。二是集中性考核。一个学习阶段（一般是以学期为单位）结束后，学生从本阶段所学习的实训项目中以抽签形式抽取项目，在教师监督下进行单独操作，然后教师根据操作要求进行考核并评分。这种考核方式不可能包含该阶段实训教学的全部内容，而只能选取一部分实训项目或指定几个重要项目，具有随机性和偶然性。由于考核重结果，导致学生学习目标不明确，不能全面检验学生对技能的掌握程度，不利于调动学生的学习积极性，容易造成学业评价的不公平，失去考核的信度和效度。

为解决现行实训教学考核模式的弊端，学校在不断探索和总结经验的基础上，提出了基于实训过程的考核模式，变原有的阶段性考核为过程考核，做到了实训教学考核的全程化。

例如，学校工业分析与检验专业的实训考核是基于实训过程考核的教学流程，如图 10 所示。该考核由训练项目和考核项目模块组成，也是虚拟实训和物理场境实训的有机结合。教学采用训练和考核一体的方式，即每一个实训教学项目的训练和考核集成一个子单元，各个子单元按照训练目标可连接为一个整体。当每个子单元实训教学内容完成后即进行考核，考核不合格者在相应的教学内容上须再训练、再考核，直到合格为止，这可以有效避免学习问题的累积，也可以解决学生之间存在的个体差异问题，实现不同步教学。同时，推行“准入制”，把前一个实训项目的成绩作为参加下一个实训项目的资格认定。这样，不仅能给学生增加项目训练的压力，而且还可以有效克服传统实训教学难以解决的学生训练不努力、考核前搞突击的问题。

在评价内容上，注重综合实践能力的考核；在评价方式上，广泛采用现场操作、成果演示、案例分析等形式；在评价主体上，吸收专家、学生参加，逐步建立以能力为本位、评价主体和方式多样化的职业教育课程评价体系。学校按照有利于选拔人才、有利于职业学校教学改革形成正确导向的原

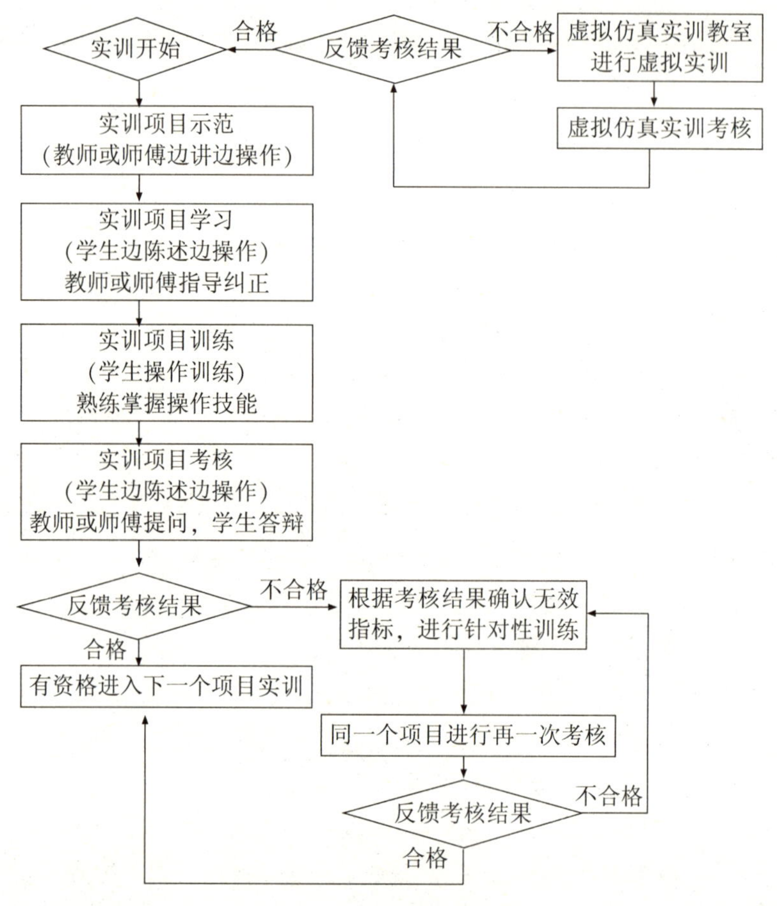

图 10　实训考核评价

则，加强对学生综合素质的考查。

考核项目是由企业一线工程师、学校专业教师和实训指导人员共同确定的，考核内容要与实际生产要求相匹配，体现生产性。学校以就业为导向，把岗位需要作为教学的出发点和落脚点，以实践能力为主线，营造真实的职业环境和氛围，通过生产性实训提高学生的责任意识和职业道德素质，培养学生的动手能力和解决实际问题的能力，实现“零距离”就业。

评价内容主要有以下七大项：理论知识、操作技能、作品成绩、团队协作、创新意识、实验情感和实验态度、职业纪律和行为习惯。

理论知识是基础，是进行实训的依据，是每一个学生必须掌握的基本内容。通过学生实训和学生作品展示，可以基本反映出学生在理论知识方面的掌握程度。

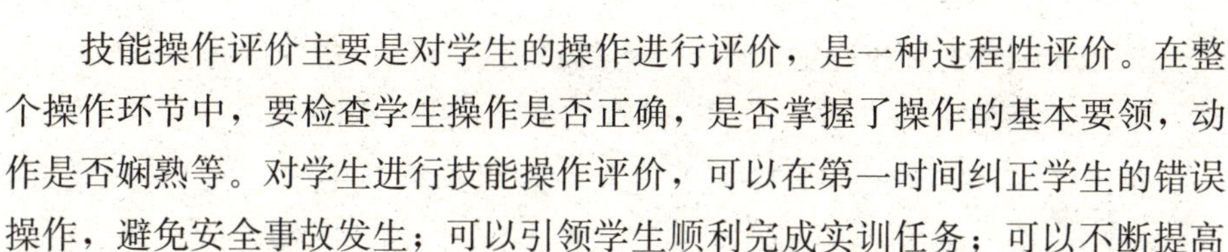

技能操作评价主要是对学生的操作进行评价，是一种过程性评价。在整个操作环节中，要检查学生操作是否正确，是否掌握了操作的基本要领，动作是否娴熟等。对学生进行技能操作评价，可以在第一时间纠正学生的错误操作，避免安全事故发生；可以引领学生顺利完成实训任务；可以不断提高学生的操作技能水平，使得实训更有成效。

学校把职业资格证书课程纳入实训教学计划之中，使证书课程考试大纲与专业教学大纲相衔接，强化学生的实训技能练习；使学生具有宽口径、多角色的适应能力；使实训教学内容与国家职业标准相沟通、实训教育与劳动就业相衔接，用证书考试推动培养模式的改革与创新。

作品成绩评价，是对学生的实训成果进行评价，是一种形成性评价。实训是让学生完成一个项目，形成一个或几个作品。所以，在进行作品成绩评价时，要对每一个作品的每一个项目进行细化，形成不同的操作考核评分表。把每个评价项目进行细化后，再分成若干个小项，确定每一项配分是多少、得分是多少，最终得出学生在该项技能考核中的成绩，以提高学生技能上岗证的“含金量”。

团队协作和创新意识评价，是对学生实训过程中的协作精神和创新意识进行评价，是一种过程性评价。这种评价其实是一种“软评价”，主要是鼓励学生在实训中互帮互助、开动脑筋、不拘一格、探索新的实训方法。

实验情感和实验态度评价、职业纪律和行为习惯评价，是对学生实训过程中的情感、态度和行为的评价。这两种评价是为了促使学生形成积极的态度，认真地对待实训中每一个操作步骤，监督学生在实训中有没有违反操作纪律、有没有养成良好的操作习惯等。

七、以赛促学，以赛促教，以赛促改

自 2006 年以来，学校连续 5 年参加全国石油与化工职业院校学生化学检验工技能大赛。5 年来，我们分别获得了 2006 年首届“华昌杯”、2007 年“渤化杯”、2008 年“天士力杯”、2009 年“扬农杯”和 2010 年“枫叶杯”全国石油与化工职业院校学生化学检验工技能大赛团体一等奖的好成

获奖学生

绩。总结五连冠的大赛历程，有一些具体做法，在这里与各位同行分享。

1. **教学即培养**

多年来，学校专业课教师经常走出学校，到毕业生就业的企业进行调研，了解目前企业对中等职业学校化工类专业学生的实际需求，然后进行各个专业的课程改革。例如，工业分析与检验专业学生的理论与实践技能训练课时比例由原来的3∶1变为1∶3。学校非常重视学生技能培养，在技能教学方面采取目标教学法、体验式教学法和“教学做合一”的方法，同时应用学校自主研发的虚拟实训软件，实现虚拟与现实技术的有效结合，改革技能考核评价模式等措施，使学生的动手能力有了明显提高。学校本着“知识改变命运，技能赢得未来，习惯集成素质，细节决定成败”的教育管理理念来培养学生。正因为如此，我们实现了高技能人才培养、与企业需求“无缝对接”，也让毕业生能在全国分析工技能大赛上一展自己的风采。

2. **教学即选拔**

参加全国化学检验技能大赛是检验学生理论与操作技能水平的有效途径。学校以大赛为契机，将大赛的有关理论与实践技能要求贯穿于整个教学中，普遍培养，重点选择，在教学中要求教师针对本专业的知识点，逐个讲解，这样一方面可以加强学生的理论水平，另一方面可以提高专业教师的教学水平。在技能操作培养上，既要考虑学生的动手能力，又要考虑学生思维的灵活性和创新性。在选拔中，教师通常自编技能操作考题，操作步骤和计算方法都有相应的提示，但与平时的教学内容有所不同，实验过程中需要的实验试剂和配制方法也要求学生自己来定方案。教师应用体验式教学方法，假定每一位学生都是工厂的化验员，这就要求学生有较强的独立思考能力和临场发挥能力。技能考核中严格执行“一对一”，考核评价标准严格按照“实训考核评价”要求来进行，实行优胜劣汰。

3. **教学即培训**

（1）心理素质培训

在培训过程中，学校要求学生能够用3—5分钟叙述一些实验过程中存在的问题及解决的办法，旨在锻炼学生的表达能力和胆量。

在第一次理论和实验考试结束后，对所有参赛选手进行综合评定，然后排出名次，并在全体学生面前公布，让每一个学生都知道自己处于什么位置。以后每次考试都要进行成绩排序，但是不公布结果，只总结考试效果，指出有很多学生在进步，而且特别指出进步较大的同学。指导教师在学生面前通过手势、语言、目光等进行心理暗示，对于那些成绩靠后的学生要这样暗示："你很好，你比其他学生都好。"对于成绩靠前的学生，要暗示他们不要骄傲："如果你不努力，随时有人会超过你。"让每一个学生都有不努力可能随时被淘汰的心理。从开始培训到最后确定参赛选手，这是一个漫长的过程，这种心理压力是相当大的，但也可以培养学生良好的意志品质。

（2）理论培训

①学生掌握理论知识的系统性培训

在理论培训过程中，我们将大赛题库进行详细的分解，按操作技能点划分，然后由负责该课程的教师进行全方位的讲解。为了让学生能够详细地了解所学的技能，学校采取了虚拟和现实技术相结合的方法，应用专业软件，无论是仪器结构还是反应机理，都能够很直观地展现给学生。理论知识和操作技能培训交替进行，并定期进行技能操作总结和探索性实验。在培训过程中，经常出现实验现象和书本知识不同的地方，这正是提高师生创新精神的最佳时机。为此，学校教师每天都要进行一天的培训总结，针对实验过程中出现的问题提出整改措施，要求学生进行验证或者重新设计实验方法。

②学生掌握理论知识的全面性培训

理论考试针对试题库来进行，每次出 100 题，在考前给学生 200 题的考试范围，以此速度逐步推进，在比赛前可以将试题库的考题考两遍。然后再进行随机考试，即从试题库中任意取 100 个试题进行考核。每一次考试都要排出名次，而且要求学生找到错题的原因并加以改正，这种方式可以极大地提高学生学习的积极性和主动性，使学校的教学质量上了一个新台阶。

另外，我们还要求学生掌握知识时能够以点带面，试题中的每一个知识点都必须在相应的理论教科书中找到相关的叙述内容，这样不仅能使学生掌握的知识更牢固，而且能解决考题中的判断题。因为判断题只要求给出正确与否的答案，所以，当学生能将有关的理论知识掌握时，就一定能比较准确地回答这一类问题。

③学生掌握理论知识的灵活性培训

在理论知识培训过程中，既要强调知识掌握的全面性，又要考虑学生解决问题的灵活性，因此我们采用"目标教学法"，在每一次的理论知识考试中，我们要求每名学生在答题卷上注明答题开始和结束的时间，这样可以考察哪些学生能在最短的时间完成工作内容并获得更好的成绩。

另外，在每年的大赛中，理论考试的形式都是单选题、多选题和判断题。我们分析，在比赛过程中很有可能出现一题多变的现象，因此，在培训过程中，要求学生每次考试答完理论试卷的同时，要能够将各种题型进行变换，旨在培养学生的创新精神。这样，在考试过程中无论出题者怎样变化，学生都能够轻松应对。因此，在4年的大赛中，学校参赛选手的平均理论成绩都是95分以上。

④学生掌握理论知识的牢固性培训

在理论知识培训过程中，不仅要注重学生对知识点的理解和掌握，同时也要兼顾对学生进行强制性记忆的培养。例如，有些行业或国家标准，学生必须能够原原本本地记住，这就要求学生不仅有较强的分析问题和解决问题的能力，更要有非常好的记忆力。因此，我们在培训过程中，每周有一次突击性记忆考试，考查学生的强制性记忆能力。

（3）操作技能培训

①培养学生自主学习的能力

在操作技能培训中，学校采取开放式的、“教学做合一”的教学形式。学生到实验室进行实验，自主进行玻璃仪器洗涤、校正和实验试剂配制等工作，而教师只负责操作方法指导和关键性技能的示范，让学生完全置身于实验环境中，对于实验过程中出现的问题，要求他们能进行自我分析。如实验培训过程中的关键问题就是实验数据的准确性，对于这个问题，教师们常常让学生自己研究、分析问题可能出现在哪一个环节，以便下一次能更好地完成该环节的操作。

②培养学生的团结协作精神

在培训过程中，我们将学生分成若干个培训小组，每一个小组里的每一个成员轮流当组长，要求小组成员必须密切配合、认真操作，又快又准地完成当天所用试剂的配制工作。前期的准备工作决定了每组数据的准确与否，因此小组的每一个学生都要有整体意识，以此培养学生的团结协作精神和责任意识。也就是说，每一个学生代表的是一个团队，这一点在平时的培训中需要逐步渗透。

③培养学生的创新精神

在培训中还要培养学生的创新意识，大赛标准要仔细分析、反复推敲，并在应用过程中针对当时的实验环境进行改进。例如，在2008年的大赛中，化学分析比赛题目是测定试样中的铝含量，操作过程中要进行加热煮沸，冷却后滴定，至于冷却到多少度没有详细给出，但是按照这种方式进行的话，变色总是滞后大约 10 分钟的时间，测定数据总是不理想。对此，我校教师带领学生反复研究，测定滴定溶液的温度，进行了大胆的尝试，采用三种方式：即煮沸后不冷却、煮沸后冷却到室温、煮沸后冷却到 40℃—50℃。师生们用这三种方式分别进行滴定，其他条件不变，然后比较分析数据，结果显示，在煮沸后冷却到 40℃—50℃的条件下效果非常好。因此，我们就对当时给定的标准加以改进，按照从实验中摸索出的方法进行培训，在 2008 年的全国化学检验技能大赛上，我们的三位选手在化学分析操作中的标准溶液标定一项都拿了满分。

分析大赛

④操作过程中的严谨性培养

我们将各种单项操作都规定了相应的完成时间，比如，天平使用要求是必须在 15 分钟之内完成 3 个样品的限定范围称量，称量过程中不允许使用计算器，6 位数字的加减法都要用心算，以便在赛场上不使用计算器也可以很快看出自己称量的样品是否在所要求的范围内。

应用 25ml 移液管向 250ml 容量瓶里转移溶液时，必须在 10 分钟之内完成 10 次转移，而且移液管每一次放出溶液时管尖的位置和所用的时间要求是相同的。为了强调这一点，我们要求学生在放出溶液时在心里计数 15 个，也就是基本达到 15 秒，以保证转移溶液数据的一致性和准确性。

⑤学生实验技巧的培养

分析化学操作过程中，实验结果的准确与否和下面三种因素关系非常大：一是样品称量，二是样品溶解，三是终点判断。也就是说，在样品称量过程中，如果有微量的损失，都会造成结果误差很大。为了考查学生在此环节是否出现损失样品的问题，我们在电子天平的两侧加了两块黑色胶布，一方面可以防止玻璃器皿滑动，另一方面可以在称量结束后，使每一名同学都可以看到自己的称量是否有样品损失，效果非常好。

终点判断遵循“一滴二白”，也就是说，在接近终点时，滴一个半滴即应该达到终点。以往都是在滴定台上放一张白纸，以便观察滴定过程中溶液颜色的变化，现在实验台上也放一张长条白纸，这张纸的宽要大于锥形瓶的直径，长以滴定时所用锥形瓶的总直径为准。这张纸可以使滴定过程中每一个锥形瓶中的溶液颜色和前面滴定结束的那个锥形瓶里溶液颜色进行很好的比较，达到比较接近的程度，也就是说，以白色为参考底色很容易观察溶液的颜色变化。这样，滴定过程中的偏差就会大大降低，效果很好。

⑥实验智慧的培养

培养学生的实践能力，不是仅仅培养学生的动手能力，而是要提高学生的实验智慧。实验智慧是理论知识和实践能力的综合反映，是长期训练和培养的结果。在2009年的技能大赛中，化学分析的题目是硫代硫酸钠标准溶液的标定和铜盐的分析。赛前，主办方通知我们实验要准备5个100ml的容量瓶和9个碘量瓶，这就提示我们实验的方法会在原有标准的基础上有所改变。那么，这个改变会应用在哪里呢？这5个容量瓶又会在哪里使用呢？大家分析，胆矾带有结晶水，容易风化，样品很难均匀，而这是一种级别很高的比赛，选手测定结果的准确度和精密度对比赛的成绩影响非常大，若样品不均匀，对选手是很不公平的，因此测量固体的可能性应该不大。但如果测定液体样品，则存在另外一个问题，由于硫酸铜在水中的溶解度不是很大，当达到饱和的时候，其含量也只能达到10%左右，而这样一种含量，再经过容量瓶的进一步稀释，消耗的标准溶液的量就非常少，不符合滴定分析对误差的要求。若要符合要求，只能降低标准溶液的浓度，以使滴定时所消耗的标准溶液体积增大，符合误差的要求。而标准溶液浓度降低，则所需称量的基准物质量就会降低，这样又会带来称量误差。教师的想法启发着学生，学生们也在操作中感悟老师的思想。经过反复研究，我们只需把容量瓶用于标定当中，按照符合称量误差的量，分别称量4份重铬酸钾基准物质放于4个烧杯中，然后分别转移到4个容量瓶中稀释至一定刻度，接着分别移取一定的量于碘量瓶中，去标定低浓度的标准溶液，再用该溶液测定液体的硫酸铜样品，第五个容量瓶用于空白试验，则所有存在的问题都迎刃而解了。在平时的教学和培训中，教师会对学生进行启发和引导，使学生能够利用所掌握的理论知识和实验技能进行分析和解决问题。教师能在做中教，学生也能在做中学，从而使学生的实验智慧得到提高。

实践证明，在技能培训过程中，不仅要培养学生的动手能力，更要培养学生的实验智慧。

5年来的参赛历程，使我们深深地懂得，作为专业教师，只有具备扎实的理论基础和准确熟练的操作技能，才能在指导学生的过程中得心应手，才能在实训过程中发现问题并能很好地解决问题。我们也在指导学生的过程中

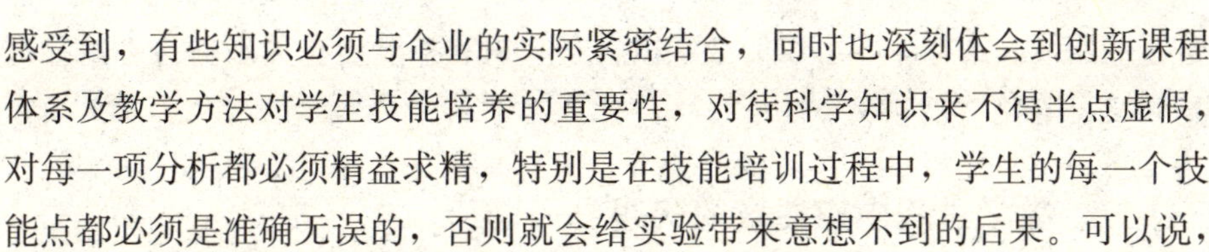

感受到，有些知识必须与企业的实际紧密结合，同时也深刻体会到创新课程体系及教学方法对学生技能培养的重要性，对待科学知识来不得半点虚假，对每一项分析都必须精益求精，特别是在技能培训过程中，学生的每一个技能点都必须是准确无误的，否则就会给实验带来意想不到的后果。可以说，参加大赛让我们懂得了研究的必要性和创新的重要性。

一、构建课程体系应遵循的四项原则

课程体系应实现整体优化。因此，构建课程应从提高学生综合素质出发，以培养技术应用能力为主线，立足全局，对教学内容进行优化衔接、定向选择、有机整合和合理排序。

1. **优化衔接原则**

当前的课程主要是按教学单元衔接的，这些单元相互独立又互相联系，按程度深浅可分为若干层次。在构建课程前，应按专业情况和办学条件选择较优化的衔接方式，作为确定课程内容的基础。

2. **定向选择原则**

课程内容是按形成专业技术应用能力的需求，经过调查研究、专家咨询和综合分析后，基于岗位职业能力而确定的。因此，课程内容是由定向选择配置的，而非由原有学科完整性来确定的。这种选择配置包括教学内容的定向选择、教学内容间比重的选择配置及理论课时与实践课时比例的确定三个方面。

3. **有机整合原则**

教学内容确定后，就应该对它们进行整合，并以岗位职业能力的培养作为整合方向。因此，会有旧课程的分解和新课程的产生。岗位职业能力是由一些知识和技能体现出来的能力要素整合成的。在课程的有机整合中，要具体地实现“能力本位”的指导思想。

4. **合理排序原则**

为实现整体优化，课程体系需经合理排序。因为知识与技能均有其内在的逻辑联系，一些理论课又必须在一定的实践基础上才能进行。国内外不少学校在确定教学内容后，常制作“各课程内容的逻辑结构图”，以决定教学进行的路线。这样，既可以使教学以合乎知识和技能内在关系的合理途径进行，又可避免重复和脱节。

二、教学过程中应注意的问题

就学校内部而言，“教学做合一”在实际应用中要求有相对较多的资金投入，用以购置专业设备设施。没有设备设施，课程体系的建设就只能是纸上谈兵。另外，还要注意虚拟与现实技术相结合。

在现有实验实训设备不十分充足的条件下，落实“工学结合”人才培养模式，以培养适应行业发展的技能型人才为目标，充分利用现代信息技术，为理论与实践相结合的教学模式提供有效的途径，特别要加强校企合作，依托企业的设备、技术和人才优势，共建校内与校外实训基地。教师一定要坚持带学生深入企业锻炼，让学生在虚拟仿真实训的前提下，在企业技术人员指导下认识和操作设备，参与完成工作任务，使虚拟仿真实训教学与企业真实工作环境相结合。要提高学生的技能水平，不能完全依赖虚拟仿真实训环境，必须与真实工作任务相结合。开展虚拟仿真实训教学能够对学生的技能培养起到积极的推动作用，但在学生整体培养过程中，要防止过分依赖虚拟仿真教学环境，忽视学生对真实设备的认识与操作训练，忽视学生对企业文化的认同教育。虚拟仿真教学环境毕竟不能完全替代真实设备，在虚拟仿真实训教学的前提下，要带领学生积极深入企业，通过企业的力量使学生在真实工作环境中参与工作任务，进一步完成生产技能的训练。

三、建设评价体系应注意的问题

学生评价体系的建设十分重要，因此需要学校全员参与。首先，学校要组织全校师生对学生评价体系进行学习与培训，提高广大师生对实施新的评价方法的认识和心理认同感，统一思想。教师，尤其是班主任，要熟悉和掌握评价内容、条款以及评价的原则、方法、策略，充分发挥教育者在评价中的积极性、主动性和创造性。其次，要将评价内容进行有效的、科学的整合，形成相关的实施细则及管理制度，实行统一的规范化运作。再次，要有现代信息技术来支撑，研发校本评价管理软件，建立学生个人电子档案，搭建快速、便捷的信息平台，充分发挥评价在学生成人、成才中的最大作用。

学生评价体系要由企业懂技术、懂管理的人员深度参与，摒弃旧的模式，以企业的用人技能标准和学生从业的职业岗位作为蓝本，以企业真实工

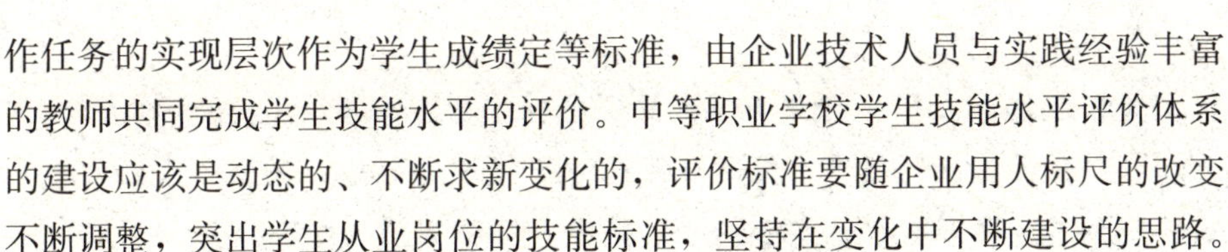

作任务的实现层次作为学生成绩定等标准，由企业技术人员与实践经验丰富的教师共同完成学生技能水平的评价。中等职业学校学生技能水平评价体系的建设应该是动态的、不断求新变化的，评价标准要随企业用人标尺的改变不断调整，突出学生从业岗位的技能标准，坚持在变化中不断建设的思路。只有这样，评价体系才能真正起到服务中等职业教育的目的。

四、教学资源建设要符合职业环境

教师总体素质不高是制约中职教育质量提高的“瓶颈”。职业教育领域必须建立起培养职业教育师资的有效机制，以提高职业教育教师的整体素质。有人认为，中等职业教育教师的素质要求不必以普通高中教师为标准，可以降低一些要求，这种观念是完全错误的。

创新课程体系、改革课程模式都必须依靠高素质的教师。教师要能够对区域经济的产业结构信息作出积极反应，对本专业所对应的职业岗位有深度分析，对以能力为本位的新型课程理念有深刻理解，能将理论教学与技能训练融合，对国内外专业技术发展动态能够跟踪学习，对陈旧课程的改造、更新、研发具有参与意识等。如果能够达到这些要求，中等职业教育的师资队伍将能够适应课程改革的长期要求，保持职业教育与社会经济的密切关系，成为中职教育自身可持续发展的内在动力。

先进的课程模式与落后的教师队伍之间矛盾的解决，必须以本校的实际情况为立足点。可考虑采取以下措施：建立灵活的、唯才是举的进入机制，邀请企业的能工巧匠来校传授工作经验和技能技术，并进行操作技能表演；与企业合作，选派教师参加培训学习，同时每年安排教师到企业挂职锻炼，提高专业教师的整体技能水平；通过选派教师参加国内外培训与高等职业技术学校教育理论学习等形式，提高教师在职教理论、教育教学和职业实践方面的能力；全面制订计划，建立在职教师的强化性培训制度，让在职教师的职务进修成为一种常态活动；建立职业教育教师进入对口行业（或企业）的实践与进修的刚性制度，使教师知识更新与专业成长有制度保障。

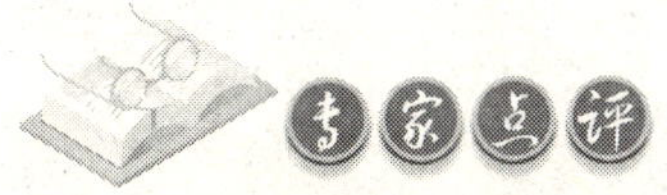

“以服务为宗旨，以就业为导向”已经成为广大职业院校办学的指导思想。在课程体系建设和教学模式改革方面，本溪市化学工业学校的宝贵经验

非常值得兄弟院校借鉴。

该校引进澳大利亚ICRO开发的“体验式学生职业素质教育项目”，探索形成了独具特色的基于岗位职业活动的“就业导向型”课程体系和“教学做合一”的教学模式。从该校的课改历程中，我们不难发现：

（1）学校提出的“让无业者有业、使有业者精业、助精业者立业”的办学理念，将课程改革的立足点定位于全面素质与综合职业能力的培养上，这为课程改革找准了方向。

（2）该校课程设置“走区域化发展之路”，将专业课教学前置，并将教学内容与岗位需要、课程体系与企业用人标准全面对接，使课程设置在“稳”中求生存、“变”中求发展，为课程体系建设提供了持续而旺盛的生命力。

（3）课程设计的基础来源于对毕业生跟踪调查、与企业行业人员座谈及对人才需求的预测与分析，这使课程改革立足于客观的现实和科学的方法之上。

（4）通过将专业课适度提前、开设综合化课程、融入职业技能鉴定和职业素质教育内容等途径，把实践教学环节和职业资格认证结合起来，实现了理论教学与实践教学的紧密结合。

（5）课程需要有配套的教学方法与之呼应，才能取得效果。该校确定了“教学即培养、教学即选拔、教学即培训”的教学工作思路，进行目标教学、体验式教学、虚拟和现实相结合等一系列的教学方法改革，探索出一种既利于“双师型”教师发展又能培养学生的“教学做合一”教学方法体系。

（6）应用学校自主研发的虚拟实训软件，实现虚拟与现实技术的有效结合，以及改革技能考核评价模式等措施，使学生的动手能力有了明显提高。

我们看到，本溪市化学工业学校全校师生经过共同努力、不断探索，使课程与教学模式凸显了学校的办学特色，教育教学质量明显提升。该校学生连续5年获得全国技能大赛冠军就是最好的证明。

（点评：徐涵）

课程改革卷

抓住机遇，构建具有职教特色的课程体系

——北京市宣武区第一职业学校

名校／名校长简介

北京市宣武区第一职业学校（原北京市财会学校），占地面积3.53万平方米，拥有高标准的现代化教育教学配套服务设施，设有金融事务、会计、计算机网络技术、文秘、旅游服务与管理五大专业。其中，会计专业被认定为北京市骨干特色专业，金融事务专业被授予北京市职业院校首批“专业创新团队”称号。

学校秉承“以就业为导向，以服务为宗旨，以能力为本位，以质量为核心”的办学思想；构建起“立足全区、面向全市、与市场经济相适应、与社会发展相协调、职成并重、职普融通、校企结合、工学结合”的初、中级人才培养模式；努力实现“打造多层次、名专业、高规格、一流的、可持续发展的现代化学校”的办学目标。

学校良好的校风、教风和学风赢得了学生、家长和社会各界的交口称赞。学校向各大银行、国有企事业单位、饭店输送了大批合格的中等实用型人才，其中涌现出许多国家、市、区级先进个人、服务标兵、岗位能手、劳动模范，毕业生对口就业率始终保持在98%以上。

学校先后被评为北京市职业教育先进单位、北京2008奥林匹克教育示范学校、北京市德育先进单位、北京市文明礼仪示范校、首都文明单位标兵等。

核心管理思想

作为在北京市乃至全国财经类学校中有一定知名度的国家级重点职业学校，我校在各方面取得的成果比较显著。

学校重视市场调研，遵循闭环建设原则，不断提升优势专业，发展新兴专业，保持了骨干专业的稳定性；紧跟北京市“以工作过程为导向”的课程改革步伐，构建起满足企业要求和学生发展需求的“双目标”课程体系；突出管理特色，将学生管理阶段划分为“专业学业”和“毕业学业”两部分，创设多元价值取向，为学生提供了广阔的成长空间，努力实现职业教育为人的长远发展服务的理念。

在“明德、砺能、承业、益民”校训的指导下，学校强化了“职业认同、课程认知、技能认优、道德认高”的教育目标，将学生思想道德建设融入专业建设的整体规划中，注重学生行为习惯、职业习惯培养和专业发展的有机结合，加强对学生职业理想、职业道德教育，不断提高学生理论学习水平和职业技术应用能力，摸索并建立起了具有宣武一职特色的思想教育体系。

校企合作，创新模式

学校坚持培养为先、质量为重，促使骨干教师发挥示范作用；注重教师团队的建设，坚持以科研推动课程构建，以实践促进教学改革，以人文助力队伍成长；形成常规工作、临时工作、特色工作脉络，用项目实施促进干部成长；借助课程改革，锻炼教师团队；促进教学教法的创新，加强各类新型教材的开发，提升了教师的科研能力。以会计、金融两大骨干专业为代表的课改团队在教学理念、教学方法和学法指导等方面的能力显著提高，进而带动了学校整体教育教学水平的大幅度提升。

学校一直注重创建职业学校的特色文化，围绕校园环境建设、实训基地建设、人文校园建设三个方面，在创设可持续的、和谐健康发展的校园文化建设方面进行积极尝试，实现了“以硬件创建优良教育环境、以行为锻造严谨教学作风、以制度保障校园秩序顺畅”的目标。

实训基地，提高质量

学校还努力实现着“职业人才培养规律的共性要求与不同专业培养目标特色要求相协调，学校宏观方略与各专业微观实施相一致，教师个人发展夙愿与学校整体发展远景相统一，学生在校期间发展与未来终身发展相促进”的奋斗目标，坚持教育教学改革，逐步形成了“以教学改革促进质量提高，以习惯养成实现育人目标，以骨干培养带动团队建设，以职成一体凸显服务功能，以文化引领提升学校品味”的办学特色。

一、明确方向，打造优质队伍

人才强校是教育工作的重点。如何激发教师的活力，挖掘他们内在的创造潜能，提高他们的专业素养，促使教师队伍整体专业化水平的提高，是学校管理层所要考虑的永恒主题。我校秉承“以就业为导向，以服务为宗旨，以能力为本位，以质量为核心”的办学思想，在“明德、砺能、承业、益民”校训的指导下，借助北京市“以工作过程为导向”职教新课程模式的研究，在课堂教学实践中追求着“职业认同，课程认知，技能认优，道德认高”的教育目标。

教师群体在长期的教育教学实践中形成的教育思想、教育信念、教学观念和教师角色认同等诸因素，影响着其教学思维方式和课堂行为。在社会经济发展的转型期，职业教育发展迅速，这就要求职业学校及时掌握就业状况变化的脉搏，不断调整专业设置和建设方向。同时要求教师跟上时代步伐，不断汲取新的知识、新的技能、新的思想，重新构建更适合于培养学生职业能力的知识结构，不断更新教育理念，调整教学内容，探索教学模式和新型评价方法，保证因材施教。就这一点看，教师队伍的整体水平，不仅影响课程改革的实效，而且关乎学校整体管理水平和发展潜能的提升。打造一支结构合理、技术过硬、素质优秀的学习型优质教师队伍是保证课程改革取得最优质量和不竭动力的源泉。为此，学校在课改过程中坚持“以项目实施带动队伍建设”的方针，保证课改每一环节都有建设目标、实施方式、保障措施和成果体现，希望借助课程改革实现在较短期限内打造一支能够适应职业教育发展需要、具有开拓进取精神、职业实践能力不断增强、科研教学水平稳步提升的教师队伍的目标。

二、形成机制，细化目标措施

经过认真分析和研究，学校制订了教师队伍建设的中长期目标。

1. **建设目标：挖掘学校人力资源，优化教师结构**

学校以深化课程改革为动力，以全面提高教师队伍素质为目标，以实施“课改培养项目”为契机，以培养学科带头人和骨干教师为重点，以完善教师队伍管理、建立有利于教学资源开发和优秀人才成长的长效机制为核心，努力打造师德高尚、素质优良、业务精干、结构优化、富于创新、自觉服务于学校优质内涵发展需要的高水平专业教师队伍。

2. **建设任务：近几年内切实完成四项建设任务**

（1）教风建设。逐步促使学校形成具有宣武一职特色的教学风气，即：确立现代教育理念，掌握先进的教学、科研和管理方法，具备良好的竞争意识和团队合作精神，不懈追求职业教育事业。

（2）制度建设。努力创设优良的科研环境，形成争做研究型教师的教研氛围，制订科研发展规划，完善细化奖励制度，搭建满足各级各类教师需求的学习平台和发展平台，为教师成才提供物质保障。

（3）梯队建设。从培养课改成员做起，夯实课改成员教学设计、课堂实施、教学评价等基本教学功力；发挥课改团队的辐射功能，采取包括课改成果推广机制、名师培养机制、教师常规管理机制、青年教师提速成长机制在内的梯队建设系列运行模式，促进各专业教师队伍整体水平的提高。

（4）指导机制建设。此次课改内容来自实际岗位的典型工作活动，按工作过程将知识程序化，将陈述性知识与过程性知识整合、理论知识与实践知识整合，实现实践学习与理论学习相统一、学习过程与实际工作过程相衔接的课程目标要求。发挥校企合作优势，建立和完善专家聘任制度，保障校外专家、学者在“以工作过程为导向”的课改中将理论和实践指导常态化。

三、立足课改，推进项目运行

（一）建立项目运行机制

2008年开始的北京市职业学校课程体系改革，目的在于探索“以工作过程为导向”的课程开发模式，构建理论实践一体化、与职业资格标准相融合、具有北京特色和职教特点的课程体系。课改发起之初，宣武一职领导班子审时度势，提出“以课改实施项目为契机，助力教师整体教学能力提升，带动团队创新发展，推进师资队伍转型、提速”的规划。

经过透彻分析形势，立足财经专业师资队伍的优势，我们决定由两个龙头骨干专业——金融事务和会计专业的优质力量组成突击队，参与此次课程改革实验项目，并立即制订了项目实施管理办法，以保证课改过程有效有序推进。

（二）健全质量保障体系

1. 建立思想保障体系

为保证本次大规模课程改革项目实施的有效性，树立全面课程改革观念、过程控制观念、科学发展观念等现代教育质量管理观念，学校采取个人、班组、校区、全体人员理论辅导等各种方式，进一步强化师生的课改参与意识，引导教师全面了解、认识当前课程改革的新思维、新理念，学习课程改革的新方法、新手段，全面把握课改进程的方向，防范职责不明、程序不当、接口不清等管理漏洞出现。

2. 建立评价保障体系

学校从制度保障方面入手，将本次课改的具体项目责任落实到人，同时加强各方面行政管理力度，进一步优化教学质量监控与评价体系，以便更有效地对两大专业课程改革实验的整体教学过程和教学结果进行监督与控制，保障各专业核心课程改革项目严格、有序地顺利推进。

3. 建设课改成果转化机制

学校根据课程改革设计和实施不同阶段环节的特点，大力推广“以工作为导向”的课改成果，注重将教育教学改革创新成果及时转化、推广和应用，以促使学校在教学、科研、学生管理等方面都有质的飞跃。学校力求把

“尊重人、关心人、培养人、发展人、完善人”作为学校管理工作的基石，形成“重视人人、激励人人”的管理机制。在课程改革中，不仅要完成课改实施阶段的工作，更要借此推进领导者团队、管理者团队、专业教学团队、课程团队、科研团队的整体素质建设，进而形成勇于创新、优势互补的团队结构，促进学习型特色团队的构建，保证团队持续性发展。

（三）推进课改实施过程

学校整个课程改革实施项目分教学设计、课堂实施和综合评价三个相互关联的阶段，以专业骨干教师组成的攻坚团队，夜以继日、艰苦卓绝地推进专业教学实施方案、各门专业核心课程教学设计、课堂教学实施、质量评价模式的整体研究与运行。

1. 第一阶段：教学设计

（1）教学设计运行程序。

（2）教学设计实施内容。

这一环节是对整体课改实施项目运行目标的具体分解，依据项目运行程序，老师们将实施阶段工作细分为四个子任务：项目计划制订、启动；制订专业教学实施方案；开发并完成专业核心课程教学设计和相关教学资源；核心课程课堂教学实施。

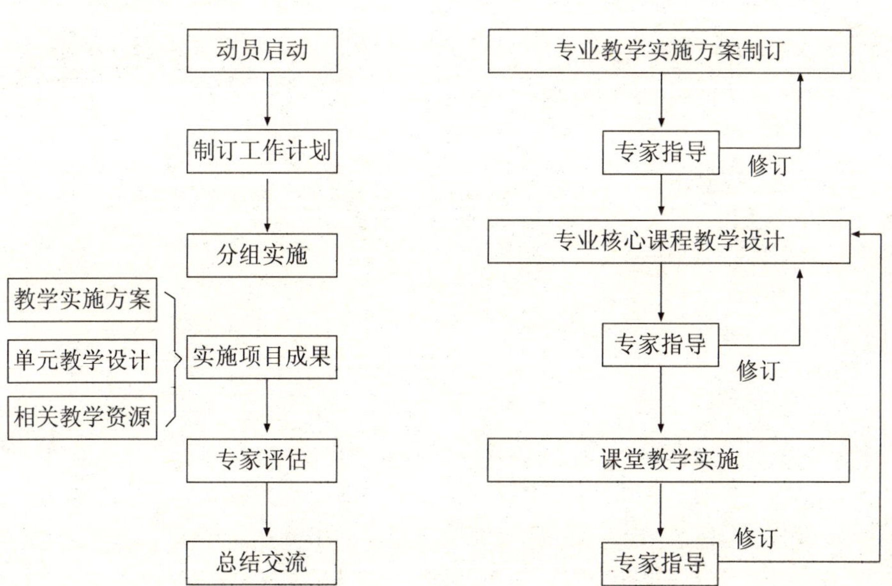

各阶段都确定了明确的工作目标、运行程序、实施要点和保障措施。

下面以会计专业的核心课程《认知会计工作》及系列课程开发为例，简要介绍老师们在完全没有先例的基础上探索新型课程模式的艰苦历程：

一、确定教学载体

在本次课程实施阶段，课程开发的主要依据是2007年由各学科专业人员制订的课程标准，但它只是新概念课程的理论框架。作为此次课堂教学设计的主体，教师积极听取企业专家对课程的指导，不舍昼夜地对课程标准进行二次修订。

课程教学载体的诞生是如此的艰难，就如催生生命一样痛苦。但是，通过反复、持久、深刻的思考与讨论，我们终于确定了要以某“模拟企业”为教学载体，全部核心课程的内容按照“月度”顺序分散到“模拟企业”之中。学生的学习目标即“模拟企业”中的工作目标，学习过程即“模拟企业”中的工作过程，学习成果即“模拟企业”中的工作结果。全部课程依托“模拟企业”这个教学载体开展，单元划分以“月度”为顺序，每门课程完成一个“季度”，达到了“重复过程的同时不重复内容”的课程开发要求。

我们终于完成了从工作过程到学习过程的漂亮转身。

二、划分学习单元

由于载体的“破茧而出”，下面阶段学习单元的划分就顺理成章了。结合教学实施规律的要求，我们设计完成了包含4张表格在内的符合理实一体课堂运行需求的知识和能力体系（如下图）。

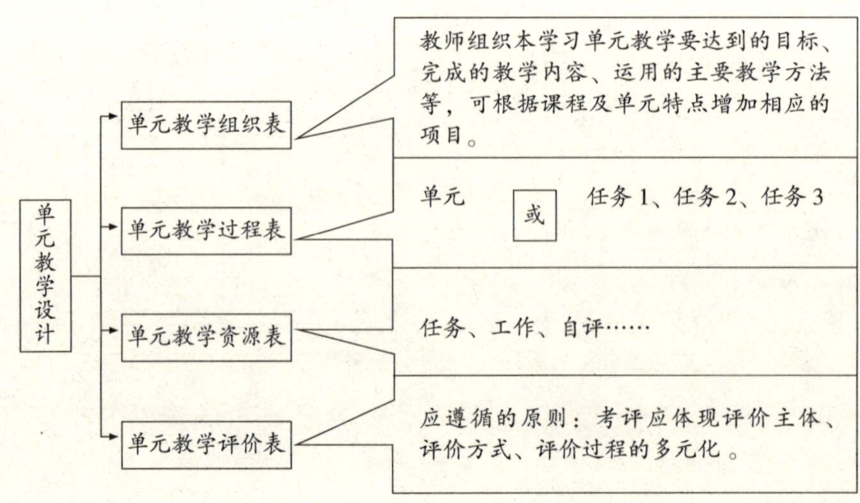

教学组织表：该表说明教师组织本学习单元教学要达到的目标、完成的教学内容、运用的主要教学方法等整体情况。教师可根据课程及单元特点增加相应的项目。

教学过程组织表：该表以“工作过程为导向”，教学过程遵循项目教学的“七步”内容来合理设计安排，一个教学单元可以是一个循环，也可以是多个循环。

教学资源开发表：该表是本学习单元具体教学资源的汇总，是课标中“学习单元一览表”“教学资源”项目的具体反映及补充，要求教师作出明确的说明及指向。

教学评价表：该表是本单元教学评价具体实施的体现，是课程标准中教学建议及考核建议项目中有关考核内容的具体反映及补充，鼓励教师实现考评方式的多样化。

三、开发教学资源

教学资源是服务于教学活动和学习活动的各种资源材料。教师要在授课前结合每门课程的特点创设教学环境，确定开展教学活动的场所及必需的学习设备，如凭证、账簿、科目章等，以辅助教学。另外，教师要为完成本单元教学任务准备各种素材，包括讲义、教案、PPT、实务范本、参考网址、音视频；也要准备学生为完成本单元学习任务使用的各种资源，如任务书、工作页、分析报告、图表、设计表等；还要适当扩充教学参考范围，包括书目清单、网址等，便于学生在教学过程中和课后查阅。这些成为培养学生学习能力的有效辅助手段。

2. 第二阶段：课堂实施

（1）课堂实施前的思考

在将前期研究成果运用于实际课堂之前，针对新旧教学模式可能出现的偏差，我们提出课堂教学中需要重点把握的关键问题，以供授课教师思考：

①对知识、能力、情感价值观之间关系的把握。

②对行动导向教学环节的理解与适当运用。

③对活动开展与专业知识习得之间的定位。

④对新课程教学组织中教学方法的选择。

⑤对新课程中教师作用的界定。

⑥对活动主导课程中学生主体积极性的调动。

（2）课堂实施中的策略

为预防传统教学环节安排的惯性影响，避免新课程在课堂实施阶段出现偏差，我们随时调整对策，帮助教师尽可能预先调整实施策略，力争新课程目标的有效实现。我们提出了“四个防止”：

①防止教学内容贴标签，课堂实施换汤不换药。

②防止教学形式走过场，知识体系囫囵吞枣。

③防止教学环节求形似，教学步骤机械排列。

④防止教学实施无主线，授课要点模糊不清。

3. 第三阶段：创新评价

教学是由各个环节组成的系统工程。教学质量的好坏，受到学校、教师、社会和学生等诸多因素的影响。教学质量的评价管理，必须全面考虑教学各个环节之间的关系，坚持整体性、全面性原则，从而保证管理评价的实效，使评价体系与职业教育目标一致、评价内容与培养目标统一。

本次课程改革中，学校教学评价方式是将定性评价和定量评价结合，评价主体包括教学专家、企业专家、教师和学生。

（1）课堂教学过程评价

课堂教学目标：包含认知目标、智能目标、情感目标。教师要针对不同层次的学生设置分层目标并分层施教。

课堂教学内容：对于新课程来说，内容更着重于学生岗位适应能力的培养，要恰当、适量、便于操作。

教学方法：教法应符合学生的认知规律，符合因材施教的原则，符合“在做中学”的特点。选择教法直观地考量着教师在开展活动课程时组织课堂、把控课程、引导学生主动探究学习的能力。

教学设计：教师对课堂教学结构的优化设计要突出“以能力为本位”的教学指导思想，注重教学活动中以教师为主导、以学生为主体、以培养学生能力为主线的课堂教学结构。

（2）课堂教学效果

课堂教学效果是教学有效运行和质量高低的重要表现，课堂教学效果集中地反映在学生的学习效果上。对于新课程，学生学习效果集中体现在其对实际业务操作的掌握程度方面，即学生获取专业知识和职业技能的程度，对工作岗位所需信息的有效分析和处理能力，最终评判的标准是他们能否根据规范的工作原则和严格的工作程序完成工作任务或制造出合格的产品。

我校参与课堂实施的两个专业均采用实验班与原授课模式班对比的教学形式，以便于新旧教法的对比研究，见到直观效果。在实验班中，两个专业依据《北京市宣武区第一职业学校“以工作过程为导向”的课程改革教学实施方案》，全程推行以工作过程为导向的教学理念，促使学生边学边干，通过实践，认识实际工作岗位中职业道德、行业规范和专业能力的综合标准，锻炼了学生多方面的业务能力。从课堂实施情况看，实验班的学生对职业岗位的认识大大超过原授课模式班级，动手操作能力也明显强于后者，他们处理财务业务的能力也确实得到了很大提高。参与新课程改革实验班的财经专业学生能够在一年左右的时间完成原来需要三年时间完成的学业任务，能够基本按照制度科学、规范、有效地填写会计凭证，登记相关账簿，编制真实的报表。

实践锻炼，服务学生

我校课程改革实施已经第三个年头。从第一批参与课标开发到第二批参与教学设计研究，再到进入课堂实践，许多“老课改”已经连续“征战”了几年。他们开始只是做一部分科研项目，后来做一项专题课改研究，再后来全程参与授课，接下来还要肩负新一轮课程的开发和后续人员的培训任务。由于教师们在设计阶段就形成了踏实认真的工作态度，保持了严谨、科学的工作作风，所以，在进入课堂教学实施环节后，虽然工作难度一再加大，工作量不断叠增，但已很疲惫的教师们仍然为课程改革取得成效感到欣慰。

四、成果转化，促进目标实现

本轮课程改革已进入收官阶段。纵观课程改革试验项目的全过程，我们切实体会到，课程改革给学校教育教学管理和教师授课思想意识等方面带来的影响是空前的。在参与教学设计、科研开发和课堂实施中，教师所承受的压力甚至达到了难以承受的地步。但是，经历了课程改革的全过程，他们得到的锻炼也是前所未有的，获得的收益也不可能是金钱所能体现的。

经历了全市 32 所实验校、41 个专业课堂实施项目，特别是作为仅有的两个专业同时参与课改的 9 所学校之一，此项目运行过程对宣武一职有着更重要的意义。回顾参与项目之初制订的行动目标，我们由衷地感叹：一个项目打造出一支队伍。

1. **课改促进教师教学能力提高**

行动导向教学法主张创造一种教与学、师与生互动的情境，学生是学习过程的中心、学习的行动者，教师是学习过程的组织者、引导者、咨询者与协调人，在教学中与学生互动，让学生通过“独立地获取信息，独立地制订计划，独立地实施计划，独立地评估计划”，使他们在自己“做”的实践中，习得职业技能，掌握专业知识，从而构建属于自己的经验和知识体系。

这种教学方法与传统教学方法有着本质的不同，是将传统学科体系的知识顺序打破，按照“行动”重新进行排序。因此，行动导向教学法要求教师必须提升综合能力，以保证教与学的效果得以实现。

（1）课改实验提升了教师的实践能力

“以工作过程为导向”的理念指导设计的课程都是来源于实践，来源于工作过程，此类课程教学对教师的实践能力提出了很高的要求。在传统教学中，教师只需要掌握工作的内容与方法，而行动导向教学还需要教师对工作过程的组织、标准、策略等方面具有丰富的经验。教师需要通过自身的体验，将从行业实践中分析出的课标、步骤，一一呈现在课堂上，从而形成有特色的、多样的课堂教学设计。可以说教师实践能力的高低，决定了课堂教学设计水平的高低，从而影响了课型、目标、内容、方法、手段、预期效果等。

目前，职业学校的老师多数没有实践经验或者实践经验不足，为了能够高效地推进课程改革，学校大力加强校企合作，采用“走出去、请进来”的办法，即专业教师走出校门到企业进行实践，学校聘请企业、行业专家对课程的设计、实施等进行指导。这既为落实行动导向教学法提供了保证，又快速地培养起一支“双师型”教师队伍。

（2）课改实验提升了教师的设计能力

教学设计过程是教师的创造过程，教师的教学设计能力决定了“以工作过程为导向”的新课改思想能否在课堂中得以贯彻和落实。虽然经过典型的职业活动分析后，专业核心课程及相应课标已经确定，但是在课标中，无论在课程目的、要求方面，还是在内容上，仍然存在采用传统描述方法的现象。在进入课堂实施之前，教师要以工作过程为导向，落实行动导向教学观，合理选择、应用载体以及教学方法，这样才能胜任对课标进行建构、重组的任务，提升课堂授课水平。

(3) 课改实验提升了教师教学方法的选择能力

只有合理地选择教学方法，才能真正落实前期的教学设计。新课程要求教师必须具备“行动导向”教学观，而将“做中学，学中做”的思想落实在教学方法的选择与设计中是保证教学观得以实现的关键。当然，新课程的推进并不排斥其他教学方法的合理选择。当需要导入陈述性知识的时候，我们会突出“教师指导优先，学生自主学习为主”这一理念。在前期的教学设计中，对于某一门课程，具体到各个单元，再具体到每次课的活动内容和目标，教师们都是精心、合理地选择，应用基于“行动导向”的教学方法。

(4) 课改实验提升了教师运用教学载体的能力

教学载体是指能够承载一门课程所要求的全部技能与知识的产品、项目，原则上包括一门课程的过程性知识和陈述性知识。即使设计中确定了合理的教学载体，教师还是要学会在教学实施中充分使用载体，保证通过该载体的运用，能够将工作过程转化为学习过程，使学生在学习过程中体验工作过程，获得相应的工作成果，实现掌握知识、习得技能的教学目的。是否能够把握载体的选择、应用，取决于教师专业操作水平的高低、对课标的理解以及将二者结合并转化为教学实效能力的高低。任课教师致力于提高课堂实施效果之前，应注重前期教学设计中载体的选择与应用，使课堂实施的“设计图纸”是合理的并具有创造性。

(5) 课改实验提升了教师把握课堂的能力

行动导向教学观是一种全新的教学观念。在这种观念指导下的课堂实践中，如何把控课堂、提高效率是关键。教师提高课堂控制水平是提高课堂效率的有效方法。

首先，课改实验提高了教师运用载体的能力。在研究教师控制课堂能力的问题中重提载体，并不是要强调课程载体的确定方法，而是要说，在课程载体既定的情况下，如何通过再认识载体承载的各项过程性知识、陈述性知识，分解载体在具体任务中承载的各项能力、知识及情感态度目标，按认知规律在具体任务中科学合理、不重不漏地逐步实现这些目标。如果对具体任务中载体的运用不到位，会使课堂内容设计本身失去效率，这就像“图纸”不够精准，再完美的实施也不能弥补设计的缺憾一样。

其次，课改实验提高了教师对角色变化的把握能力。在行动导向教学中，师生角色发生了颠覆性的变化，学生成为学习的主动者和中心，教师成为学习的协助者、指导者。这种变化对教师如何掌控角色变化、控制课堂提出了新的要求。在课堂实践中，我们摸索出了如下经验：一方面，以职业角色扮演实现对课堂的控制。如要求学生在课堂上必须佩戴与职业角色相称的“胸卡”，通过职业标志外显其角色要求，实现其对自我角色的认同；要求学生交流时以其职业角色进行称呼，像“××经理，请您在这份报销单上签字”等，实现对其角色职责的强化作用；要求学生在工作中采用职业术语，像“编制10月份记账凭证汇总表、进行月结”等，实现对职业角色的内部催化。另一方面，以职业管理要求实现对课堂的控制。教师可以在课堂上引入企业的人事考评制度，如评优制度、奖励制度、职业等级评定制度等；也可以引入上级行政管理机关的管理制度，如迟交报表的处理、错漏账的处理、舞弊的处理等，以此与学生课业成绩挂钩，有效地实现控制课堂的目的。

再次，课改实验提高了教师对合作式学习组织的把握能力。在行动导向教学中，最主要的学习组织方式就是小组合作式学习。在这种方式下，教师应通过明确的任务布置，使学生明确“做什么”；然后再通过具体的任务细分，使学生明确“由谁做”，分工到位；再运用准备的各种资源，引导学生明白“怎么做”；而在学生进入任务实施阶段时，则给予他们工作方法、合作方式等的指导；在工作获得成果后，依据事先制订的标准给予学生合理的评价方式。教师激励学生的工作热情、提高对合作式学习组织的把握与控制至关重要。

（6）课改实验提高了教师综合评价的能力

评价标准来源于工作，对学习成果的评价也是对工作过程的评价，教师不再只通过“考试”这一种方式对学生进行评价，而代之以多元化的评价方式。多元化评价既包括对学生学习过程的评价、结果的评价，还涵盖了学生自我评价、小组合作的集体评价等。评价主体多元化，既有教师参加，也有企业专家的参与。教师在引领、指导学生完成任务的同时，还要按照评价体系，对学生的专业能力、方法能力、社会能力进行客观的评价。这需要教师更新理念，对工作岗位进行全方位的了解，并对学生进行客观、公正的评价。企业、行业专家参与评价标准的制订和具体的评价，能够弥补教师实践能力不足造成的偏颇。

（7）课改实验提高了教师的创新思维能力

①授课形式有创新

采用比较的方法，能够更直观地看到实验结果。本次课改实验将入学成绩相近的学生分成了两个平行班，一个班进行课改实验，另一个班按照旧的方案进行教学。通过两个班的对比，到目前为止，实验班学生的动手能力明显高于普通班学生，但在理论知识方面稍有不足。随着课改不断深入，在知识总量保证不变的前提下，实验班学生的理论知识不断得到积累，而动手能力一直比普通班学生强很多。

②教学设计有创新

教学设计经验慢慢得到积累，在实验中逐渐纠正。我学校会计专业率先在《认知会计工作》这门整合类课程中提出了“载体”的设想，随着《认知会计工作》和《创立企业》课程的进行，对比两门课程并将它们进行融合，他们逐渐找到了适合后续课程开展的教学载体和单元划分标准。

适用于全部课程的教学载体——“模拟企业”。在《认知会计工作》和《创立企业》两门课程的设计中，教师有意识地将两门课程进行了“融合”，在《创立企业》最后一个单元设立一家“模拟企业”，而这个“模拟企业”正是《认知会计工作》的教学载体，通过这个教学载体，实现了整合课程与直转课程的连接。以该“模拟企业”的业务为客体，其余12门课程都可以围绕“模拟企业”开展。在“模拟企业”工作的“一年半”中，“企业”从无到有的建立、从小到大的培养、从手工到电算的进步，都是直观的、可感受的。“模拟企业”不单是一门课程的载体，而且是会计专业14门课程的载体，能更好地为教学服务。

适用于后续课程的单元划分标准——“月度”。单元的划分标准要做到“重复过程而不重复内容”，因而在单元划分中，既要考虑到会计工作的重复性，也要考虑到内容的可教学性。将单元按照会计月度划分，符合工作的重复性；根据各门课标设计对应的业务，符合内容的可教性。因而，在《认知会计工作》设计中，人为地将“模拟企业”的创立时间定在“10月”“11月”“12月”，后续课程延续到新会计年度，从1月开始，每门课程三个月。如有同时开设的课程，需将三个月进行捆绑，同时完成每个“月度”的教学任务。单元的划分以时间为顺序，更容易形成成果。

2. 团队整体水平得到提高

在课改项目实施中，我们牢牢把握“目标导航是方向，项目实施是契机，系统建立是前提，组织实施是根本，创新建设是关键”的运行原则，一方面全力保障项目实施的平稳有序，另一方面把握时机，将两个专业部教学设计和课堂实施成果及时推广到5个专业部，进而将新课程理念推进到全部教研组、教学管理部门。然后，利用人员的多次调配，让第一批参与课标研制和教学设计的优秀分子培养出更多新手，像滚雪球一样，使新教学方法被更多教师应用于课堂。

课改实施的过程是艰难的，但它也提高了领导团队、管理团队、教学团队、科研团队的整体能力。

专业指导，提升水平

（1）专业成绩凸显

作为北京市骨干特色专业和北京市职业院校专业创新团队，会计、金融两大专业整体优势在市区财经专业中相当明显。“以工作过程为导向”的课改实施以来，金融、会计专业教学资源的开发成果得到课改专家的一致好评，多次被作为范本向其他学校推广，《认知会计工作》课程教学案例在北京市课改总结会上被展示。两个专业共 10 人次以上在课改成果评比中获得课例、教材、论文撰写的一、二、三等奖，其优势在校内外始终保持领先地位。

（2）打造精英名师

从课程标准的制订到核心课程的设计、实施过程的参与、评价方案的研制，两个专业的骨干成员始终走在课程改革的前列。经历了一次次推倒重来，这些教学骨干中的优秀分子，你追我赶，在教学水平、学科研究、授课能力等方面成绩斐然，不断涌现出以科研见长的“学者教师”、以授课见长的“课堂典范”、以管理见长的“教学干部”。一支拥有科研、教学、教育、管理多方面素养的全能型教师管理队伍正在学校各项工作中起着中流砥柱的作用。

（3）带动者投身教研

由于金融、会计专业在教学改革中成果显著，辐射功能突出，学校抓住时机，建立滚动参与机制，形成良性行为模式，使得开始仅有两个专业部参与课程改革，现已达到全体教师全身心投入课程开发，开展不分学科、不分先后、不分起点的新教学理念培训，开拓各种形式的课堂创新实践，对先进教学理念进行学习、认知，有力地促进了教师们在教学中尝试行动导向教学法，有效地促进了学校教师队伍学习能力、授课能力的提高。

3. **课改带动学校全面发展**

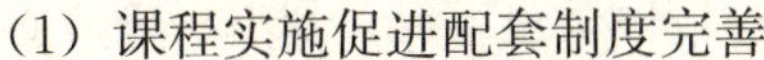

（1）课程实施促进配套制度完善

为了确保目标的实现，落实“分级管理、责任到人、专家把关、讲求实效”的管理原则，随着课程实施的推进，我们先后制订了七项管理办法，完善了各项保障措施，有力地支持了课改推进。

我们的共识是：以课程带动专业建设，以课改促进学校发展。随着阶段工作成果的涌现，我们抓住机遇大力宣传，提倡新教学理念，促进新教学方法的实施。同时，利用日常教研活动，要求各专业部将“以工作过程为导向”作为研究主题，自拟活动研究题目，开展“以工作过程为导向”的课程理论和“行动导向”教学方法的学习研究，为各专业下一步推进课改作好理论铺垫，使“以工作过程为导向”的理念深入人心。这促进了老师们深入进行更多类型课程开发的热情，促进了课改成果尽快有效地转化。

（2）课改实施改变教师行为模式

一所学校教师的教学风气、教学态度、教学行为和教学成果，影响着学校的办学特色与品位，决定着一所学校是否能持续发展。

课程改革逼迫教师重塑自身的文化素养，它为学校树立了标尺，促使学校推进“领导引领到位，机制鼓励前位，尊重个人特位，突出能力本位”的育人原则，改善了学校管理模式。课程改革促使团队合力上层次，学校以课改推进达到“锻炼带头人，帮助每个人，促进懒散人，鞭策落后人”的理想目标。课程改革提升了学校的品位，使学校形成了“学科研究的氛围、教学研究的氛围、比学赶帮的氛围、协作一心的氛围”。

感谢课程改革的契机，期望借助课改，我们既能提高教师个体的素养，也能提升学校团队的整体素养；期望我们能在学校相对纯净的环境里，建立一种共同的价值取向、一种共同的教育哲学思想，营造一种学校精神文化氛围。

一、课程改革理念，呼唤校园文化的重构

（一）对校园文化的认识

校园文化是由学校全体师生所共同创造出来的并为其成员所认同和遵循

的价值观、精神、行为准则等，影响和制约着学校和全体师生的发展。校园文化由环境文化、制度文化、行为文化和精神文化组成。其中，环境文化是学校表层文化，行为文化是学校浅层文化，制度文化是学校中层文化，精神文化是学校深层文化。

校园文化涵盖面很广，体现出教育导向、开发创造、凝聚人心等方面的功能。随着时代的不断发展，校园文化也必然会进一步更新和完善。

（二）校园文化和课程改革

真正的课程改革必定是观念与体制的同步变革，有教师与学生共同响应，需要学校全体教职工一起努力。职业学校课程改革已成为每个职教人的教学行动纲领。

历史使命决定了课程改革的重任必然要由教师承担。教师是否自觉自愿加入课程改革是课改成功与否的关键。新课程要求教师弘扬团队精神，积极合作，共同推进课程改革。

课程改革的实施，从本质上说是一种课堂行为研究过程。它是把以观念形态为主的课程转化为学生习得知识与技能的过程，从而实现课程内在的文化意义。这就需要教师通过行动研究，把课程落实到课堂教学层面。

职业学校课程改革主要是通过改造教师的教学方法，进而达到改造学生的学习方法的目的。新一轮的职业教育课程体系改革的目标是：建立工作过程系统化的、理论与实践一体化的、专业教学标准与职业资格标准相融合的、具有北京特色的中等职业教育课程体系，形成科学有效的职业人才培养模式，为北京市的经济建设提供优质服务。

二、践行课程改革，重构教师形象

课程改革促使教师完成了四个方面的转变：

（1）由完全控制型向控制引导型转变。在实验课程中，“实践——理论——再实践”贯穿于每一个模块的教学中。学生在实训中，对重点财务理论知识，如对损益表、资产负债表的编制与分析，是通过市场实际使用直观认识的，这样就加深了理解和记忆。而教师则自然完成了从以自我为中心的主控型向以学生为中心的引导控制型转变。

（2）由“主要演员”向“综合导演”转变。在课程实施中，教师要创设宽松的财务运营环境与严格的市场运营规则，帮助学生发现大量的经济现象，指导学生学习规则，自己模拟融资、采购、生产建设、委外加工、销

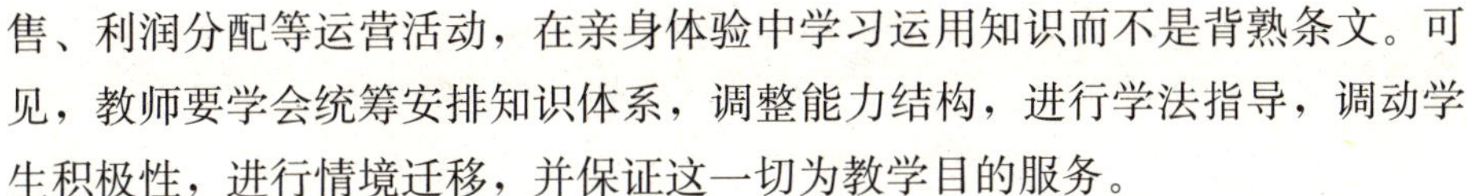

售、利润分配等运营活动，在亲身体验中学习运用知识而不是背熟条文。可见，教师要学会统筹安排知识体系，调整能力结构，进行学法指导，调动学生积极性，进行情境迁移，并保证这一切为教学目的服务。

（3）由单一功能向复合功能转变。企业运营情境的设计、学生学习动机的激发、教学全过程的组织、学生习得知识正误的评定、知识体系的拓展等，都要求教师要能够胜任多面手的角色。教学不再是教师单一的活动，实际经济环境的复杂多变迫使教师不能“照本宣科”，而必须做一个组织者、引导者、鼓励者、参与者、评价者。

（4）由导师型向亦师亦友型转变。多门专业课的汇集，要求任课教师要更全面地掌握学科体系，并能将学科体系进行重新架构。因此，新课程体系对教师的要求会越来越高。教师要引导学生质疑、调查、探究，在实践中学习，促进学生在教师指导下主动地、富有个性地学习；进而促使学生学会思考、学会学习、学会选择、学会交流。教师还应该让学生拥有评判课堂的权利及选择未来发展方向的权利，让他们意识到自己是课堂学习的主人，从而增强他们的责任感，激发其学习的自信心。

课程改革任重道远，而教师文化重构势在必行。我们以“教人者先教己”为原则，践行“教书富有感染力、育人富有感召力”的理念，集聚着自己教学生涯的成就感和幸福感，享受着教师独特的“富有”、情趣和快乐。

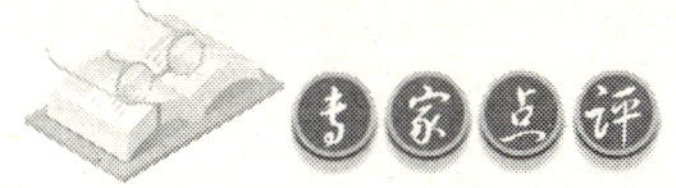

作为北京市32所“以工作过程为导向”的课程改革试验校之一，北京市宣武区第一职业学校在短短的3年时间里，构建了“理论实践一体化，专业教学标准与职业资格标准相融合，具有北京特色”的课程体系，形成了“以教学改革促进质量提高，以习惯养成实现育人目标，以骨干培养带动团队建设，以职成一体凸显服务功能，以文化引领提升学校品位”的办学特色。该校在专业课程体系建设和师资队伍建设方面所取得的成果和经验，值得我们参考和借鉴。

1. 该校确定了“职业认同，课程认知，技能认优，道德认高”的教育目标，将学生思想道德教育融入专业教学之中，为专业课程体系建设和教学方法改革指明了方向。

2. 课程改革是提升教师队伍能力水平、提供学校发展源动力的重要途径。学校坚持“以项目实施带动队伍建设”的方针，以实施“课改培养项目”为契机，通过完善机制、全员参与、以老带新等途径，全面稳步地提升了师资队伍的整体水平，从而推动了教师团队和学校的发展。

3. 课程改革的历程虽然艰难、曲折，但在提升教师的教学设计、教学方法的选择、运用教学载体、控制课堂、综合评价和创新思维等能力方面效果显著。

4. “以工作过程为导向”的课程体系建设，需要建立与之呼应的“行动导向”教学模式，才能取得事半功倍的效果。

5. 教学载体是课程体系建设的关键。北京市宣武区第一职业学校创新设计的“模拟企业”有效地将学习过程与工作过程相结合，使学生加速了身份转变的过程，提前适应了工作环境。

6. “以工作过程为导向”的课程理念需要教师和学生转变观念，树立“以学生为中心”、教师作为“组织者、合作者、引导者、咨询者”的角色意识，使学生在“做中学，学中做”，切实提高综合职业能力，真正体现课程改革“以就业为导向，以能力为核心”。

北京市宣武区第一职业学校的课程改革实践使我们看到了理论实践一体化的课程体系的未来发展前景，祝愿我们的职业学校在借鉴国外先进课程理念的基础上，通过实践、反思，再实践、再反思，不断发展、完善具有中国特色的职教课程体系。

（点评：徐涵）

“一体化”教学模式的构建与实施

——四川省成都铁路工程学校

名校/名校长简介

成都铁路工程学校创建于1951年，现受中铁二局和省教育厅领导，是四川省直属国家级重点中等职业学校，是我国西南地区唯一的铁路施工类学校，也是教育部、建设部确定的建设行业技能型紧缺人才培养培训基地。学校被中华全国总工会确定为全国职工教育优秀示范点，被中铁二局确定为农民工培训基地。另外，教育部、人力资源与社会保障部、财政部批准我校为首批国家中等职业教育改革发展示范学校。

学校现占地173.4亩，建筑面积7万多平方米，可容纳学生5000余人，现开办有三年制中专、两年制高中中专和五年制高职，开设有铁道施工与养护、公路与桥梁施工、建筑工程施工、工程测量、工程机械运用与维修、学前教育等专业。其中有三个省级重点（示范）专业：铁道施工与养护、工程施工机械运用与维修、工程测量。

一、破与立

在管理中，有些条文如果不加思考地选择和运用，可能会使管理工作陷入困境。管理需要破与立，无论是破还是立，都需要遵循教育教学规律。只有依据规律，才能破成，才能立定。破，就是要敢于破除那些烦琐、表面化、片面化的形式与内容。只有破，才能瘦身，才能轻装前进，才能使管理工作和教师教育教学工作清晰起来，使管理更加科学、有效。立是相对于破而言的，有破才有立。立是需要勇气、胆略和责任心的。立同样需要对教育教学规律的深刻把握。立，要求正确、高效、有新意，视野要更开阔，要能跳出教育看教育。立是管理智慧的体现和集中生成。

二、舍与得

舍与得也是辩证关系。该舍的时候必须舍，只得不舍，是不能持续发展的。只有注重舍与得的平衡，才会不断发展。比如，在名利面前，校长要愿舍，因为舍去了对名利的追求，心境才会纯净，教育思想才会纯正，才会真正为师生的生命成长服务，才会真正地依据教育教学规律办学，赢得师生的尊重——这是智慧的价值。在权力面前，校长要敢舍，只有会放权，才会使自己回归本职岗位，而不至于陷入具体事务中——这是智慧的巧用。校长要能舍，只有舍去了所谓的“权威”，才能在学校营造浓厚的民主氛围，才能广纳谏言，促进学校发展，才能使学校管理由校长管理走向教师管理，向管理的无为境界迈进。

三、大与小

校长要想大事、做小事；着眼宏观，着力细节。只有大处着眼、小处着手，才能做到宏观与微观的统一。当前社会正处在转型期，校长面对的是一个充满矛盾的聚合体，很多时候，校长是在矛盾中前进，是在教育理想和现实的冲突中前行。这就更需要校长有良好的反思习惯与能力，有深邃的洞察力，有务实的工作作风。总之，就是要有良好的平衡关系的能力。

四、情与理

在学校管理中要情理并存，理是情之基础，情是理之升华。理在于规范、约束，情在于激励、打动人心。温情是一份体贴，是一份人性的关怀。激情是点燃自己，感染大家。摆正情与理的关系，才能使教师集体达到和谐的境界。

五、动与静

动与静实际上是变与不变的关系。变是永恒的，不变是相对的。变是要满足现实对教育的不同要求，不变的是对教育终极目标的渴望与追求。变要求不停地创新，每天进步一点点。变使教育有了新意，教育也就有了生命的激情与活力。不变要求每天的新意最终成就一个大目标，那就是为人的终身发展奠基。不变使教育有了一份凝重，有了一份责任，有了一份期待，有了一份成就。

六、花与刺

花的绚丽多彩，刺的尖利灼人，使人们向往花、远离刺。刺可能并不好看，但如果我们用包容的心和欣赏的眼光来看，刺同样吸引人。刺虽不好看，但它的价值在于能刺激人的神经，时时警醒人们。在教育实践中，管理者喜欢听赞美之词（花），这是人之常情，但作为管理者，要谨记忠言逆耳（刺）啊！

我校始终坚持以发展为第一要务，以“做人求知，全面发展”为校训，形成了“中专三年，受益终身”的教育理念，以素质教育为基础，以技能培训为本位，以培养学生“生存、做人、求知、发展”四种能力为主线，形成了“校风正、教风严、学风浓”的办学特色，主要体现在以下四个方面：

一、着力加强专业建设，提高教育教学质量

一是实施教师能力提高计划。学校采用送教师到企业和施工现场实践、

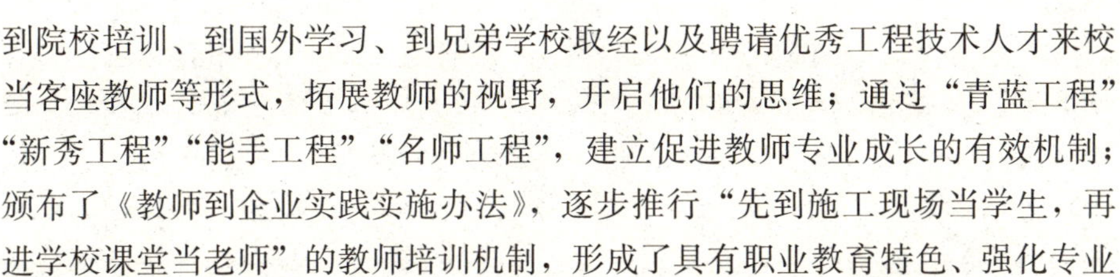

到院校培训、到国外学习、到兄弟学校取经以及聘请优秀工程技术人才来校当客座教师等形式，拓展教师的视野，开启他们的思维；通过“青蓝工程”“新秀工程”“能手工程”“名师工程”，建立促进教师专业成长的有效机制；颁布了《教师到企业实践实施办法》，逐步推行“先到施工现场当学生，再进学校课堂当老师”的教师培训机制，形成了具有职业教育特色、强化专业教师实践能力的企业实践制度，全面提高了教师的教学和实践动手能力。

二是深化师德师风建设。学校把师德建设放在师资队伍建设的突出位置，制订了科学化、规范化、制度化的师德要求，通过多种渠道和途径开展各种形式的师德教育，把师德建设贯穿于各项工作的全过程。同时，努力建成一支热爱职业教育事业、遵守教师职业道德规范、教书育人、为人师表、有奉献精神和团队精神的师资队伍。

三是积极探索教学方法。随着“2＋1”“1＋1”学制和“课堂教学、实习操作、技能鉴定一体化”教学模式的有序推进，“四新”技术逐步进入课堂。学校积极组织成立“现代教育技术与中职学科课程的整合”校本课题研究机构，以课程改革为突破口，开发补充性、更新性和延伸性的教辅资料，依托企业研发适合企业实际的校本教材，建立起以职业能力为本位、以职业实践为主线、以项目课程为主体的模块化专业课程体系。

四是完善校企合作模式。面对职业教育的发展前景，学校深入推进工学结合、校企合作和顶岗实习，有效建立“学校教育，主要是围绕实践锻炼相结合、个人能力与岗位要求相衔接”的人才培养体系，改革以校园和课堂为中心的传统人才培养模式，积极寻求合作企业和用人单位的支持，充分利用企业的设备设施和人才技术，将校园延伸到企业，将课堂设置在一线，促进教育与产业、学校与企业深度合作。

二、创新学生管理模式，提高学生综合素质

一是提高思想认识。学校以入学、军训和日常生活教育为契机，广泛开展思想、法纪、安全、礼仪教育，主要围绕“爱国主义、民族团结、遵纪守法、文明行为、感恩励志”五项教育，耐心开展个体学生帮扶活动，促使学生规矩入脑入心、思想品行良好。同时，学校通过精心布置校园、教室、实习车间等各类场所，悬挂富有职业特色的标语名言，宣传劳动模范和本校优秀毕业生的先进事迹等途径，让学生树立正确的道德观，明确职业发展方向，努力建设职业氛围浓厚、专业特色鲜明、符合学校特色的优秀校园文化。

二是规范管理过程。学校细化并落实好《专职班主任岗位职责》《班主

任考核激励机制》《中职学生“三禁两不”纪律规定》《突发事件应急处理预案》等18个规章制度；严格执行学生一日行为（从学生早上起床到晚上睡觉的早操、早读、课堂、课外活动、晚自习、晚就寝、卫生、仪表、纪律、支部建设等10项常规）追踪考核制度；对于刀具和危险器械，做到每天一巡查、每周一抽查、每月一排查；坚持24小时网络值班制度，按照“重点时段有人巡、重点区域有人守、重点环节有人控、重点人物有人盯”的防控目标，规范学生的着装仪表、作息时间、文明礼仪和行为纪律，及时处理问题，妥善化解矛盾，杜绝持械斗殴和群体性事件，减少一般违纪现象，确保校园平安。

三是创新大德育工作格局。学校牢固树立“德育优先，技能为本”的育人理念，强化对大德育工作的组织领导，着力构建“全方位开展德育，全过程实施德育，全员参与德育”的大德育工作格局。同时，加强规章制度建设，逐步建立完善大德育工作格局的目标任务、办法措施和保障机制，使大德育理念内化为思想认识，并细化为具体行动。学校还创新德育工作载体，抓好三项教育，强化两项服务，严格三项管理，开展好“五好科室”“文明经营户”“先进班级”和“优秀班主任”“优秀员工”“优秀学生”等各类创建、评比活动，切实增强德育工作的针对性和实效性，努力提高德育水平，提高人才培养质量。

三、着实强化内涵建设，积极推动改革创新

一是拓展办学模式。学校充分依托中国中铁行业优势和成都现代工业港区域优势，在抓好学历教育的同时，利用好现有教学资源和企业地域资源，主动为政府和企业开展岗前培训、转岗培训、农民工培训和员工继续教育，提高为社会经济建设发展服务的能力，努力把自身建设成为技能型人才培养中心和企业职工的培训中心。同时，坚持学历教育与职业培训并举，培训新型农民和农村实用人才，为建设社会主义新农村、实现农业现代化、促进农民增收、改善民生和促进县域经济发展服务。

中铁二局农民工培训启动仪式

二是广辟经济增长点。学校积极推进后勤工作改革创新，争创国家B级

标准化食堂，制订《非学历培训奖励办法》，加强非学历教育培训，拓展技能鉴定市场，确保在岗职工年收入稳步增长。

在中职教育改革发展的大环境下，成都铁路工程学校人艰苦创业、团结奋进、顽强拼搏，坚持“按市场理念经营学校，按企业模式管理学校，按产业发展开发学校”的办学特色，经受住了生存与发展的严峻考验，战胜了前进道路上的种种困难，谱写了“学校招生就业连创新高，教育教学力量雄厚，行政管理规范创新，办学成果日新月异”的豪迈篇章。

四、推行“一体化”的教学模式

(一) 教学改革是学校对高素质技能型人才培养的迫切要求

职业教育担负着为生产、服务和管理一线培养大批技能型人才和高素质劳动者的重任。现代产业结构优化升级，现代服务业、高新技术产业、现代制造业和都市型现代农业的发展，加快了职业的分化和综合，对中等职业教育的人才培养规格、质量和可持续发展都提出了更新、更高的要求。这些变化迫切需要学校转变教育观念，以现代职业教育理论为指导，加大课程建设力度，构建“体现职业教育规律，具有职业特色，能够满足社会和个人发展需要”的人才培养模式和课程体系，为经济社会发展源源不断地输送高素质的技能型人才和劳动者。

(二) 教学改革是学校改革与发展的必然要求

职业教育是与社会经济发展和劳动力市场密切相关的一种教育类型，在人才观、课程观和教学观上与普通教育具有本质区别，在专业设置、人才培养模式、课程设置、教学方法等各方面也应该体现出职业教育的特色。职业教育应当树立基于多元智能的人才观、基于工作过程的课程观和基于行动导向的教学观，并按照校企合作、工学结合、“做中学、学中做”的人才培养模式，构建“以就业为导向、以能力为本位、以学生为主体”的真正具有职业特色的课程体系，只有这样才能保证学校可持续发展。

如果说现在的职业教育与普通教育有什么不同，那就是今天的职业教育进一步明确了“以服务为宗旨，以就业为导向”的办学指导思想，明确了“面向社会，面向市场”的办学方向。今天的职业教育与社会、经济、市场联系得更紧密、更直接。职业教育的课程改革就是要在课程目标、课程内容、课程教法、课程评价等方面与行业企业零距离接触，使培养的人才符合市场需求，真正做到零距离上岗。

（三）教学改革是学校特色建设和专业发展的需要

社会的发展使学校面临新的机遇和挑战。学校要主动适应社会经济发展的要求，必须坚持“以特色求生存，以质量求发展”的道路。特色不仅体现在学校管理、专业设置、人才培养、育人环境上，更应体现在课程建设的各个方面。学校吸引生源要靠硬件设施，也要靠与市场紧密结合的专业，更要靠优秀的师资队伍以及适应性和针对性强的符合企业实际需要的课程。

（四）教学改革是学校教师专业化发展的需要

课程改革是提高教师专业发展水平和专业素养的有效途径。课程的开发、实施和评价过程也是教师把行业企业专家关于职业岗位、工作过程、工作任务分析以及人才培养方面提出的意见和要求，以课程的形式转化为教学和评价的过程，也是教师的专业能力、实践能力和创新能力得到有效提升的过程。课程改革给学校和教师提供了发挥创造性的空间，同时也对学校、教师提出了更高的要求。

专家进行行动导向教学法培训

（五）“一体化”实现了理论与实践教学的有机结合

近几年，学校对一些需要学生考证的专业课程实行了“教学—实习实训—技能鉴定”的一体化教学。所谓“一体化”教学，就是以国家职业标准为依据，以综合职业能力培养为目标，以典型工作任务为载体，以学生为中心，根据典型工作任务和工作过程设计课程体系和内容，实现理论教学与实践教学融通合一、能力培养与工作岗位对接合一、实习实训与顶岗工作学做合一。在课程结束的时候，技能鉴定工作也随之结束。

测量技能鉴定

由于职业教育培养目标的转化更强调学生在某个专业或者是某个岗位的技能强化，因此学生必须通过在校学习掌握所学专业相关课程的技能知识。而专业课程又不同于一般的文化基础课程，它是人类对某个生产领域长期进

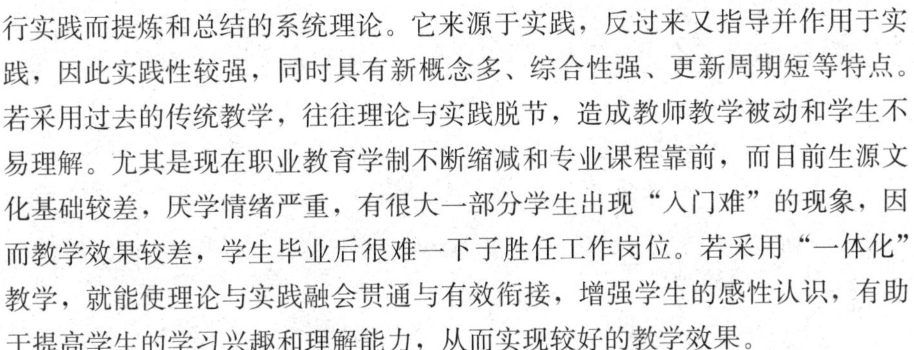

行实践而提炼和总结的系统理论。它来源于实践，反过来又指导并作用于实践，因此实践性较强，同时具有新概念多、综合性强、更新周期短等特点。若采用过去的传统教学，往往理论与实践脱节，造成教师教学被动和学生不易理解。尤其是现在职业教育学制不断缩减和专业课程靠前，而目前生源文化基础较差，厌学情绪严重，有很大一部分学生出现“入门难”的现象，因而教学效果较差，学生毕业后很难一下子胜任工作岗位。若采用“一体化”教学，就能使理论与实践融会贯通与有效衔接，增强学生的感性认识，有助于提高学生的学习兴趣和理解能力，从而实现较好的教学效果。

（六）合理利用教学资源，节约教学成本，达到事半功倍的效果

由于市场用人机制的转变，使得“双证制”的实施成为必然。这就要求学生在校学习期间，不仅要取得学历证书，还必须通过技能培训取得具有从事某种或更多职业资格的工种证书。在过去的传统教学中，通常是在教学计划的制订与实施中，学历教育与技能培训分两步走，即先按学历教育主要进行理论教学，然后另外安排时间进行技能强化和考核。这一方面使得教学内容与行业企业需求脱钩，教学针对性和实用性不强；另一方面在技能强化中还需要重复理论教学，浪费教学时间，学生感到没有兴趣。若采用“一体化”教学，在授课计划中即按照技能考核要求的理论将其编入教学内容当中，在每门课结束后严格按照国家技能鉴定的理论要求进行考核，这个考核成绩就既是该门课程的成绩，又是技能鉴定的理论成绩。这样不仅增强了教学的实用性和针对性，而且使学生有了学习的方向，学习目的更明确，增强了学习的主动性，同时又能在有效的时间内充分利用教学资源。这样既节约了教学成本，又取得了事半功倍的效果。

（七）“一体化”教学应解决的几个问题

1. 教学计划的制订与编写

对于每一个专业，首先要以国家职业标准为依据，通过对行业企业需求的调查与研究，弄清该专业学生的技能需要或学生应该达到的技能要求，明确学生培养目标，在教学计划中合理设置课程内容并合理安排课程的开设时间和课时分配。在教学内容上，将理论教学和实操训练的内容合二为一，组成模块内容施教，而不是在某一专门理论课授完后再进入学生动手操作的实践课。在教学方式上，打破理论课与实践课的界限，采用边授理论边让学生动手操练的方法上课，或者在短时间的理论教学之后，就让学生进入实训实习环节，从而实现理论课与实践课在空间上的结合。在教学时间上，取消人

为划分理论课与实践课时间段的做法，对于某一门既有理论又有实践的课程，在时间安排上将其合二为一，形成一体化的课程，从而实现理论与实践课在时间上的结合。这种将理论与实践合二为一的教学方式，凸显了教学内容和教学方法的应用性、综合性和实践性本质。它集理论传授、现场观摩、技能训练于一体，既增强了学生的理论学习效果，又提高了学生的实践操作技能，从而为学生最终顺利迈向就业岗位打下了坚实的能力基础。

2. 授课计划的编写

对于每一门专业课程，尤其是需要进行技能考核的专业课程，教师应根据本课程的特点和课时分配，按照国家技能鉴定要求的时间和内容，本着实用、够用的原则，合理安排授课内容，在课程结束时使学生通过相应的技能鉴定。

3. "双师型"教师队伍的建设

随着市场用人机制的转变和职业教育人才培养目标的转变，学校要打破过去传统式的学历教育模式，即由过于强调理论教学转变为"让学生掌握一定的理论知识，重点强调实践能力和岗位技能"的教学。而目前我校的教师大多数来源于刚从大学毕业即走上教育工作岗位的毕业生，他们现场实践经验匮乏，因而实践教学能力不足。要想增强实践教学环节，适应"一体化"教学模式，"双师型"队伍的建设就显得尤为重要。怎样打造一支过硬的"双师型"教师队伍呢？学校主要从以下几个方面着手：

（1）建立教师到企业实践机制。一方面，充分利用现有教学设备，统一安排有丰富教学经验的实习指导老师有针对性地对年轻的专业课教师进行一定时间的集中培训；另一方面，利用行业优势，利用假期，根据专业需要选派老师到工厂或施工现场进行较长时间的顶岗实践学习和锻炼，让他们及时掌握新知识、新工艺、新技术，并收集现场施工资料，调整授课内容，增强实践教学能力。

（2）提高专业课教师对学生实践的指导能力。传统教学中，各专业课程的理论和实践教学分别由不同的老师担任，这样就造成了教学环节不能很好地衔接，学生掌握起来也较困难。现在，学校要求理论课教师必须参与学生动手实践的全过程，加强对学生的指导力度，同时加强对教师参与实践教学的检查与督促力度。

（3）建立健全教师实践技能考核制度。每年对教师进行相关技能的抽查考核，并将量化计分纳入学年考核总评成绩当中，实行相应的奖惩。学校加快培养既能讲授理论知识又能指导技能训练和生产实习的"一体化"课程教

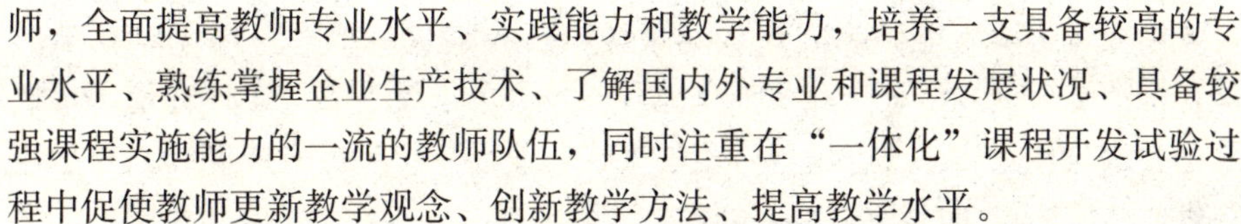

师，全面提高教师专业水平、实践能力和教学能力，培养一支具备较高的专业水平、熟练掌握企业生产技术、了解国内外专业和课程发展状况、具备较强课程实施能力的一流的教师队伍，同时注重在“一体化”课程开发试验过程中促使教师更新教学观念、创新教学方法、提高教学水平。

学校不断探索和改进教学方法。目前，职校学生普遍基础较差，厌学情绪较为严重，为了提高学生学习的主动性，除了教学内容的调整外，教学方法和手段的改进显得尤为重要。在实际授课当中，教师要结合学生实际情况，因材施教，充分利用现有教学资源和现代化教学手段，有效地把实践内容纳入理论教学课堂，实现两者的有机结合，以达到“一体化”教学的需要。

测量教师集体探讨教学

4. **教材开发**

要进行“一体化”课程教学，首先要制订“一体化”课程教学标准。其次，依据“一体化”课程教学改革基本原则，设计“一体化”的专业课程体系、教学内容和教学方案，组织开发“一体化”课程教材。再次，创新教材编写模式，打破学科体系，编写理论教学和实践教学相融合的教材和教辅材料，依据劳动者的职业特征、职业成长规律和典型工作任务设计教材教学单元，力争实现以工作过程为导向的教学模式，实现理论知识与技能训练的有机结合。专业课程教材内容的编写很大程度上是对现场实践经验的归纳与总结，但也总是滞后于实践。为了更加适应实践中新技术、新工艺的发展，学校根据实际教学需要，组织教师适时编写一些讲义，增强教学内容的实用性和针对性。

5. **实训基地建设**

学校加大投入，加强实训基地建设，建设具有职业氛围的一体化实训基地，满足课程改革的需要。

从国家职业教育体制的转变、市场用人机制的转变、国家技能鉴定的要求、学生就业竞争力的提高等多方面来看，加强实践教学环节，提高实践教学比例是必然的，因此实验实训基地是实现“一体化”教学必不可少的硬件环境。我校加强实验实训基地的建设，打破理论课与实训课授课地点分离的传统模式，建设既能满足理论教学又能进行技能训练的“一体化”教学场地，将传统理论教学教室和实训场地合一，力争创设真实的工作环境，实现理论教学与技能训练融合进行，使学生在职业场景中完成专业课程，为学生提供体验实际工作过程的学习条件。

通过实施“教学—实习实训—技能鉴定”一体化教学，学校整合了教学资源，构建了新的教学平台，取得了较好的效果。

1. 培养了“双师型”教师

学校许多专业教师，有多年的理论教学经验，但从未系统地进行过实际操作，而大部分实习教师学历低，职称低，理论底子薄。学校每年都拿出十几万元作为师资培训经费，组织理论教师和实习教师利用假期到大型企业进行强化学习和训练。同时，举办师资培训班，请本校优秀的理论教师为实习教师上课，传授新的教学理念和教学方法。通过培训，实习教师的理论水平和理论教师的动手能力提高了，大家互相取长补短，成为称职的“一体化”教师，保证了教学质量不断提高。

新教师培训会

2. 更新了教学设施设备

实施“一体化”教学后，学校对实习场地和教学设施提出了更高的要求。为此，学校多方筹措资金改善和更新实习设备。近几年，学校每年用于购买实习设备的经费都在百万元以上。学校新建了一幢实训大楼，每一个教室都安装了多媒体，使教师的课堂教学手段现代化。

3. 激发了学生学习的热情

“一体化”教学模式使理论与实习教学交互进行、融为一体。一方面，它既能提高理论教师的动手能力，又能提高实习教师的理论水平；另一方面，教师将理论知识融于实习教学中，让学生在学中做、做中学，在学练中理解知识、掌握技能，从而有效激发了学生学习的热情，增强了学生的学习兴趣，收到了较好的效果。

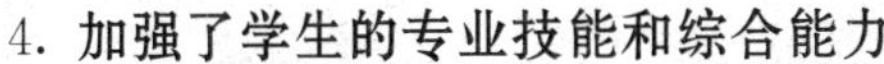

4. 加强了学生的专业技能和综合能力

由于教师教学方法对路，学生的专业技能和综合能力不断增强。在近几年的大型骨干企业的招工面试中，我校毕业生的通过率逐年提高，许多企业在我校录取的人数都在逐年增长。

学校要求学生必考的技能等级证书，如材料试验工、钢筋工、中级测量工、机械维修工等，通过率每年都在98%以上。许多学生还通过了施工员、预算员考试，获得了证书。

“教学—实习实训—技能鉴定”一体化教学模式有许多传统教学模式无法替代的好处，但是在近年来的教学实践中，我们也发现了一些问题，需要认真研究对待。

如一部分教师比较擅长实战教学，而对理论教学则不太重视，理论教学时间不能给予充分的保证，使学习的深度和难度有所减弱。他们对理论作业的布置与批改的要求也有所降低，因此出现了学生理论基础不如以前扎实的现象，学生虽然动手能力增强了，但是分析问题的能力却没有明显提高。

另外，实习设备供需矛盾因为“一体化”模式的实施更显突出。在传统教学模式中，一般理论课与实习课分开进行，而实行“一体化”教学后对实习场地和实习设备就有了更高要求。当场地、设备和工具不足时，就会影响“一体化”教学的效果。

要解决这些问题，除了要进一步加大教学投入、更新设备外，更重要的是要在制度上做文章。学校要成立“一体化”教学考核小组，出台“一体化”教学的管理和考核办法，对“一体化”教学进行全程检查、监督和考核，使之产生更加突出的效果，全面提高教学质量。

企业的参与是课程改革成功的重要保证，学校应更加主动地加强与行业企业的联系，聘请企业一线有经验的技术专家参加专业课程的开发和教学设计与实施，确保课程改革符合企业实际，满足企业技能型人才培养的需求。

课程改革是一所职业院校获得发展的重要动力。近年来，这一点越来越为广大职业院校所认同。课改成功与否，一方面受职业院校管理水平和相关制度建设水平的制约，另一方面与师资队伍建设的水平高低密切相关。在这些方面，成都铁路工程学校为我们提供了宝贵的经验。

在多年的办学过程中，成都铁路工程学校逐渐认识到课程改革对于学校发展的重要意义，他们通过强化制度建设，狠抓教师队伍建设，不断改革创新，逐渐形成了“课堂教学、实习操作、技能鉴定”一体化的教学模式。该学校课程改革中的很多做法为我们提供了如下启示：

1. 高质量的课程改革与高水平的管理密不可分。该学校在日常管理中注重“破与立”“舍与得”“大与小”“情与理”“动与静”“花与刺”六方面的统一，形成了独特的学校核心管理思想。这使得学校在改革探索的过程中能够敢于开拓创新、知人善任，很好地平衡了大事与小事之间的关系，实现了情理并存的人性化管理，满足了现实对教育的要求。

2. 人才培养质量是衡量课程改革成效的根本指标，成都铁路工程学校以“做人求知，全面发展”为校训，以培养学生“生存、做人、求知、发展”四种能力为主线，形成了“校风正、教风严、学风浓”的办学特色。这种对职业教育人才培养目标的科学定位，为学校的课程改革指明了方向。

3. 师资队伍的建设水平是决定课程改革成功与否的关键，而高水平的师资队伍建设必须建立在有效的制度建设基础之上。在适应“一体化”教学模式的过程中，成都铁路工程学校深刻地认识到“双师型”队伍建设的重要性，通过“青蓝工程”“新秀工程”“能手工程”“名师工程”，建立促进教师专业成长的有效机制。这些制度的建立健全为课程改革提供了有效的保障。

改革的过程从来不是一帆风顺的，必然伴随着从发现问题到解决问题的连续循环过程。在“一体化”教学模式实施过程中，还有许多问题需要进一步明晰与反思，该校虽然提出了“课堂教学、实习操作、技能鉴定”一体化的教学模式，但这一模式尚不成熟，缺乏完善的理论架构和实施方案，正因为如此，该校在实施的过程也遇到了一些问题与困惑，如“教师如何平衡理论教学与实践教学两者的关系”“如何保持实习实训条件与课程改革的同步”“如何让企业有效参与职业教育课程改革”等。这些问题和困惑，都是该校和其他中等职业学校在课程改革的进程中需要继续深入探讨的课题。

（点评：徐涵）

深化课程改革　彰显职教特色

——河北省承德工业学校

名校／名校长简介

承德工业学校建于1958年，迄今已有53年办学历史，经过几代人的艰苦创业，办学规模不断扩大。目前，学校占地329亩，建筑面积12.17万平方米，现有全日制在校生8400余人，成人教育在籍生3500余人。自2002年起，学校先后晋升为国家级重点技工学校、国家级重点中专学校、国家级高级技工学校；多次被评为河北省职业教育先进单位、河北省文明单位、河北省安全文明校园、河北省教学质量先进单位；是国家发改委和教育部确定的中职学校数控专业和电子电工专业国家级实训基地；2009年被教育部评为全国教育系统先进集体；2010年10月被教育部确定为国家中等职业教育改革发展示范学校建设项目。

“十一五”规划实施5年来，学校总结形成了“1277”一体化课程模式，初步构建起具有职教特色的“一体化”课程体系，提升了学校的教育教学质量和管理服务理念。

近两年来，学校六个系部共有25个团体、57人在国家、省级技能大赛上获奖；毕业生就业率达97.8%，就业对口率达95.6%，甚至出现学生尚未毕业就被企业抢光的火爆局面。

新一轮的课程改革使我校走在了国家中职教育课程改革的前列，牢固地确立了我校在承德地区的职业教育龙头学校和河北省知名职业学校的地位。

我校自 1996 年起进行改革，经过十几年的课程改革实践，取得了一定的经验和较好的效果。随着课程改革的深入，我们越来越清醒地认识到：学校的长久发展靠品牌，品牌要靠过硬的学生质量作保障，而学生质量靠学校优质课程的培养，优质课程则需要通过持续的改革与创新来打造。这其中，课程改革理念的提升是最重要的工作。没有先进的职教理念作为指导思想，对职业教育的理解就是肤浅的，更谈不上对课程改革的深刻认识和高度重视。

我们深入理解国家关于职业教育“以服务为宗旨、以就业为导向”的办学方针，把“以服务为宗旨”诠释为“三服务”宗旨：服务学生——学生的就业就是我们的事业，服务家长——家长的期望就是我们的愿望，服务企业——企业的需求就是我们的追求；把“以就业为导向”诠释为：全面就业、稳定就业、体面就业、高薪就业。重就业的同时，学校更重视学生未来的发展，把“培养能够就业的人”深化为“培养不会失业的人”，把“培养需要工作的人”转变为“培养工作需要的人”。就业理念的提升，意味着对学生培养要实实在在，要让学生学到真技能。而这一目标的实现，归根到底是靠学校的教育教学质量，靠学校课程与教学的优质度。

由此，学校确定了“人格高尚、行为规范、技能过硬、知识全面、特长突出、终身发展”的学生培养目标；制订了“以市场需求定专业，以行业需求定标准，以企业需求定课程，以学生需求定教法，以社会需求育人才”的教改指导方针；把一切为了学生发展成才作为根本宗旨，把课程改革作为学校的中心工作和永恒主题，并将其作为专业建设和形成品牌的重要举措一抓到底。

经过多年的改革实践和不断的探索、归纳和总结，我们把职业教育专家的理念和学校的具体实际相结合，总结形成了“1277”一体化课程模式，即：一个目标——形成综合职业能力；两个核心——工学一体和学生主体；

七个一体化——课程理念一体化、课程目标一体化、课程内容一体化、课程组织一体化、课程考核一体化、教学管理一体化、师资队伍一体化；七个特征——以工作过程系统化为课程理念、以学习领域为课程结构、以校本教材为课程载体、以行动导向为教学策略、以过程考核为发展性评价体系、以学分管理为组织形式、以“双师型”教师为教学保障。

在“1277”一体化课程模式的基础上，经过教学实践，我们又总结形成了“1264”一体化教学模式，即：以行动导向为教学策略，以工学一体和学生主体为教学内核，以任务引领的六个环节为教学基本过程，以教师的四项基本教学技能为支撑，以此构建具有职教特色的“一体化”课程体系，形成了学校全新的课程理念。

一、工学结合一体化课程模式的概念及内涵

工学结合一体化课程是以综合职业能力培养为目标，以学习领域（学习情境、学习任务）为课程组成单元，以行动导向为教学策略，以学业成果和综合职业能力形成评价内容，其课程结构是按职业成长规律，以纵向的学习领域排序，并以横向的理论知识打包跟进，融合文化课程、专业理论、专业实践、生产与技术服务等综合内容，兼容多种课程形式。

工学结合一体化课程模式是在不断地引进、吸收、消化国外先进课程模式的基础上形成的具有中国特色的课程模式。它与传统课程模式的区别在于：

从课程理念看，一体化课程强调工作过程系统化，而传统课程强调的是理论知识系统化。

从课程目标看，一体化课程注重的是综合职业能力形成这一目标的实现，包括专业目标、方法目标、社会目标，而传统课程强调的是理论知识认知目标和专业技能训练目标的实现。

从课程内容看，一体化课程基本上是从典型工作任务中开发出来的学习领域、学习情境、学习任务，其内容的展现形式为工作页、引导文、辅助教材，注重的是对直接经验的体验和学习。而传统课程使用的是学科教材，目的是验证或加深对间接经验的学习。

从课程实施过程看，一体化课程中的实践性课程在第一学年就开始进行，实践课和理论课同时进行，学习领域纵向递进，理论知识横向打包跟进，形成立体交叉的树型结构。而传统的课程安排习惯于第一学期开设文化课，再陆续开设专业基础课、专业课、实训课，是单线结构。

从教学方法看，一体化课程以学生活动为主，强调学生的中心和主体地位，学习特点是自主学习、合作学习和探究学习，教学策略是行动导向。而传统课程是以教师传授为主，学生基本上是被动地学习。

从教师的角色定位看，在一体化课程教学中，教师已经转变为学生学习的帮助者、指导者、咨询者，而在传统的课程教学中，教师是知识和经验的传授者。

从课堂形态看，一体化课程教学是多向的信息传递与交流，体现的是师生、生生的合作学习形态，而传统的课程教学是单向学习和模仿的形态。

从学生参与角度看，在一体化课程教学中，学生参与度很高，往往表现为学生主动要学。而在传统的课程教学中，学生参与度较低，往往表现为教师要学生学。

从课程管理角度看，在一体化课程中，专业系部实行理论和实习教学一体化管理的模式，而传统的课程多采用教研室式的理论和实践分割管理方式。

从课程考核方面看，一体化课程考核是阶段性“项目过关”“课业过关”的过程考核与综合考核相结合，目标是学生综合职业能力的形成，采用学生自我评价、小组评价、教师评价等多重评价方式，强调学生的自我发展和提高。而传统课程采用的是单一学科的考试形式，是以分数为主要指标和衡量标准的考核方式，考核对综合职业能力的指向不明确，而且会造成学生横向比对，人为地形成“好学生”和“差学生”之分。

从对师资的要求来看，一体化课程要求的是“双师型、一体化”的师资队伍，对教师的课程开发能力、引导和管理课堂的能力、专业综合素质要求很高。而传统课程的教师是学科型的，分别进行理论或实践教学，对能力要求比较单一。

二、一体化课程改革的历程与一些问题

学校自 1996 年开始进行教学模式，目标是在所有专业推行一体化教学改革，全面建立工作过程系统化的课程体系，形成具有职教特色的有一定影

响力和推广价值的工学结合一体化课程体系。

（一）课程改革历史阶段

1. 第一阶段（1996—2002）：**专业理论、专业实践一体化**

改革内容：变三段式的教学模式为文化课、专业课并行的模式，逐步实现了专业理论和专业实践的一体化教学。

改革成效：培养了我校第一批“双师型”教师，使得大批教师投入课改中来，形成了具有我校特色的“双单过关”考核方法。

2. 第二阶段（2002—2007）：**提出“服务理念”，整合了部分课程**

改革内容：继续坚持专业理论、实践一体化，适时提出了“文化课够用、适度，专业基础课删减、整合，为专业服务”的理念，同时将文化课和专业基础课纳入课改范畴。

改革成效：专业教学打破了学科体系；将学分制与日常教学有机地融为一体，其中“中职学校学分制与弹性学制实践研究”获省优秀课题一等奖。

3. 第三阶段（2007—2009）：**“1277”一体化课程理念的提出**

改革内容：学校适时提出了“1277”的一体化理论概念。即：一个核心（以职业能力形成为核心），两条主线（以纵向技能模块递进和横向知识打包跟进为主线），七个一体化（课程理念一体化、课程目标一体化、课程内容一体化、课程组织一体化、课程考核一体化、教学管理一体化、师资队伍一体化），七个要素（以行动导向为课程理念、以模块单元为课程结构、以校本教材为课程载体、以讲练结合为教学方法、以三段考核为评价体系、以学分管理为组织形式、以“双师型”教师为教学保障）。

改革成效：2008年河北省职业教育年会在我校召开，我校10多名教师进行了一体化教学示范，受到了与会者的高度评价；2009—2010年我校在河北省技能大赛中成绩显著，参赛队全面开花，其中动漫、电子装接、机电、物流4个参赛队代表河北省参加全国职业技能大赛。

（二）早期课改存在的问题

虽然学校多年以来坚持不懈地进行课改，课程研究也收效较大，但在实践过程中仍有明显的问题和不足，主要表现为：不均衡、不统一、不深入、不成体系。

不均衡表现在：全校只有电气、机械、焊接、数控等骨干专业推行了课改实验，其他专业刚刚起步或尚未推行。

不统一表现在：已经开始课程改革的专业因起步时间不同、课改进度不同，加之没有与课改工作配套的完整的管理体系，所以没有统一课改理念。

不深入表现在：由于早期参与课改的人员没有系统学习课改理论，没有把握课改精髓，致使早期课改出现了只重课改形式而忽视课改本质的局面。

不成体系表现在：全校没有构建起目标统一、理念统一的课程改革体系，各专业对课改的理解及已进行的工作呈现出一种支离破碎的状态。

三、新一轮课程改革的决策

为了彻底改变现行课程和教法不符合技能人才成长规律、不适应社会对技能人才质量的需要、不能激发学生学习热情的现状，为解决课改中存在的课程理念不统一、课程改革靠自愿、课改条件不具备、课改进行不深入、课改不成体系等问题，同时为落实国家、省、市关于加强职业学校基础能力建设的指示精神，提升职业学校的内涵水平，提高职业教育的吸引力，2010 年 1 月，经过广泛的市场调研和深入的研讨、论证，学校领导班子又作出了重大决策：在全校范围内全面实施“基于综合职业能力培养”的工作过程系统化的课程改革，构建具有职教特色和我校特点的工学结合一体化课程体系。学校还将一体化课程改革确定为“十二五”期间的重点工程，力争用 5 年时间基本完成所有专业的一体化课程改革及推广，通过一体化课程改革，达到建立各专业优质的课程体系、探索适合职业教育的优良教学方法、建设全新的一体化教学环境的目标。更重要的是，通过一体化教学改革打造一支优秀的教师队伍，使一体化教学改革牵引学校资源、课程及教师，实现全面完善、发展与提升，加强学校未来发展的核心竞争力。

四、深化课程改革，全面推进一体化课程体系建设

作出在全校范围内全面实施“基于综合职业能力培养”的工作过程系统化的课程改革、构建具有职教特色和我校特点的工学结合一体化课程体系的重大决策后，学校教研部门和各系部加快了课程改革步伐，课改工作有序展开。

改革研讨会

（一）明确一体化课程改革目标

我校全面构建起具有职教特色的一体化课程体系，使培养的技能人才既能符合当前生产一线的现实需要，又能适应产业进步、行业发展对他们提出的新要求，从而实现职教生从厌学到愿学、从被动学习到主动学习的转变，从根本上提升学生的综合职业能力。

各专业部尽力使教学真正符合“1277”一体化课程模式，实现一个目标——形成综合职业能力，突出两个核心——工学一体和学生主体，把握七个一体——课程理念一体化、课程目标一体化、课程内容一体化、课程组织一体化、课程考核一体化、教学管理一体化、师资队伍一体化，体现七个特征——以工作过程系统化为课程组织结构、以学习领域（学习情境、学习任务）为课程单元、以校本教材为课程载体、以行动导向（自主、合作、探究）为教学方法、以过程考核（档案袋评价法）为评价体系、以学分管理为组织形式、以一体化“双师型”教师为教学保障。

在进行课程改革的过程中，我校完成了“23811”工程，即：编制20个以上的专业课程标准，完成30个学习领域课程的研发（30本一体化教材的编写），建设80个标准的一体化学习工作站，承担并完成10项国家、省、市课程改革课题研究，撰写100篇课程改革论文；形成了一支“双师型”“研究型”“专家型”“学习型”的一体化教师队伍，成就了一批国家、省、市学科带头人；形成了“技能+学历、合格+特长、就业+发展”的培养模式，全方位提升了学院管理、教育、教学、服务水平，打造了有中国特色又具本校特点的职教课程体系，积淀了深厚的职校文化。

（二）制订新课改的实施方案

明确了工学结合一体化课程改革的目标后，学校据此制订了利用5年时间建设新课程体系的规划，即：2010年初启动计划，8月份完成初级阶段结题验收，9月份新课程在新生中50%的班级中进行教学实验；2011年8月新课程建设基本完成，并将试验扩展至全校70%的班级，2011年底教材编写工作全部完成，并尽早出版新课程系列教材；2012年8月一体化教学在所有专业全面推开；2014年8月总结评估新课程成果，利用一年的时间对新课程实施中存在的问题进行调整；2015年8月新课程基本完善，结题总结（学前教育系不参与一体化课改）。

（三）建立新课程改革的保障机制

课程改革是一次革命，要改观念、改教材、改教法、改场地、改教师，而在改造教师的教育理念方面面临的挑战最大。因此必须建立一套完善的保障机制，确保改革顺利进行。为此，学校提出了组织、思想、制度、资金、服务五大保障为课改工作保驾护航。

1. 组织保障

学校专门成立了课程改革领导机构，校长任课改领导小组组长，班子成员为课改领导小组成员，下设日常工作委员会，主管教学的副校长任主任，同时聘请职业教育课程专家和企业的实践专家成立一体化课改专家组。学校共成立了22个一体化课程改革课题组，其中专业课题组15个，基础课题组7个。同时，为保证课程改革持续顺利进行，学校适时地进行教学管理机构的改革，成立科研处，专门负责指导全校的课程改革与教学研究工作；成立鉴定实习处，保证一体化工作站的建设和实习教学材料的有效供给；强化专业建设，分设各个专业系部，保证理论教学和实习教学的一体化管理，使课程改革与建设能够真正落实到一线。教务处和督导室负责常规教学管理和课程改革的配套制度建设。“三处一室六系”教学机构的搭建，为课程改革提供了组织上的有利保证，使常规教学、课程改革、专业建设有了统一的一体化管理机制。

实践证明，有效的组织机制为学校的课程改革工作提供了强有力的支撑，是课程改革能够顺利进行并取得良好效果不可或缺的基础性保障因素之一。

2. 思想保障

我们明确了课改工作是学校下一步内涵发展的核心工作，提出全校上下参与课改、支持课改、服务课改，做课改的促进派。课改之初，学校多次组织全校性的大型讲座和理论学习，进行课改的宣传发动工作，营造浓厚的课改氛围。在对改革参与者进行教育的同时也向全校人员宣传，并充分发挥“党、政、工、青、妇”的作用，促使全校师生积极投身课改。通过宣传，全校上下形成了良好的舆论氛围，最终实现了思想上的真正统一。

改革动员大会

3. **制度保障**

无论是6年的课改推动，还是新课程实施本身，都必须靠一套全新的制度保障。过时的、影响新课程进行的制度必须取缔，加强有效的制度建设是课改的有力保障。为此，学校教学和教研部门针对工学结合一体化课程开发过程中出现的新情况、新问题，适时调整原有的管理制度，构建新的管理模式，建立健全了与一体化配套的各项教学管理制度，其中包括新的课堂教学管理制度、学生评价制度、教师评价制度、教学质量保障制度、一体化教师达标制度等。这为新课程稳步推进和不断完善提供了有力保障。

4. **资金保障**

大量的人力、物力、财力的投入是课改得以推进的必要条件，因此，我们确定了资金使用“课改优先”的原则。

5. **服务保障**

学校提出了校领导和各相关部门要时刻牵挂课改、关注课改、服务课改的要求，为课改工作提供各种必要的服务，为课改人员提供强有力的后勤支持。

（四）扎实工作，全力推进课改进程

1. **全员培训，深入了解新课程**

为使工学结合一体化课程理念深入人心，为构建一体化课程体系奠定理论基础，学校多次聘请陈李翔、赵志群、庄榕霞等职教专家来校作讲座，对全体教师进行理论培训。迄今为止，学校共开展一体化课程改革大型会议和讲座14次，召开各类课题组研讨会议60次，发放了《职业教育项目课程开发指南》和《职业教育工学结合一体化课程开发指南》两本工具书，编辑印发了13期《一体化教学改革简报》，设立一体化课程教学改革工作室18个、企业专家访谈会会议室3个，进行一体化课程改革理论考试2次，使教师能够全面理解和掌握职业教育的最新理论，为一体化课程改革奠定了必要的理论基础。

2. **企业调研，确定典型工作任务**

经过理论培训及自我学习，我校教师逐步理解了一体化课程改革的核心理念，明确了工作流程。其中，进行企业调研，遴选企业实践专家，召开技能专家访谈会，确定典型工作任务，掌握技能人才的成长规律，是课改成败的关键环节。因此，我们通过各种渠道，深入企业开展充分的企业调研，先后走访企业165家，发放《企业专家调查表》635份，聘请技能专家134人，

召开各专业的实践专家访谈会 16 次，确定典型工作任务 249 个，基础工作做得扎实、有效，为后期工作奠定了良好的基础。

3. 扎实推进，课程构架基本完成

典型工作任务确定以后，我们接着进行了学习领域的转化、教学情境的设置和教学活动的确定，课程标准、学习领域、教学情境等大量的描述工作已基本完成，第一二学期的工作页编写已经完成，并且正在完善之中。在一体化课改过程中，我们聘请了国内著名职教专家进行现场指导，为各阶段课改进程指导把关，确保了课程改革的正确方向，使课改得以顺利推进。

2010 年 8 月 10 号，学校聘请职教专家对学校的一体化课程改革进行阶段性验收，与会专家对学校前期的课改工作给予了充分肯定。专家认为，我校在相当短的时间内做了大量的前期工作，具备了实施工学结合一体化课程教学的前提条件。至此，新课程框架基本完成，学校完全可以在新学期据此开展教学。

4. 完善设施，演练队伍，创造课程改革实施条件

为了使课改实施阶段有良好的开端，学校按照一体化改革总体部署，本着“边改边用”的原则，于 2010 年春季在部分专业中先进行了学习领域课程的示范性教学。试行几个月后，教学部门又在 2010 年秋季开学前对首批正式实施新课程教学的教师进行了为期 15 天的一体化教学培训、演练，采取试讲、说课、研讨等方式进行实战模拟，保证新课程教学达到课改的预期目的，避免“穿新鞋走老路”的现象发生。秋季开学后，我们在 2010 级新生的高级工班、技师班进行了一体化课程的推广实验。

学校还加强了课程改革的配套设施建设，为学生创造了与企业环境接近的一体化实习实训条件，尤其加强了体现新课程理念和特征、以培养学生综合职业能力为目标的一体化学习工作站的建设。同时利用国家的基地建设资金和自筹资金 1600 万元，先后新建和改造了数控、电气、物流、建筑等一体化工作站 70 个，工作站里装备了完整的学习、讨论、制作、展示区的设施设备，使学生能够在站里完成工作任务。这体现了“自主学习、合作学习、探究学习”的教学理念，同时

实训室

更有利于培养学生的综合职业能力。另外，学校还装备了闭路电视教学系统、网络资源室、电子阅览室等附属教学资源设施，设立阶梯教室、综合报告厅等多媒体教学场所，独立建设5000多平方米的图书馆一幢，使学生学习更加便利和顺畅。

五、课程改革所取得的成就

经过一年多的课程开发和教学实践，我们取得了骄人的成绩：聘请专家开展了广泛的课程开发培训，进行了深入广泛的企业调研；召开实践专家访谈会，形成了学习领域体系，编写了200多万字的课程资料。2010年5月和8月，学校召开了两次阶段性汇报会，22个课题组先后汇报了课题研究成果，聘请的职教专家陈李翔、赵志群对学校课程改革阶段性成果进行点评和指导。专家对我校课程改革取得的成就给予了充分的肯定和赞扬，认为学校课改方向基本正确，掌握了工学结合一体化课程改革的精髓和要领。

赵志群博士来校指导工作

在工学结合一体化课程开发和教学实践过程中，我们最大的收获体现在以下三个方面：一是在技术层面上，掌握了工学结合一体化课程的开发实施流程，明确了课改路线，能比较准确地把握课程体系改革的节奏和步骤，为下一步各专业全面推行一体化课程改革奠定了坚实的技术基础；二是在人才角度上，培养了一批既懂课改技术又有科研精神的课程研发师资队伍，这批教师为下一步各专业全面推行一体化课程体系改革起到了带头作用；三是教学效果得到了学生的广泛认可，这为下一步各专业全面推行一体化课程改革提供了信心支撑。

（一）明确了课改路线

在工学结合一体化课程开发过程中，学校通过对企业实际产品的加工过程进行分析，对企业员工进行调研，掌握了企业员工从初学者成长为实践专家的职业成长规律，按照由浅到深、从易到难的认知规律，以合适的企业实际生产任务为载体，经过教学论、方法论处理后，创设了近似企业实际生产条件的学习情境，再进行教学设计，指导学生进行一体化学习。由此，我们总结出了适合校情的工学结合一体化课程改革的路线，即：企业调研→专家访谈→任务转换→课业设计→教学实施。具体步骤为：

1. 遴选企业实践专家

专家的遴选成功与否，直接关系到一体化课程改革的成败。各课题组严格按照课改步骤，进行了广泛深入的企业调研，选择适合于本专业课程改革的一线实践专家。他们深入 262 家企业，发放《企业实践专家调查表》858 份，聘请实践专家共计 138 人。

2. 召开实践专家访谈会

学校通过对实践专家和一线工人的访谈，找到每位专家成长过程中每个阶段具有代表性的工作任务 1321 个，经过汇总、合并、提炼，最终形成具有地方特色的典型工作任务 235 个，并按照由浅到深、从易到难的原则进行排列，同时请实践专家对所形成的典型工作任务进行描述。

3. 学习领域转化、描述

课题组教师牺牲了大量休息时间，开展了大量卓有成效的工作，他们将实践专家访谈会后形成的典型工作任务进行教学化处理，将 235 个典型工作任务转换为 240 多个学习领域。通过对一个学习领域的学习，学生可以完成某个专业一个方面的工作任务，学会处理一种典型的工作任务。

4. 学习情境（工作情境）的确定

课题组将 240 多个学习领域设置为 700 余个学习情境，每个学习情境都近似企业的实际工作状况，即加工制造企业实践专家提到的企业产品。当然，这些产品经过了教师的教学化处理，更适合学校的现实实训条件。

5. 课业设计

课业设计主要是教师使用的“课业设计方案”和学生使用的“学习材料”。“学习材料”主要包括工作页和自学卡片，而工作页大多以引导文的形式出现。目前我们已编制教学工作页 300 多套，为下一步工作的全面展开打下了坚实基础。

（二）锻炼了师资队伍

教师是教学质量的重要保障因素，更是课程改革的关键因素。我们坚持在教改中促进教师成长，在教师成长中促进课程改革。为了配合一体化课程改革，我们实施了“2666”工程。“2”即两个目标：以“师德高尚、素质精良、结构合理、规模适当”为教师队伍建设目标，以“双师型、专家型、学习型、研究型”为教师个人发展目标。“6”即坚持六培养、六培训和六发展。六培养包括坚持在教学实践、课程改革、学生管理、企业实践、科研应用、大赛指导中培养教师；六培训包括首席教师出国培训、骨干教师国家培训、专业教师企业培训、青年教师强化培训、专家来校讲座培训、全体教师校本培训；六发展包括用发展性评价体系引导教师发展，用有效的投入促进教师发展，用优厚的待遇激励教师发展，用严格的要求督促教师发展，用真挚的情感鼓励教师发展，用系统的规划引导教师发展。在这一机制激励下，绝大多数教师积极投身课改，涌现出了许多课改积极分子，这其中尤其以年轻教师最为踊跃。他们在暑假冒酷暑、牺牲休息时间编写工作页，在课改实践阶段虚心向老教师求教，认真总结教学得失，边实践边修改工作页。通过踏实的工作，年轻教师逐渐成熟，这不仅为学校今后的课改工作储备了师资，也为学校的师资队伍注入了新鲜血液。同时，年轻教师也享受到课改带给自己教师生涯中的第一份收获。如姜冠杰老师，他采用一体化课程理念设计教学内容，在 2010 年全国中职学校说课比赛中荣获二等奖。

与此同时，一体化课程改革也极大地激发了学校全体教师参与教学科研的热情。在 2010 年河北省职业教育教学改革研究课题申报工作中，我校有 100 多位教师参与了 27 个课题的申报，其中 23 个课题获得立项通知，这在历年课题申报中是通过率最高的一次。

（三）提高了教学效率

经过两个学期以来的课改教学实践，工学结合一体化课程模式普遍得到学生的认可与好评，集中体现在以下几点：

（1）每个学习任务（或学习情境）目标比较明确。

（2）工作页的内容及其引导性问题可接受、可执行。

（3）学习任务（或学习情境）实施不仅能培养学生的专业能力，也注意对社会能力和方法能力的培养。

在来源于工作实际、理论与实践一体化的学习任务中，我们在培养学生专业能力的同时，又帮助学生获得工作过程知识，促进其关键能力和综合能力的提高。在这种模式中，学生为了更好地理解所要完成的学习任务，才去学习相关的理论知识，调动学习的主动性和学习兴趣，使得课堂教学效率大大提高。而每一个学习任务（也是企业中的工作任务）完成后，又激发了学生的职业认同感和责任感，这正是职业教育最应该达到的教学效果。

可以说，教师的广泛参与，学校强有力的组织和资金保障，科学的开发路径，一流的职教专家指导，是课程改革取得成功的强有力的保证。通过课程改革，我们更坚定了全面推进一体化课改工作的信心。

一体化课程改革经过一个学期的试运行和近两个学期的推广实践后，我们发现，在今后的课改实践中应加强以下两个方面的工作：

一、抓住要领，掌握行动导向法

在教学实施中，教师在教学方法上的欠缺，是一体化课程实施中的最大制约因素。所以，我们必须以行动导向为教学策略，规范使用任务引领的六步教学程序，同时注重教学技术、技巧的开发和使用，具体有下面四个要点：

1. **“导”字为先**

在一体化课程实施中，教师必须掌握好导课的要领，这不同于传统意义上的课程导入，而是对整个课程的引导与疏通。教师能够很好地导入课程情境，就可以使课程顺利实施，让学生真正地沉浸在课程学习中，进行主动学习、合作学习、探究学习，按时完成既定的教学任务。教师要引导好一体化课程的学习过程，应该具备以下素质和能力：对一体化课程整个结构了如指掌；对课程内容烂熟于心；对学生学习心理洞若观火；对任务引领和行动导向理解透彻。

2. **“控”字为重**

在课程模式发生革命性变化的大背景下，传统的课堂教授方式呈现的比例很小，大部分时间是学生自主学习，课堂效率能否保证就是大问题，所以一体化教师必须能够掌控课堂，以保证预设的教学目标能够实现。在控制课堂时，教师要注意做到以下几点：

（1）内紧外松。给学生创造宽松的学习环境，但要时刻关注课堂变化。

（2）心明眼亮。要非常清楚学生的学习过程和需求，眼睛要时刻观察学生的学习行为和学习过程。

（3）严格规范。在一体化课程实施过程中，有一整套规范的程序和标准，教师要严格按标准和规范来操作和控制课堂进程，以实现课程的顺利实施。

3.“转”字为轴

一体化课程一般以学习任务为载体，一个课程任务学习的课时数往往要超越传统的课时组织数。所以在实施一体化课程过程中，任务情境的转换、学生学习和实践的转换、学习阶段的过渡等就显得尤为重要。一体化教师要能够把控好这些关键的节点，适时地把学生从一个内容的学习转承到下一个内容的学习，使学生能够顺利地完成整个学习任务。具体应注意：

（1）做好转承学习内容的准备。

（2）关注整体和个体转承的进度和步骤；实施分层教学，使绝大部分学生都能跟得上、学得进、有收获。

（3）在转承中注意学习节奏的快慢和学习任务的轻重分配。同时，利用有意注意和无意注意规律，通过转承学习任务和内容，使学生始终保持好奇心和学习兴趣，感觉到学习的快乐和成就。

4.“评”字为据

运用档案袋评价法，开展自我评价、小组评价、教师评价，强调过程性评价和发展性评价，评价的目的是发展和提高。而且特别要培养学生在自我评价中的总结、反思习惯和能力，这在综合职业能力中也是非常重要的组成部分。

二、深化校企合作，加强课改决心

“问渠那得清如许？为有源头活水来。”职业教育是以就业为导向的教育，就业是指向企业的就业，没有企业参与的职业教育是无源之水、无本之木。因此，职业教育课程改革的原点和终点都应该是企业岗位的实际工作能力。在课程改革的实践中，我们始终坚持从企业中来、到企业中去，各专业的课程设置都是由企业与学校召开专门的研讨会共同商定而成，学校定期派教师到企业学习实践，再实施教学。同时，学校请企业管理人员、专家、师傅到校指导教学，成立了由行业、管理部门、企业、家长和系部专业带头人组成的专业指导委员会，定期研讨专业的发展趋势，指导课程改革和专业教学。这些做法使得我校培养的学生就业后很快就能适应企业要求，成为合格员工。

随着企业对技能人才素质要求的不断提高，上述课程改革措施已不能满足企业的“职业学校毕业生与工作过程无缝对接”的需要。为此，今后学校将进一步深化校企合作，在目前与京津冀 38 家大型国有企业互为技能人才培养基地和就业基地的基础上，继续同企业签订合作意向，开展一体化订单培养，实施有针对性的、符合企业要求、满足企业需要的职业教育。学校将针对不同企业的特点，对在校生开设职业指导课，讲授合作企业的职工守则、行为规范等；通过企业冠名专业班级，设立实验班，以专项奖学金的形式奖励在实验班中表现优异的学生，使其对企业产生归属感，为其成为企业的核心员工打好基础。同时，将学校每年举办的企业选才洽谈会打造成校企合作论坛，使之成为校企合作的一个重要平台。

校企合作办学签约仪式

综上所述，学校的工学结合一体化课程改革是一项巨大而繁杂的工程，虽然我们有坚定的信心，并取得了初步成效，但我们知道以后还会有很长的艰难的路要走，尤其是从根本上改变人的传统观念和传统方法绝非一朝一夕能够实现的，更何况还有资金、硬件等诸多困难考验我们课改的决心。但我们坚信，只要我们坚定不移地走课改之路，创建符合中国国情、符合技能人才成长规律的职教课程体系的目标一定会实现。

承德工业学校是国内较早开展工学结合一体化课程改革的学校之一。多年来，该校在对国内外先进职业教育课程与教学理念充分汲取和借鉴的基础上，认真总结，大胆创新，探索形成了独具特色的“1277”课程模式和“1264”教学模式，是国内一体化课程与教学模式改革取得显著成绩和成果的院校之一。承德工业学校的课改历程给我们以深刻的启示：

(1) 职业教育的课程改革不是一蹴而就的，而是一个不断积累与沉淀的过程，该校长期以来进行课程改革的探索与实践，并经过不断地学习、实践、反思和再学习、再实践、再反思的过程，才取得了学校今天的成就。

(2) “以服务为宗旨，以就业为导向”是我国职业教育的办学方针，承德工业学校把“以服务为宗旨”诠释为“三服务”宗旨：服务学生——学生的就业就是我们的事业；服务家长——家长的期望就是我们的愿望；服务企业——企业的需求就是我们的追求。把“以就业为导向”诠释为：全面就业、稳定就业、体面就业、高薪就业。这很好地促进了该校的持续稳定发展。

(3) 承德工业学校确立的“人格高尚、行为规范、技能过硬、知识全面、特长突出、终身发展”的培养目标充分体现了学校的办学理念，明确了课程改革的具体目标。

(4) 工学结合一体化课程改革成功的关键在于企业的深度参与。承德工业学校进行的一体化课程与教学模式改革经过全校师生的共同努力、不断探索，终于形成了体现自身特色的课程与教学模式，让我们看到了一体化课程与教学模式的独特魅力，也看到了一体化模式可进一步完善的空间和提升的动力。

20 世纪 90 年代以来，借鉴国外的先进经验并使之本土化，是业内人士不断追求和希望解决的职业教育领域重大问题之一。作为德国“以工作过程为导向”的“学习领域”课程方案在我国的实现形式之一，工学结合一体化课程被学界提出并被职业院校所采用已经有近 15 个年头，这其中有成功、有失败、有喜悦、有无奈，无不包含着广大职教工作者们尤其是一线教师的辛勤汗水和无私付出。在突破一道道阻碍、取得一连串成绩的同时，我们还应该清醒地看到，尚有许多被我们忽视却无比重要的问题亟待我们去解决。例如，“如何看待该课程体系在实践中面临的问题”“如何将一体化课程与教学模式的成功经验进行推广”“如何更好地分享一体化模式下的教学资源”等问题，都值得研究者们进一步地探讨和思考。

（点评：徐涵）

专业结构调整与课程改革

——广西药科学校

名校/名校长简介

广西药科学校是以培养药学类技能型人才为主的国家级重点中等职业学校，是广西职业教育科研实验基地、广西青工技能振兴计划培训基地、广西乡镇卫生院卫生人才培训基地。学校创建于1972年，校园面积333亩，在校生5000余人，现有教职工252人，专兼职教师153人，其中有高级职称的教师40名，有中级职称的87名，“双师型”教师110名。现开设有中药、药剂、药物分析检验、中药材加工、药品营销、制药工艺、电子商务（医药信息方向）、现代物流管理（医药营销方向）、精细化工、生物制药10个全日制专业。

多年来，学校始终坚持“以就业为导向，以能力为本位，服务市场，服务社会”的办学理念，不断深化教育教学改革，构建具有自身特色、体现以能力为本位的课程体系。学校组织编写的中职药学类系列教材，已由中国医药科技出版社公开出版发行，并被列为中职药学类专业重点推荐教材。

核心管理思想

先进的办学理念是职业学校发展的先导，学校管理能否取得成功，关键是看学校办学的思想、理念和思维方式。紧贴市场、不断更新的办学理念对学校的发展起指导和统领作用，它在校外是一面旗帜，在校内是一个纲领；对于历史是一个总结，对于未来是一个目标。在目前的形势下，卫生职业学校不能仅仅依赖于政府的包办和"等靠要"，必须面对市场、解放思想、大胆创新，主动到市场中寻找发展的机遇和动力。

解放思想，更新观念，首先要从计划经济时期的习惯中解放出来，职业教育没有铁饭碗，从事职业教育的人也就没有铁饭碗。学校的好福利问谁要？职工的好日子问谁要？不仅靠政府部门，更要靠市场。其次，必须从传统的教育理念和教学方法中解放出来，重新明确现代职业教育中教师的地位和作用。在市场经济给职业教育带来的机遇和挑战面前，我们应该进行一次职业教育思想的革命，强化职业教育服务社会经济的主体意识，用市场的理念经营学校，用经营的手段去发展学校，实现职业教育与社会经济发展的互动，促使学校在内部管理、教育教学、招生就业、后勤服务等方面工作的目标和方式不断创新，努力形成"人无我有、人有我强、人强我优"的竞争优势。

牢固树立科学发展观，就要打消过于迁就企业而忽视教育规律或过分强调教学规范而不愿扩大校企合作方式的观念，打消注意硬件设施建设而轻视管理效能的观念，打消强调刚性制度管理而轻视人文关怀、和谐校园构建的观念。

我们坚持科学发展观，从自身实际出发，积极构建学习型学校。学习型学校，即通过学习使组织成员重新创造自我，形成富有朝气、充满青春活力的组织形式，促使组织成员终身学习和走不断创新的发展之路，从而达到共同期待的目标。通过培养学习型领导、学习型教师、学习型学生，在学校中形成浓厚的学习氛围，促进教育改革与实践，全面提高教育教学质量，推进学校管理创新，切实提高教育质量，最终实现管理目标由培养学历型人才向培养能力型人才的转变，实现由培养接受知识的人向培养学会学习的人的转变。

人文共济，和谐发展，即以人为本，和衷共济，内和外顺，协调发展。中华传统文化的人文精神可以归纳为“和而不同、求同存异”。和谐的校园环境，主要是人的和谐，是学校领导与教师、教师与教师、教师与学生、学生与学生之间的和谐。以人为本，构建和谐的人际关系，不仅会给师生带来精神上的愉悦，更会让他们在学习和工作中产生活力和创造性。学校领导积极搭建民主平台，营造民主、平等、和谐的管理氛围，让全校教师都参与学校的决策与管理，不以行政命令压抑教师的个性，让教师的精神和人格得到自由的舒展。在教学活动中，要给教师充分的自主权，支持教师进行教改实验，形成自己的教学风格，让教师时时刻刻感到自己是学校的主人，使教师的职业意识、角色认同、教育理念、教学风格、价值取向等与学校的主体文化协调一致。

企业文化是企业管理中的概念，是现代企业管理的灵魂，具有培养人、塑造人、引导人、感染人的功能。企业文化和校园文化有一个非常重要的相同点，就是他们的主体都是活生生的人而不是机器，这就要求在二者的建设中要关心人、理解人、凝聚人、重视人的价值、重视人的发展，尤其是要重视人的素质的提高。学校要将医药企业文化的有关元素有机渗透到学校物质文化建设之中，努力在校园内营造浓厚的医药企业文化氛围，着重宣传企业的管理理念、管理规范以及行业质量标准。同时，任课教师要在学科教学中结合学科教学的内容，有意识地融入职业道德、医药企业文化的内容，让学生在学习专业知识的过程中不知不觉地接受医药企业文化教育。

一、教育理念的更新

1972 年，时任广西壮族自治区党委书记的韦国清同志作出了“解决医药问题，要从根基搞起，培养人才”的重要指示，并三次亲临广西南宁市郊——茅桥视察，为学校选址。1972 年 11 月 4 日，区革委会专门下发《关于开办中草药训练班的通知》，学校从此诞生。本着“先上马、后置鞍；先开学、后完善”的原则，学校以一具人体解剖模型、一具针灸模具、几口中药加工用的铁锅起家。

学校从 1972 年招收药剂专业第一班开始，就将中等药学教学作为学校工作的重心来抓，在此基础上，根据医疗卫生事业发展的需要，增设了中药、卫生计划统计专业，把药学教育作为学校特色，把培养中等药学人才作为学校发展的方向。但由于需求萎缩，1994 年卫生统计专业停招。到 2000 年，学校仍只有药剂、中药两个专业，在校生仅 1408 人，教学用房面积 22176 平方米，设备总价值仅 199 万元（含附属药厂设备），图书馆藏书 10226 册，同时负债近 500 多万元。一时间，人心惶惶，药校人深感前途黯淡和迷茫。

2001 年 7 月，自治区卫生厅调整了学校领导班子。新领导班子对学校面临的状况与职业教育发展的新形势进行了深入的讨论与分析，认为学校要走出困境，必须“更新教育理念，树立经营意识，增强服务功能，主动接轨市场”。通过教职工代表大会讨论，学校制订了“十五”发展规划，明确提出了“以服务为宗旨，以就业为导向，以能力为本位，服务市场、服务社会”的办学思想，确立了以实现“33321”跨越式发展为目标的具体办学思路，即做到“三个坚持”，发挥“三个优势”，做好“三个服务”，突出“两个重点”，实现“一个目标”。“三个坚持”就是坚持“为广西大力发展中药材产业服务，为药品行业服务”的办学方向，坚持“以学生为中心，以市场为导向，以能力培养为主线，以素质教育为本位，以提高教学质量为宗旨”的办学思路，坚持“靠团结拼搏办校，靠改革开放强校，靠严格管理治校，靠质量特色立校，靠科技进步兴校”的办学方针。发挥“三个优势”就是发挥人才优势、区位优势、专业优势。做好“三个服务”就是为学生就业服务，为行业从业人员再就业服务，为农村开展中药种植致富服务。突出“两个重点”，一是加强师资队伍建设，二是加强校内外实训基地建设。实现“一个目标”，就是走多层次、多渠道、多形式的办学路子，全日制和函授、职前和职后、长训和短训结合为一体，坚持自办与联办两条腿走路的办学新机制，把学校建设成广西一流的中等职业学校。

2002 年 8 月，学校正式拉开了专业结构调整与课程改革的序幕，并按照市场调研与分析、专业建设与发展战略、课程标准制订、校本课程开发等步骤有序推进。

二、市场调研与分析

市场包含三个主要因素：有某种需要的人、为满足这种需要的购买能力和购买欲望。现实的市场是上述三个因素的统一，唯有三者结合起来，才有现实的市场，才能决定市场的规模和容量。如果一个国家或地区人口众多，但收入很低，购买力有限，则不能构成容量很大的市场。或者购买力虽然很大，但人口很少，也不能成为很大的市场。当然，如果产品不适合需要，不能引起人们的购买欲望，对销售者来说，仍然不能成为现实的市场。市场的三个要素是研究与分析市场变动的重要途径。

纵观市场的发展过程，不难发现药校发展的三个极其重要的时期：一是新中国成立以后到 20 世纪 80 年代初期，由于医疗机构数量的扩大，催生了对药学专业人才的需求，这也是药校在第一个创业时期得以快速发展、规模逐步扩大的根本原因。二是 20 世纪 80 年代中期，我国第一部《药品管理法》颁布实施，对医疗机构药学人才的专业背景作出了明确规定，从而确立了医疗机构药学人才依法上岗从业与执业的法律依据，药学专业代培班应运而生。与此同时，医疗机构内部制剂室业务不断扩大，对人才需求量极大，促进了药剂专业的快速发展。在这一时期，除药校外，广西还有很多卫校也同时开设药剂专业，并在市场具有一定的竞争力。行业行政主管部门的统筹，保证了药剂专业供需平衡与有序竞争。三是 21 世纪初，国家食品药品监督管理局成立，以《药品生产质量管理规范》《药品经营质量管理规范》等一系列行业法规为标志的药品行业机构与管理机制改革，直接导致了医疗机构制剂室业务的萎缩，医疗机构药剂科一时人满为患，大量的制剂人员需要转岗。而新时期医疗机构对“入门”人才高学历的需求，对药校及类似的培养中等专业技术人才的中专学校而言更如雪上加霜。各地卫校的药剂专业开始纷纷“下马”，药校学生开始向医疗机构外的药品相关领域流动。而由此产生的社会地位低、收入低、稳定性低的“三低”现象，使“顾客”产生了“抱怨”，已经影响到顾客的“忠诚”。

虽然如此，药校办学 30 多年所产生的社会效应对生源市场仍然发挥着作用，除因招收初中生导致生源质量下降对教学环节形成的压力外，生源数量依然充足；毕业生就业市场的转移保证了就业率居高不下，掩盖了就业质量下降的危机及教学内容与新就业岗位不匹配而形成的教学质量下降的危机，而这些危机在学校内却都被归因于学生自身素质的降低。此时，药校人能够意识到的显性危险，仅限于职工收入水平的下降和学校已经负有 500 多万元的外债，他们期待着学校新的领导班子能够力挽狂澜。

在 2001 年秋季开学的第一次会议上，校领导给教职工算了一笔账：学校现有编制的教师 217 人，实际教职工人数 214 人，专职教师 93 人，2000

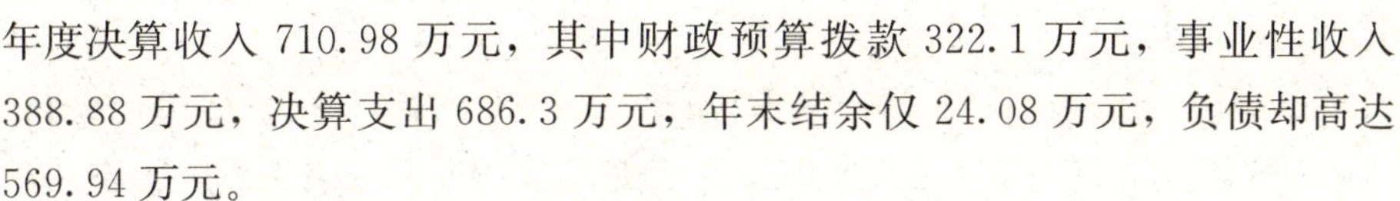

年度决算收入 710.98 万元，其中财政预算拨款 322.1 万元，事业性收入 388.88 万元，决算支出 686.3 万元，年末结余仅 24.08 万元，负债却高达 569.94 万元。

显然，学校要冲出重围，扩大规模最能产生立竿见影的效果。由于专业培养目标的局限性，要在仅有的两个专业基础上扩大规模，即使不考虑行业市场的需求影响，本校毕业生在同质、同类的就业领域也会发生激烈的竞争。因此，如何开发适应行业人才市场需求的专业和课程，成为影响学校规模发展的关键因素。

“经营”的第一要义是把学校类比于企业，并置之于特定的市场，用市场的眼光审视学校的“产品”、服务特征与工作特性。基于这种经营的理念，药校人把“专业”作为学校的“产品”，把教学当做为学校“顾客”提供的服务，从而形成了“分析产品特点，认准服务对象，厘清顾客需求，培育目标市场”的教学服务工作新思路。

三、专业建设与发展战略

培养学生的职业技能，拓宽就业渠道，促进就业和再就业，是新时代对职业学校提出的新要求，也是教育服务职能的具体体现。能否开发出适应经济结构调整的专业与课程，则是影响职业教育目标能否实现的关键性因素。

“波特五力”分析模型是迈克尔·波特（Michael Porter）于 20 世纪 80 年代初提出的，对企业制订发展战略产生了全球性的深远影响，用于竞争战略的分析，可以有效地认知客户的竞争环境。“五力”分别是：供应商的讨价还价能力、购买者的讨价还价能力、潜在竞争者进入的能力、替代品的替代能力、行业内竞争者的竞争能力。

根据“波特五力”分析方法，学校在行业中的竞争压力如下所示：

竞争者（同专业不同培养层次的学校）

↓

供应者（各地生源）→ 行业内部（同专业同层次的学校）← 市场需求（行业中职业岗位容量）

↑

替代品（不同专业的其他学校毕业生）

根据这一模型进行分析，就药学专业而言，学校的外部环境发生了变化，从而形成四个方面的外部压力：

（1）需求结构。尽管药剂专业过去的毕业生从业的岗位几乎遍布药品行业的所有岗位，但据295份问卷调查显示：74.1%的被调查者同意将药剂专业人员的职业岗位分为生产性岗位、检验性岗位和经营性岗位，因为不同职业岗位对从业人员的能力要求不同；69.6%的人同意从事药剂生产的岗位操作人员应具备配制制剂能力、质量鉴别与检测能力、仪器设备使用能力；63.2%的人同意从事药品经营岗位的人员应具备处方调配、质量鉴别与检测、药品经营、统计计算、市场开发等能力；有34%的人认为中等药剂专业毕业生不宜被安排药品检验工作。我们从专访及两届校内“双选会”中得知药学人员的需求变化：一是药品生产企业、经营企业人才需求呈上升趋势，生产一线岗位操作人员、药品销售人员、零售药店营业员需求量增加幅度较大；二是医院、药检部门、管理部门对人才的学历层次、基本素质、工作经验的要求提高，中职药剂专业毕业生的工作任务扩展到药品收费岗位；三是市场对各岗位人员的能力要求更加专门化，如生产一线岗位强调生产操作能力，销售岗位则强调药品销售能力等。

（2）生源及其质量。生源的压力体现在专业与专业的竞争及职业学校与普通高中间的竞争，并延伸至职业学校与普通高校间的竞争。生源质量滑坡是职业学校，尤其是中等职业学校普遍存在的问题。一方面，中等职业学校的招生对象是初中毕业生，他们的文化素质不如过去的高中毕业生；另一方面，高等院校的吸引力相对较大，其招生规模扩大，使生源逐渐流向普通高中，进而流向各普通高校。职业学校的招生压力加剧，生源质量更加难以保证。由于生源基本素质下降，过去按高中生设计的药剂专业教育大纲与教学标准显然不适合现在学生的学情。学生难以正常完成学业，毕业生质量降低，导致就业质量低，企业对毕业生的满意度下降。

（3）就业竞争加剧。就中等药学职业学校而言，竞争的压力来自两个方面：一是同专业的高等院校毕业生；二是同一办学层次的卫生学校因政策因素而进行专业结构调整，相继开设药剂专业，现在已开始有学生毕业。在这种状态下，药剂专业不仅存在与其他行业、其他专业的竞争，同时专业内部也存在不同学校之间的竞争。据不完全统计，广西就有3所高等院校、6所中等医药卫生学校开办药学或相关专业，招生规模每年达到2000多人。招生规模的扩大，将对学生就业造成巨大压力。

（4）替代品进入药品行业人才市场。由于市场对岗位人员能力需求的变化，化工专业、营销专业人才进入药品生产、经营领域，进一步加大了药学

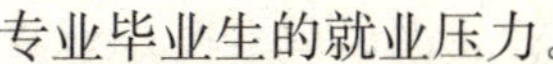

专业毕业生的就业压力。

与此同时，学校内部环境有三个方面的威胁：

（1）教师队伍素质。教师队伍的问题有：一是过去的办学模式没有形成产教结合的机制，教师普遍缺乏一线岗位工作经验；二是教师队伍的专业结构不合理，教师缺少开发新专业领域的知识与技能；三是专业教师的教育理论基础不够扎实，教学方法缺乏灵活性与多样性；四是日常教学工作量较大，每周课时量达到20学时，教师很难再有精力考虑教学模式、专业设置等问题，逐渐沦为“教书匠”。

（2）教学资源。新专业设置或新课程的开发，需要相应教学资源的支持，但职业学校不可回避的问题是资金短缺。如前所述，外部环境的变化使职业学校，特别是中等职业学校在招生、就业及日常教学等方面的支出增加，但职业学校的收费标准却大大低于高等院校，这种收支矛盾极大地影响了职业学校在教学资源配备方面的投资能力，进而影响了专业设置与课程开发的质量。

（3）核心能力。高等药学教育早已分化出许多不同的专业，而中等药剂专业的分化不太明显。但不论是高等教育还是中等职业教育，药剂及相关专业的课程开发都没有突破学科体系模式的局限性。首先，在课程内容的选择上普遍存在对职业岗位需求的针对性、实用性不强的问题，而且理论知识多、操作技能少，无用知识多、实用知识少的矛盾比较突出，过分强调知识的系统性，相对忽视技能的实用性。其次，专业教育没有使学生形成核心竞争力，毕业学生“浑身是剑，没一把锋利”的现象较普遍。由于历史原因，社会上存在药剂专业学生在药品行业中几乎所有岗位均有就业的现实，使人们误以为“学了药剂专业，什么工作都能做”，从而导致药剂专业的规模过大，毕业生人数太多，造成同专业内部的恶性竞争，该专业却由于自身“产品”没有特色而难以取得核心竞争优势。再次，因照顾学生就业，药剂专业的课程涉及面过宽，知识量过大，学生的学习负担加重，这与学生的文化基础薄、综合素质差的矛盾日益尖锐，中职学校最近几年就连续出现学生考试大面积不及格的现象，而且有愈演愈烈、难以控制之势。

由此可见，药学类专业既有人才需求量增加的机遇，也面临竞争加剧的挑战。

作为我国教育体系的重要组成部分，职业学校应该在提高劳动者素质、加快人力资源开发、拓宽就业渠道、促进劳动就业与再就业方面发挥重要作用。药学教育是职业教育的一部分，专业设置与课程开发同样应着眼于解决学生的就业问题。

细分化战略主要是针对就业市场对人才的不同要求，将药学专业人才细分为研究型人才、管理型人才、一线岗位操作人才。中等职业学校应将竞争的重点放在一线岗位操作人才这一细分市场，目的是回避高等院校的竞争，以培养中、低层次的职业岗位人员为目标，确定专业培养标准，服务于需求量相对较大的中、低层人才市场，通过规模效应及产品定位等方式降低成本，致力于在目标市场上逐渐形成核心竞争力，从而为创造学校品牌与专业品牌奠定良好的基础。

差异化战略主要是针对不同岗位对人才素质的不同需求，将药学行业中的职业岗位分为药品生产、药品销售、药品仓储、药品检验等不同性质的岗位，针对职业岗位需求设置不同的专业，根据职业岗位的组合需求开发相应的课程。一方面，有针对性地培养不同专业学生的职业能力，培养学生的核心竞争力，提高就业质量；另一方面，化解或减轻同专业毕业生内部的恶性竞争，以不同特色的“产品”满足不同的市场需求，最终实现扩大总体需求量、疏通就业渠道的目的，促进职业学校招生、教学、就业的良性循环。

药学专业的细分，是药品行业结构调整及相关法规实施后岗位人才需求变化导致的必然结果，而建立新的课程体系及培养学生的核心竞争能力则是学校创特色、树品牌的基础。因此，细分化战略与差异化战略成为学校进行专业建设与发展的必然选择。

四、进行药剂专业的“革命”

药剂专业是药校重点专业之一，30 多年来，该专业为广西壮族自治区内外医药卫生单位培养了大量在一线工作的中等药剂专业技术人才。在 21 纪初期，该专业仍保持着良好的就业态势。对一个优质专业进行改革，所面临的阻力与风险是可想而知的。

然而，随着药品行业的发展及人才市场需求的变化，优势专业同样面临挑战：大量毕业生就业岗位向药品生产、经营企业转移，原来适应医疗机构工作业务的专业课程体系明显不能适应培养一线生产、经营技能型人才的需要；学生文化基础差，学习能力不强成为制约人才培养质量的主要因素；市场发展后派生出来的新企业、新岗位却难以聘到与职位相匹配的人才；宽松的专业设置政策进一步加剧了药剂专业人才的竞争。因此，如何提高学校的核心竞争力成为学校急需解决的重大问题。

对职业岗位的客观认识，是培养学生职业能力的前提和关键所在。因此，我们借鉴加拿大的课程开发模式，对药品行业内的药事机构之间的相互关系进行分析，并对区内外药品生产、经营企业的岗位能力需求进行调查，建立了药品行业价值链分析模型，同时对药品行业不同企业的人才需求情况进行了分析，将其作为专业开发与课程设置的依据。另外，实施药剂专业细分化与差异化的专业设置与课程开发战略，步骤是：确定专业拟覆盖的职业岗位→分析职业岗位的职责、任务、工作程序→分析职业岗位工作的相关性与差异性→构建专业课程体系→制订教学标准→呈报上级部门审批。

学校根据战略要求及现有资源状况，对原有专业进行改造，以适应医疗机构药剂工作需求。药剂专业课程体系在保留原来职业目标的基础上，拆分了制剂工艺、药品营销两个差异化专业课程体系。学校有针对性地开设生物制药、制药工艺、医药物流、医药电子商务、药品营销、药剂和中药专业。通过专业细分与差异化的改革，开设的专业数由原来的 2 个增加到 10 个。在就业市场，同一专业有规模优势，同一岗位有能力优势；在学校内部，专业细分，专业培养目标定位准确，差异明显，内耗减轻。以产业发展需求为导向设置专业，学校的抗风险能力和市场竞争力得以有效提高。

五、教学标准的制订

职业教育的职能可以划分为生产与服务两个方面。生产职能表现为：学生是教师工作内容的“载体”，教师的任务就是通过一系列教学活动，按照培养目标的要求，将学生培养成为能够满足市场需求的人才。服务职能表现为：学校工作的最终目标是为学生、家长、行业和社会服务，即“顾客满意”。职业教育的产业性与服务性特征决定了职业学校只有运用市场营销的观念，以“满足顾客需要”为基点确定课程目标，才能充分体现职业教育职能特征的要求。

市场营销理论认为，欲望可以是无限的，但没有与购买能力相匹配的欲望，不能形成市场。根据这一观点，对职业学校而言，市场对人才的种类与规格也会提出不同的要求。职业岗位对从业人员的能力要求，导致企业对人才的高消费，即过分地强调使用文凭高的员工。而从实际需求来看，企业对人才的需求会受到人力资源成本、生产规模等诸多因素的制约。如果规定必须具有大学本科文凭且具有进行科学研究的能力才能上岗做清洁工，恐怕没有人不认为这是对人力资源的极大浪费。由此可见，职业岗位的工作任务决定了对从业人员能力规格的要求。出于工作需要，企业对不同职业岗位的从业人员将作出不同的规定，这些规定可能是统一的，也有可能是不统一的。如电工必须有电工资格证，当然企业也有可能出于本企业内部的需要，对电工提出富有企业个性的要求。

职业教育是以解决学生就业问题为核心职能的教育，对职业教育质量规格的选择，其根本点之一也就是要解决就业能力与就业岗位需求相匹配的问题。课程目标是对教学需要达到的境地的具体描述。如果课程目标不是根据市场的实际需求确定，而是根据知识与技能的难易程度来定，那么教师在教学过程中极有可能盲目地降低或提高教学标准，最终使教学内容与实际需求完全脱节，从而直接影响到职业学校的办学质量与效率。

市场细分是企业根据消费者需求的不同把整个市场划分成不同的消费者群的过程，其客观基础是消费者需求的异质性。进行市场细分的主要依据是异质市场中需求一致的顾客群，实质就是在异质市场中求同质。对市场进行细分，有利于选择目标市场和制订市场营销策略。市场细分后的子市场比较具体，企业比较容易了解消费者的需求，可以根据自己的经营思想、方针及生产技术、营销力量，确定自己的服务对象，即目标市场，然后制订特殊的营销策略。同时，在细分的市场上，一旦消费者的需求发生变化，企业容易了解和反馈信息，可迅速改变营销策略，制订相应的对策，以适应市场需求的变化，提高应变能力和竞争力。对市场进行细分有利于把握市场机会，开拓新市场。通过市场细分，企业可以对每一个细分市场的购买潜力、满足程度、竞争情况等进行分析对比，探索出有利于自身的市场机会，及时作出投产、移地销售决策或根据自身的生产技术条件编制新产品开拓计划，进行必要的产品技术储备，掌握产品更新换代的主动权，开拓新市场，以便更好地适应市场的需要。对市场进行细分也有利于集中人力、物力投入目标市场。任何一个企业的资源都是有限的，通过细分市场，企业选择了适合目标市场，可以集中人、财、物，去争取局部市场上的优势，然后再占领目标市场提高经济效益。除此之外，通过市场细分，企业还可以面对目标市场生产出适销对路的产品，既能满足市场需要，又可增加收入。

不同的职业岗位需求表现为“质”与“量”的不同。“量”的需求比较直观，常常成为职业学校专业设置的依据，需求量大的领域也通常有多所学校设置同一专业，从而形成职业教育界内部的竞争。“质”是指岗位人才规

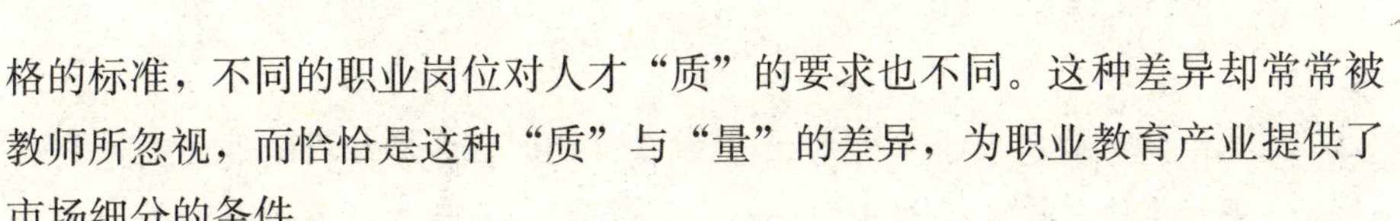

格的标准，不同的职业岗位对人才“质”的要求也不同。这种差异却常常被教师所忽视，而恰恰是这种“质”与“量”的差异，为职业教育产业提供了市场细分的条件。

职业学校应充分考虑各种因素对人才“购买能力”的影响，在确定课程目标时，就应根据市场需求进行定位，亦即根据细分的市场选择适宜的目标市场，使人才培养的质量与细分目标市场的需求相匹配。以药品生产人员为例，目前的政策性因素使市场对药品生产人员的需求量急增，但同样是生产人员，操作工需要具备的是对制度与规范的“执行”能力，并不需要对制度与规范的“制订与修订”能力，这就为市场细分提供了依据。同样开设的是《药剂学》《药事管理学》等课程，培养制剂操作工的课程目标就应该是“掌握并执行规定的工艺流程”，而不是“编制生产文件”。但培养药品生产的技术员、工艺员的课程，目标确定为“掌握并执行规定的工艺流程”就可能不能满足市场需求。企业可能期望操作工具有工艺员的技术水平，但操作工工资标准与工艺员工资标准的差异，说明“实际购买能力”并不能支持“购买欲望”，则不能形成有效的市场，拔高课程目标只会导致人才的能力与市场需求不匹配，从而造成教育资源的浪费。

产品包括核心产品、有形产品和附加产品。核心产品是指产品的基本效用；有形产品是指产品的特色、款式、质量、包装、品牌；附加产品是指消费者拥有核心产品和有形产品后，附带获得的各种利益的总和，比如售后服务等。教育输入“生源”（原料），经过“教学活动”（生产制造），输出毕业生（产品），这一过程与一般的生产制造业相同。教育是通过“教学活动”使毕业生具有某种“基本效用”。而职业学校通过课程开发与课程目标的确定，使毕业生的“基本效用”类型不同，即使“产品”形成特色，以满足细分市场的需求，从而为打造学校的品牌提供必要条件。

职业教育的基本职能是培养学生的就业能力。毕业生的职业能力，是从事某一类职业需要的知识、技能、态度与价值观的组合。所以，经营学校时，要用“产品”的“基本效用”来确定课程目标。由于“基本效用”是知识、技能、态度与价值观的总合，所以就不可能以知识的完整性为原则构建课程体系，而是要充分考虑市场需要的“基本效用”是什么，如何保证这些“基本效用”的获得。课程目标不应只是指向知识，而是直接指向职业岗位所需的知识、技能、态度与价值观。课程目标的层次不可能以知识的相关性为依据进行划分，而应以职业岗位所需的各种能力之间的相互关系为依据进行划分。

以产品观念确定职业学校的课程目标，有助于将各种不同的能力进行有效的组合，并确定人才培养的规格标准，使学生获得具有本校专业特色的职业能力，确保学生适应企业对人才的个性化需求。既然课程目标是学校专业特色的具体体现，那么教学质量就必须以“是否实现课程目标”进行衡量。在课程实施过程中，学生是教育工作的对象，一旦教学质量不合格，则无法挽回事实。可见，教育具有与其他服务业相同的市场特性。职业教育的服务性特征决定了职业学校必须规范地控制教学过程，才能保证预期课程目标实现，满足市场的需求。因此，职业教育的课程必须以“目标市场需求”为导向，以培养学生的“基本效用”为目标，设计、建立教学质量保证体系，通过“策划—实施—评价—改进”的过程，对教学的每一个环节进行控制，以确保教学质量。教学标准是影响课程开发战略成败的关键，制订教学标准不仅要考虑职业岗位的能力需求，还要考虑人才培养层次的需要以及学生的状况；不仅要注重培养学生的技能，还应注重培养学生正确的从业意识与工作态度；不仅重视学生知识的积累与技能的熟练，还要重视学生行为习惯的养成。所以，制订专业教学标准，关键是对职业岗位的职责、任务与工作程序进行准确、细致、全面的分析。这项工作应该由行业、企业有丰富工作经验的专家来做，并在教学标准体系中以知识目标、技能目标、过程与方法、态度与价值观等项目形式呈现。

以制药专业为例，就业岗位中有药品保管与药品养护，因此课程体系中设置了药品仓储技术课程。本课程的设置目的是使学生能够从事药品生产、经营企业中的药品保管与药品养护岗位。因此，该课程的教学标准是：通过学习本课程，学生应学会药品仓储工作的基本知识与技能，能熟练、规范地办理药品仓储的各项业务，会使用药库设施与设备对药品进行安全保管与养护。根据药品生产企业库房管理工作程序，本课程分为验收、请验入库、储存、养护、在库检查、运输、分装等模块，但运输与分装业务主要是在药品经营领域，故运输、分装两个模块在药品营销专业中被设为必修，而在制药专业中为选修。学习结束后，高职学生应能达到中级或高级药品仓库保管员、养护员的标准，中职学生应能达到初级或中级标准。具体以其中的“验收”一项为例，教学标准包括：(1) 知识目标——了解验收的方式、程序和内容；(2) 技能目标——会办理各类药品的入库验收手续，能按验收结果处理药品，并做好工作记录；(3) 过程与方法目标——识别相关法规对药品验收的要求，按规定进行送验，按检验结果处理货品；（4）态度与价值观目标——明确岗位职责，清点过程认真、仔细，记录真实、清楚、完整。

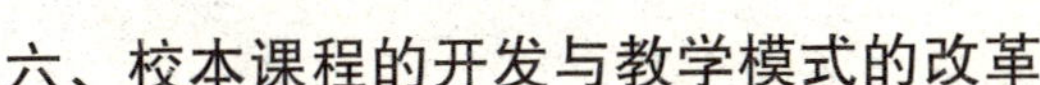

六、校本课程的开发与教学模式的改革

运用价值链分析模型对学校的价值链进行分析可知，学校的教育教学工作过程是学校选择价值、提供价值、进行价值交换的过程。课程是职业学校服务于学生的产品，包括“课”与“程”两个方面的内涵。“课”的本质是对课程内容的开发与设计，在学校的价值链中，“课”的设计体现为价值的选择过程，评价标准是其内容设置的范围与层次是否与职业岗位的人才素质需求相匹配。而“程”是课程的实施过程，也是学校为学生提供教育教学服务的过程，具有一般服务产品所具有的易变性与难控性的特点，受教学资源、教学模式等多重因素的影响和制约。即使“课”的内容与标准完全一致，课程实施结果也会不同，教育教学的质量也有所差异。因此，课程开发中构建良好的课程教学模式是保证教学质量的关键性环节。

由此，我们将课程教学模式设计为以下几种：（1）以专业启蒙为目标的公共课程教学模式。针对初中生缺乏职业感，对专业、行业了解不多，没有形成明确的就业意向，学习主动性不强的特点，在新课程体系中增设了药学基础课程。本课程整合了药事组织、药事管理、质量管理、药剂学、药理学及临床医学等学科最基本的知识，从介绍“健康、疾病”的基础知识入手，试图调动十五六岁的学生所具有的生活体验，帮助他们把原有的知识、经验与新知识、新经验联系起来，将他们逐渐引领到药品行业中来，了解行业的“情”，学会做行业中的“事”。然后，通过具有创造性的劳动，以“教学做合一”的课堂教学理论为依据，恰当地设计和实施教学过程，使学生在多次模仿、训练、思考中掌握必要的专业技能，最终实现识记新知、建立标准、养成习惯的课程目标。（2）以培养学生综合素质为目标的探究式专业基础课程教学模式。化学知识是从事药品行业各职业岗位工作必需了解的基础知识，也是初中生基础知识最薄弱的环节之一。新的课程体系打破了传统化学理论知识的系统框架，根据能力的形成规律确定课程内容与教学过程，通过感性材料提供认知条件，以基本概念、基本原理、基本方法为核心；通过应用材料巩固知识、强化技能、培养能力，以揭示材料与理论知识的联系。学生体验“发现→获取知识→解决问题→推广应用”的学习过程，学会运用观察、实验的方法获取信息，并习惯运用文字、图表和化学语言表述有关信息及对信息进行简单加工，最终形成通用能力，为培养相关岗位所必需的执行力打下良好的综合素质基础。（3）以培养岗位业务能力为任务的导向式专业技术课程教学模式。制剂生产、药品检验、店堂推销、药品调剂、药品仓储与养护等专业技术课程，以实际工作岗位为背景，以项目教学法为指导，整合完成职业岗位工作任务所需的知识与技能；以模拟药房、模拟GMP车间、模拟化验室等校内实训基地建设为基础，有效地缩短了校内学习、顶岗实习及就业三个环节的距离，强调操作的规范性与职业习惯的养成，实现了课程评价与职业技能标准的接轨。

模拟药房

在经营学校、培育市场的工作理念指导下，药校策划、实施了一系列工作措施，从启动教育教学改革，对广西区内药学人才及药校毕业生就业质量调查研究开始，专门成立招生与职业指导科，不间断地从生源市场和就业市场两个方向开展宣传、回访工作。学校沟通就业市场与生源市场信息，以“站稳珠三角市场，实现由外向内渗透”为工作思路，结合细分化与差异化专业发展战略，打开了广东的就业市场，与深圳海王星辰、深圳万泽等大型连锁企业签署了校企合作协议，进一步推进了学校教育教学改革。近年来，校企合作模式由区外向区内不断渗透，合作领域也开始向人力资源开发的深层领域推进，取得了良好的社会效益。我校在广西区域内率先开展了医药类相关工种的职业技能鉴定工作，并向其他中、高职院校提供相关服务。根据对市场需求的调研与预测，学校又相继申报开设了精细化工、药品检验、卫生财会、壮药开发等专业，并具备了开发化妆品、食品生产领域就业市场的能力与条件，为规模扩大奠定了良好的基础。专业培养目标涉及药品行业价值链中所有与“药”相关的工作环节与业务内容，业务的拓展、服务理念的更新与范围的扩大、内在质量的不

盈康药业

断提高，成为构建药校“药”字专业教学品牌的核心工作内容，同时，专业结构调整与市场培育的工作策略产生了良好的社会效益与经济效益。

一、转变教育教学理念是课程改革成败的关键

在传统教学中，教师说，学生听；教师做；学生仿；教师指示，学生执行。教师一贯以“传道、授业、解惑”的角色立于高高的“圣坛”，“一支粉笔，一本书，外加教师一张嘴”的教学模式已经延续了很多年。

然而，职业学校必须是以专业、课程服务于学生，通过培养具有一定职业能力的学生服务于企业，以承担特定的教学责任服务于政府，以其固有的教育功能服务于社会。既然学校与学生、企业、政府、社会形成了服务与被服务的关系，教师也理应在特定的职业岗位上成为教育服务的提供者。教师若不考虑学生的实际需求，一味地采取灌输式课堂教学方式，在学习动机不明、动力不足的中职学生中就难以获得“满意”的效果。但如果只为迁就学生而忽视职业岗位任务要求，则有可能造成学生职业能力低下和企业不满意。因此，教师必须考虑“课”与“程”的关系，在课程目标的定位上必须以职业岗位的需求为依据，以“学情”为起点，通过教学方法的选择与策略的优化，帮助学生获得预期的学习效果。

课程改革让教师从一个“圣坛”的“说教者”转变为教育教学的服务者，这种角色的改变使教师倍感失落，他们甚至出现职业倦怠，这是在学校推进课程改革初期必须解决的问题。为此，学校聘请专家入校开展专题讲座，把先进的教学理念引进学校；组织教职员工学习国家相关政策，分析职业教育发展的新形式与新任务，结合医药行业发展给学校带来的新机遇与新挑战，引导全校教职员工以经营的视角重新审视学生、教师、学校三者之间的关系；带领中层干部、骨干教师到“长三角”“珠三角”等经济发达地区学习、考察优秀职业学校，从而在教职员工心目中建立起正确的职业教育的产品观、质量观和学生观。

二、教师专业能力是推进课程改革的重要保证

职业教育教师的专业能力包括教育教学实践能力、科研能力和职业岗位

实践能力。因此，提高职业教育教师的专业能力必须从教育教学技能与职业岗位的实践技能入手，通过科研能力的培养提升教师的综合素质。

1. 教育教学技能培训

职业学校的教师，尤其是专业课教师，在学习、成长的过程中，基本上没有接受过教育学理论与教学技能训练，其教学技能的提高主要依赖于在教学实践中积累的经验和向老教师学习与模仿。这在传递式教学模式下对提高教师传授知识的能力有一定的意义，但当学生的学情发生变化时，或者课程标准发生改变时，知识传递模式就要随之改变，不仅新教师，老教师也同样面临新问题。而且，随着中职学校办学规模的快速扩张，师资队伍的数量也在大幅度提升，大量的高校毕业生直接进入职业学校任教，如何提高师资队伍对课程标准的“执行力”，需要认真、深入的研究和思考。我们认为，影响教师对既定的课程标准的“执行力”强弱的因素，取决于教师工作时的态度和能力。教师对课程标准的充分认知与深刻理解，有助于提高标准的执行效果；而教师教学技能的提高，则有助于标准执行的效率。为此，药校开展了一系列旨在提高教师教学技能的培训。例如，举办了关于教学理论的专题讲座；结合师德内涵与评价体系组织研讨；让新、老教师结对子，共同签署合作培养协议并确立定向培养目标；开展一系列教学技能竞赛活动。这些活动及之后的总结、评价、反馈等督导工作，形成了系列化的教师教学技能校本培训与教学能力评价体系。“系统设计、分层实施、点面结合、整体推进”的校本培训模式成为药校加强教师队伍建设、促进教师专业发展的一大特色。

2. 基于职业岗位实践技能的培训

职业教育教师有别于基础教育与高等教育的教师，其区别点在于职业教育的培养目标指向职业岗位，教学内容指向职业岗位的工作任务。因此，培养学生的职业能力成为职业教育的核心任务与功能所在。职业教育的教师，特别是专业课教师，如果没有过硬的职业岗位工作能力，是无法胜任职业教育这一职责的。“双师”素质培养是职业学校师资队伍建设的重要任务，药校本着“派出去、请进来”的原则，通过组织教师到企业考察学习，聘请企业专家兼职教学并对教师进行职业岗位操作培训，让教师参加上级部门组织的骨干教师培训等多种形式，使教师走进社会、走进职场，体验企业文化，训练专业实践技能，了解行业发展。近5年来，教师走出校门进行实践达到476人次，专业课教师至少每年有一个月的企业实习时间。社会实践提高了教师的专业实践技能，也进一步加深了教师对课程标准的认知和理解，从而提高了教师对课程标准的执行意识与执行能力，为提高教学质量提供了技术保障。教师专业能力的提升，带来了教学质量的全面提高，不仅企业对学生的职业能力满意，学生对教师的施教能力也普遍满意。2009 年度考核结果显示，学生对教师的满意率达到 87%，比 2005 年提高了 17 个百分点。

3. **科研能力培训**

教学科研是推进课程改革、加快教育教学创新的客观要求，是学校创建教育特色、提高办学水平、提升学校品位、促进内涵发展的强大推动力，也是教师专业成长的阶梯。科研能力是中职教师能力结构中的“短板”。因此，药校十分重视教师科研能力的培养和提升，始终将科研实践和能力培训作为校本培训的重要内容。学校一方面聘请有关专家进行专题培训，让他们对课题立项、研究过程和结题等方面进行系统指导；另一方面与高校、教科研机构和企业“结对子”，充分利用合作伙伴的技术优势，提升学校的科研水平。比如，通过与广西大学、西安交通大学、中国职业教育学会、广西药用植物园、广西大壮科技有限公司、广西广洋百草开发有限公司等签订科研协议，共同开展科研课题研究，有效地提高了学校教科研层次和质量。

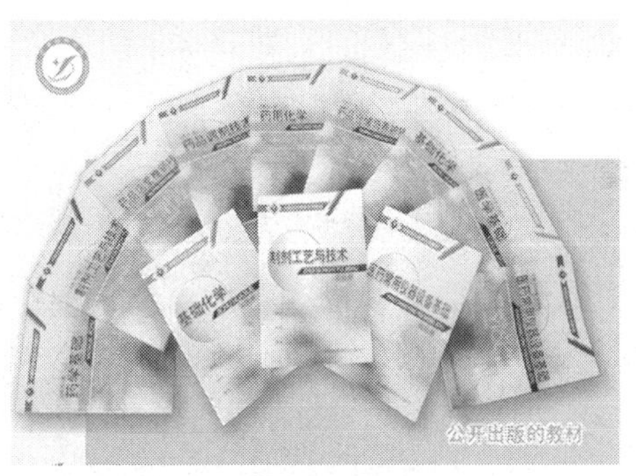

公开出版的教材

教师科研能力的提升，带来了丰硕的科研成果。2002—2009 年间，药校科研、教改立项达 33 项，参与项目研究的教师达 183 人次。教科研、教改成为教师超越自我、自主发展的重要途径。科研与教改实践增强了教师的研究意识，使教师冲破固有思维的樊篱，变换原有的角色，能以研究者的眼光审视、分析和解决自己在教学实践中遇到的问题，对教育活动、教育事实、教育现象进行辨别，克服了被动性和盲目性，把日常教学工作和教学研究融为一体。科研工作还为教师团队创设了切磋、协调、交流与合作的平台，使教师共同分享教学经验与研究成果，共同体验科研工作的苦与乐，从而使教师的个人意志更加坚强、眼界更加高远、胸怀更加宽阔，专业素质也得到了显著提升。

三、实训基地是课程改革深入推进的必要条件

职业教育之所以是一种特殊的教育类型，是因为职业教育以培养学生的职业能力为目的。职业教育的基本规律表明，实践教学是职业教育的显著特征与必要途径，职业能力培养只有在特定的教学环境中才能实现预期的教学目标。因此，实训基地是实施职业教育必需的教学资源，更是保证课程改革深入推进的必要条件。

药校是以培养药学类技能型人才为核心任务的中等职业技术学校，经过近10年的专业开发与课程建设，形成了药品生产、药品贸易、药品检验、中药四大专业群，校内实训基地的布局则围绕制剂工艺、药剂、药品检验、中药四大核心专业建设标准进行整体规划，根据资金筹集与课程开发的进度有计划地分批建设、稳步推进。

1. 一体化教室

一体化教室由普通教室改建而成，主要配备多媒体设备、基本的实验（实训）用具、试剂或原料，通过数字化信息的播放、模型的展示或者学生（教师）的操作演示，以达到增强教学效果的目的。在条件许可的情况下，也可以进行简单的实训教学，使理论教学与技能训练同步进行，教、学、做融为一体，故称为一体化教室。学校的多媒体教室基本具备这样的功能。

2. 实验室

药校在原有基础上，以扩大实验容量为目标，对实验室进行基础设施的改造。

3. 网络教室

网络教室主要是利用虚拟实训软件，借助计算机进行技能实训的场所。网络教室的建设，旨在运用信息技术的教学辅助功能，开展虚拟实训，以弥补实操训练场所的不足或解决因资金有限而难以配置大型设备进行实操训练的问题。学生通过在虚拟实训室的操作训练，掌握设备的基本结构和熟悉操作流程后再进行实操训练，可以减少设备磨损，节省实训原材料，降低操作技能训练的成本。网络教室配置的计算机及相关软件，使基础课程的操作实训及选修课的实训实现了资源共享。学校目前用于教学的计算机已经达到800台。

4. 模拟实训室

药品行业与其他行业的显著区别之一是产品进入市场门槛高，故校内的

各类实训产品实际上不可能进入现实的药品市场而成为真正意义上的产品。因此校内的实训产品即使与实际药品生产一致，也应定义为模拟产品，相应的实操训练也应称之为模拟实训，其场所理应为模拟实训室。

实训基地

8 年来，药校先后通过筹资、租赁、贷款等方式集资 1932.32 万元，完成了药学类相关专业实训基地的构建和学校的信息化建设，形成了药品生产、检验、商贸、中药四大实训基地，实训场所面积达 8266 平方米。

职业教育是需要依托行业和企业的一种教育，它需要领先企业和行业提供的技术和职业标准以及用于教学的实训场地、设备，同时向企业提供就业人群，并根据企业生产对劳动力的需求安排教学，这些因素都决定了职业学校与行业、企业唇齿相依的关系。为寻求与企业深层次、多样化的合作，药校主动与企业进行各种形式的沟通，认真学习、领会不同企业文化的精髓，聘请企业人员入校对教师和学生进行培训。同时，推荐学生实习、就业，成立企业班，开展订单培养，与企业共同实施特色课程、共建教学实训基地、共同开发教材等，积极探索和实践校企一体的职业教育新机制。近年来，学校实行毕业生到企业顶岗实习一年的制度，已与 72 家企业签约，建立了稳定的校外教学实习基地。近 3 年，到药校招聘录用人员的企业年均有 155 家，这些企业每年提供的就业岗位达 1800—2000 个，我校毕业生供不应求。

显然，校内外实训基地的建设对各专业相关课程的教学起到了显著的支撑作用，也为教学质量的提升插上了腾飞的翅膀。

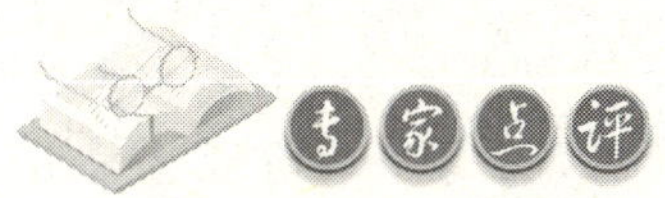

先进的办学理念是职业学校发展的先导，充分的市场调研和科学的课程开发方法是职业教育课程改革成功的关键。广西药科学校借鉴加拿大以能力为基础的（CBE）课程模式，构建了医药类专业课程体系，推进了学校教育教学质量的整体提升，实现了职业教育与社会经济发展的互动。其课改历程给了我们如下深刻的启示：

(1) 转变教育教学理念是课程改革成败的关键。广西药科学校明确提出了“更新教育理念，树立经营意识，增强服务功能，主动接轨市场”的办学理念，提出了以实现“三个坚持”、发挥“三个优势”、做好“三个服务”、突出“两个重点”、实现“一个目标”的“33321”跨越式发展办学思路，为课程与教学模式改革指明了方向。

(2) 职业教育的课程设计要始终围绕行业动态变化、贴近市场需求。广西药科学校深入开展专业市场调研，经过科学系统分析，形成了“分析产品特点，认准服务对象，厘清顾客需求，培育目标市场”的课程开发思路；应用“波特五力”分析模型对学校内外部压力进行了分析，确定了学校专业建设与发展的“细分化”与“差异化”战略，进而为开发适应行业人才市场需求的专业和课程打下了坚实的基础。

(3) 校园文化与工业文化、企业文化的有效融合可以为职业教育的课程教学提供基础。广西药科学校在校园内营造浓厚的医药企业文化氛围，着重宣传企业的管理理念、管理规范以及行业质量标准，使学生在学习专业知识的过程中潜移默化地接受医药企业文化教育，提高了职业教育的教学效果。

(4) 以产业发展需求为导向构建专业课程体系是职业教育课程建设的方向。广西药科学校借鉴加拿大 CBE 的课程开发模式，以区内外药品生产、经营企业的岗位能力需求调查为基础，以药品行业人才需求分析和药事机构间的相互关系分析作为专业开发与课程设置的依据，建立了药品行业价值链分析模型，从而构建了医药类专业课程体系和教学标准。

我们看到，广西药科学校通过构建以能力为本位的专业课程体系，不断提高教师的专业能力，加强实训基地建设，构建“策划—实施—评价—改进”质量控制体系等方式来确保和提高教育教学质量，从而在激烈的市场竞争中起死回生，重新成为地方医药行业不可或缺的人才培养基地。

加拿大 CBE 模式的经验对我国职业教育的课程改革具有重要的借鉴意义，而且已经被我国一些职业院校的实践所验证。但是，我们也应该正视其在专业和课程的适应性、学生能力形成方面的局限性以及容易导致学生缺乏就业弹性和适应性等问题。在日益强调综合职业能力的今天，还有很多问题值得我们进一步探讨和思考，比如，如何认识基础能力与综合职业能力之间的关系、如何发挥 CBE 模式在培养基础能力的同时提高综合职业能力的作用、如何开发出更有效的课程方案等。

（点评：徐涵）

课程改革，职业院校发展的必然趋势

——民航上海中等专业学校

名校／名校长简介

民航上海中等专业学校建于1980年，隶属中国民用航空局。1998年，学校被评为上海市中专办学水平评估A等学校；2000年跨入国家级重点中专和上海市现代化标志性学校行列；2002年作为上海市交通职业技术学院南校区，开办高职，实行中高职并举的办学模式；2008年正式升格为副司局级单位。学校先后被评为上海市职业教育先进单位、上海中职首家心理教育示范校、上海市艺术教育特色学校、上海市校企合作技师学校、上海市课程教材改革特色实验学校、全国学校艺术教育先进单位等。

学校的办学宗旨是：立足民航、科学发展、企业赞誉、社会满意。主要专业有航空服务、空中乘务、民航运输、飞机及发动机维修、飞机电子设备、安全技术检查、航空物流等。学校现有教职工240余人，有来自全国各地的全日制中、高职学生近5000人。作为中国航空协会和国际航空协会授权培训机构，学校每年为民航各类企业培训在职人员约9000人次。

于再，2003年5月起担任民航上海中等专业学校校长兼党委副书记，高级讲师，中国民用航空局高级职称评委会专家，上海市机电专业高评委专家，上海市中职校图书馆协会理事长。2007年成为上海首批一级校长，曾获得优秀党员、民航上海管理局先进个人、优秀教师、上海市优秀园丁等称号。

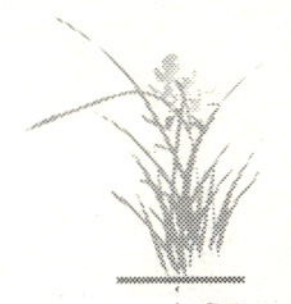

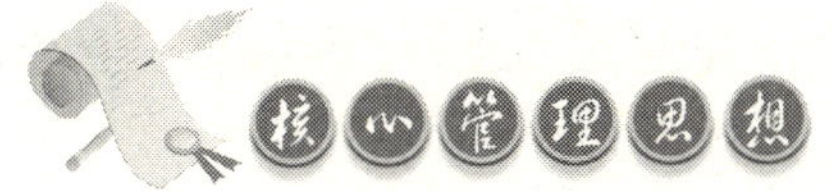

职业学校的教育目标必须由培养知识型人才转向培养技能型人才，教学方式也必须由知识传授型转向互动交流型。这就要求我们对职业教育理念进行反思，树立新的知识观、人才观和教育观，实现教育思想和理念的创新。而作为学校教育改革的执行者和第一责任人的校长，在办学过程中，肩负着引领者的角色，有责任对教育进行改革和创新，有责任将先进的教育理念渗透到学校教育、教学和管理的过程中，实现学校的和谐发展和持续发展。

我校现行的教学模式和教育方法存在很多问题。比如，学生厌学，班主任队伍建设相当困难，教科研水平不高，学生就业推荐标准与用人单位的标准有分歧，等等。特别是每到五六月份，学校提前启动下学期的教学工作时，最令我们头疼的就是班主任工作难做，教师们总会找到各种各样的理由委婉拒绝承担学生管理工作，这常常让主管副校长很难过。再如，航空公司来校招聘时，往往只在排前十名的学生中录取一两名，而在倒数的十名中则可能一次就招录八九名，甚至我们常常特别推荐的优秀学生航空公司一个也不要。学校运行中出现的这些问题，越来越使学校的管理工作陷入恶性循环，也使学生、家长和班主任各方面都受到“伤害”。

我们对这些问题进行了梳理，发现班主任没人当、学生厌学、教师不思进取的根本原因在于学校的评价标准出了问题，管理导向和教育理念出现了偏差，没有真正树立起前进的旗帜。

一直以来，学校对学生的评价依据主要是学生在校的学习成绩，轻视了学生的综合素质，而考核也仅仅侧重于学生的书面答题能力，漠视学生的实践应用能力和职业取向。这本身就与职业学校的教育目标相违背，但因为我们一直以来就是用这样的标准来考核学生或者被考核，学生习惯了，家长习惯了，教师也习惯了，但企业已经不欢迎了。所以，用学校一贯的评价标准向社会、向企业特别推荐的“优秀”学生常常在面试时就受到排斥，一些所谓的“差生”反而因为动手能力强、沟通能力强而得到了用人单位的认可。

学校对班主任和其他任课教师的考核也是如此，管不管学生一个样，教好教坏一个样，有没有科研成果一个样，这样的评价标准如何能激起教师的进取心？所以，于校长上任之初就对考核方式和评价标准进行探索和改革，以期通过建立有效的评价标准达到无为而治。

为此，学校组织教职员工进行研讨，对传统的教育方式和评价模式进行调整和修订，提出了“先成人，后成才”的教育理念，建立了学生综合素质能力考核系统，以促进学生综合素质的提高。在此基础上，着力引导教学过程中教与学的互动，促进教与育的统一，形成一套重绩效、重职责、重素质的评价依据和评价标准。

一、改革前的学校现状

6月，上海就进入了夏季，加之黄梅天气的闷热，每个人都感觉好像是憋着一肚子的火，整个城市都焦躁不安。一天，快下班时，只见学生处处长气呼呼地冲进校长办公室，大声地嚷嚷：“这个处长我不当了，都不肯做班主任，这个学生管理工作我没法干了！”一看他那架势，于校长知道他又在为新生班主任的落实发火。其实，每年到这个时候，学生处处长不都在为班主任工作的落实生气吗？教师不肯担任班主任的情况由来已久。在与学生处处长、分管校长讨论解决班主任问题的同时，于校长反复在想：如何才能在根本上扭转这种不正常的局面？

其实，自上任以来，于校长已发现学校管理中还存在着其他不少的问题。比如，教师不愿意多上课；如果不是评职称需要，教师连论文都不写，更不用说主动去承担教科研项目了；填鸭式的教学模式仍然是主流；学生整体素质在下滑；教师只上课不育人；等等。于校长想：“在我的任期内，我要不要解决这些问题？”答案当然是肯定的。一方面，他相信自己完全有这样的能力和魄力，也充分信任他的团队；另一方面，这些问题必须解决，否则，其他的教学工作如何有效地完成？于校长有时甚至感觉到学校管理工作危机四伏，学校这棵大树其实从根到枝都有这样或那样的问题。如果要改变学校的教学现状，应该从何下手？学校优质的教学效果和学生素质的测量标准靠谁来定？由谁来评判？是学校自身还是用人单位来测量？答案非常明了，学生最终会走向社会，社会才是检测学生、检测学校最权威的标尺。于是，于校长将学校的教育目标明确定为：以用人单位的需求为目的，培养用人单位需要的人才。目标明确以后，他责成教务处和学生处对全校师生进行了一次实事求是的情况调查，分析出现问题的原因，弄清楚我们培养的学生和用人单位的标尺之间到底有哪些差距，同时作出正确的决定。

一直以来，受行业背景和学校自身品牌的影响，中职学校普遍面临着生源问题，虽然生源不缺，但生源整体素质下降，这已是不争的事实。为了彻底弄清楚学生的现状，我们对在校学生进行了一次情况调查。调查显示：

选择进我校的学生，主要有三种类型：

（1）喜欢民航、希望将来在民航行业就业的，占45%。

（2）考不上高中、只好找一个好就业的学校的，占12%。

（3）没有特别的想法、家长安排或者有其他原因的，占43%。

对于未来的规划：

（1）对今后几年的学习生活有统一规划的，占24%。

（2）没有统一规划的，占76%。

学生对目前成绩的认识情况：

（1）认为今天的成绩与未来相关的，占73%。

（2）认为不相关的，占12%。

（3）没有考虑过的，占15%。

这些数据表明，因受年龄、知识、经验等因素的影响，大多数学生对学习目的理解比较肤浅，他们只是为了拿一张毕业证，找到一份收入高的工作。与个别中职学校的生源相比，这些学生可能是一个相对较好的群体，但与我校以往优质生源相比，这是一个相当糟糕的现象。

从学生的学习基础来看，学校历年的中职生录取分数平均分较高，但部分学生的基础知识仍然相当薄弱，知识面比较窄，特别是一些外地生源，加之在升入中专后面临学习方法的转变、考试方式的改变，绝大部分学生出现了自我失控的问题。其中，只有少数学生有参加三校生单招考试的计划，90%以上的学生有一种突然放松的感觉，没有升学压力，课余时间便无所事事，由此出现了很多违纪行为。

从行为规范来看，有接近一半的学生还没有养成基本的学习习惯，制订学习计划和作息时间表的只占31.4%和25.5%。30%的学生（含有部分女生）有抽烟和喝酒的习惯，他们普遍对恋爱问题比较开放，对学校的归属感明显淡漠。对于学校仪容仪表管理中有不准戴首饰、染发等规定，有30%的学生认为无所谓或没必要。有相当一部分学生对家长、对社会、对他人不够关心。

学生对在校学习的信心同他对校规校纪、课堂纪律的遵守情况是直接相关的，部分学生的厌学、行为规范差、不遵守课堂纪律等问题逐渐由点到面，从个案影响成为普遍现象，这给教师的教学和管理带来前所未有的困难与挑战，严重地打击了教师上课和担任班主任的热情和积极性。

在对教师的调查研究中，我们发现最突出的问题是教师对当不当班主任的态度，90%的教师只有在评聘专业技术职称有班主任工作经历的要求下才会被动地接受班主任工作，换言之，只有10%的教师是心甘情愿承担学生工作的。

通过查找原因，我们发现问题出在学校的管理导向和政策引导上。接下来，就是对学校的各项规章制度进行重新修订，重点是对学生、教师的评价测量标准进行修订。

从表面上看，学校很多的规章制度和评价标准都制订得比较详细，但如果真正去解读，就会发现很多条例并不是很健全，规范性和限制性的条款不少，而奖励性的条款却不多。有时碰到问题，即便有制度可依，在执行方面往往又不得力。凡是“闯红灯”“触红线”的（如违反师德规范），坚决处罚，但对于建立在引导、激励基础上的班主任制度，执行得并不太好。一直以来，学校给予教师更多的关心和关怀，只要教师有难处，学校总会作出让步。结果是，在“绿灯”情况下，一辆车不走或走得过慢，就影响了其他车辆的运行。一位教师以某种“理由”拒绝承担班主任工作，学校又对此进行让步，在学生难管、没有激励机制也没有制约机制的情况下，更多的教师当然选择退后和逃避。

一部分教师或勇敢或被迫担任了班主任，而学校对班主任的考核却只侧重于班主任对班级表面现象的管，评价标准缺乏科学性。学校有一位非常勤奋且有想法的老师，她主动承担班主任工作，对学生管理有自己的思路，也有自己的办法，培养了不少的优秀学生，学生爱戴她，家长尊敬她，各任课教师都争着选择在她的班级任教，但这位教师却从来没有被评为优秀，她的班级也从来没有获得过先进集体的称号，原因在哪儿？因为我们对班主任的考核是建立在对班级的考核基础之上的，而对班级的考核是建立在班级学生的仪容仪表、迟到早退、卫生、课堂纪律分数等这些量化指标上面。她的学生思维开放，上课积极发言，而且课堂气氛活跃，尽管绝大部分教师喜欢这样，但却不被我们的评价标准所接受。教师们本身有教学任务在身，有的还

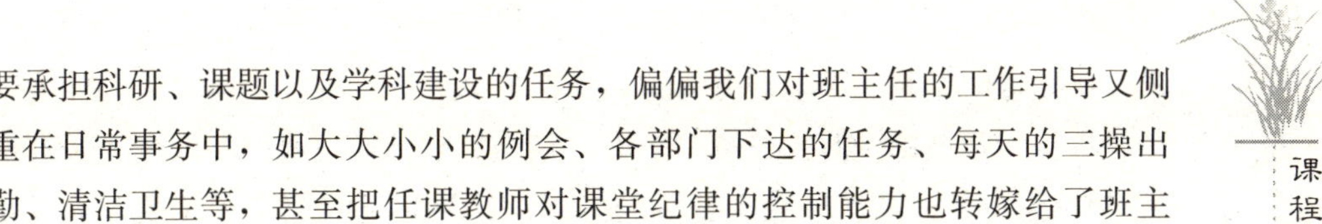

要承担科研、课题以及学科建设的任务，偏偏我们对班主任的工作引导又侧重在日常事务中，如大大小小的例会、各部门下达的任务、每天的三操出勤、清洁卫生等，甚至把任课教师对课堂纪律的控制能力也转嫁给了班主任。班主任们埋头工作，疲于奔命，起得比鸡早，做得比牛累。对淘气的学生，他们更像救火队员，而一学期辛苦工作的成绩最后可能会因为一两个学生违纪或考核以一两分甚至半分的差距而赴之东流。班主任不仅有压力，更多的是压抑。有的老师甚至表示做班主任是一件很窝囊的事。在这样的管理体制下，班主任的活力和自主管理的精力不够，他们可能在任期内完成班级管理，但从长远来看，对学生职业行为习惯的引导、心理辅导等一些深入的隐性教育，班主任没有精力也没有能力去做，而学校又没有对学生管理工作进行科学的考核和监控，这导致班主任对学生的管理只停留在“管”“关”，而没有在“育”的层面上倾斜，结果必然会出现这样或那样的问题。

同样，对任课教师的考核，我们也发现了很多问题。过去我们只考核教师是不是按时站在讲台上，至于他在讲台上讲什么、怎么讲，我们没办法考核。所以教师们在课堂上只管教，至于所教的东西是否实用，教师也不关心；所教的东西学生是否能接受，教师不关心。最关键的，我们还忽视了考试这一重要的对教学效果进行监控的手段。尽管学校的考试纪律非常严格，考场秩序非常好，但教师自己教，考卷自己出，试卷自己批，所以真实的课堂教学效果学校无法真正了解。而且课堂教学中还出现了一个奇怪的现象，教师上课随随便便、枯燥无味，学生不愿意听，出现违纪现象。那么这种后果最后由谁来承担？也就是说，如果任课教师随随便便地教，学生不好好听，就给课堂纪律评为差，课堂纪律评为差的结果就是班级考核差，班级考核差的结果就是班主任考核差，班主任考核差就是班主任的工作做得再多，成绩也统统归零。始作俑者是任课教师，而承担这种后果的却是学生和班主任，对任课教师我们却没有任何的监管措施。而且学校在教科研方面没有对教师提出任何要求，教师只要评了高级职称，从此便高枕无忧。

在实事求是地分析师生现状的同时，我们向东航、上海、国航、上海机场集团及其下属 30 多家用人单位进行了包括“招聘条件”“素质要求”“选拔方式”“福利待遇”“对中专学生在实际工作中的评价”等方面的调查，涉及学生的专业基础知识、动手操作能力、工作态度、吃苦精神、工资待遇、专业对口等多项评价，结果发现用人单位对学校毕业生的专业知识满意度和动手能力满意度较低。这两个评价指标正好是用人单位对技能人才的特色要求，也正说明了我校学生的竞争劣势所在。

根据对用人单位对我校毕业生满意率的调查结果，我们及时向家长、学生“自曝家丑”。随着民航企业招聘方式的社会化，我们希望学生和家长都能感受到专业岗位竞争压力增强所带来的危机感。如果他们没有这种压力和危机感，学校再努力也没有效果。

在明确了师生现状和学校教学实际情况之后，我们重新建立了一系列倾向于学生管理的激励机制。经教代会充分酝酿讨论，我们制订了《教学工作量化考核方案》《考勤制度》《奖罚条例》《班主任考核与评价标准》等一套体现规范性、稳定性和激励性的规章制度，对任课教师的教学和班主任工作进行量化管理，按月考核，实施课时奖，一学年按工作任务的多少分等级兑现目标管理奖，对担任班主任工作和具有突出贡献的教师给予特别奖励。这改变了过去那种干与不干一个样、干好干坏一个样的平均主义，形成了奖优罚劣、鼓励先进的管理激励机制，在一定程度上调动了广大教师积极参与学生管理、勇于承担教学工作的积极性、主动性和创造性。对于广大教师而言，物质上的奖励固然有它的作用，但他们更注重自己付出的劳动能否得到公正的评价，做出的成绩能否得到肯定，自身的价值能否得到提升。通过常规管理与目标管理的有机结合，新条例改变了过去班主任工作的重心，即以往的班主任工作仅集中在做好教室卫生、管好迟到早退、抓好宿舍纪律等。新的班主任考核与评价标准不仅重视引导班主任对学生进行行为规范教育，更注重班主任对学生进行思想品德教育和职业行为习惯的培养，把过程与结果结合起来，减少了学生在校内外的违纪行为，班风、学风、校风得到很好的改善。目标管理也减轻了班主任的工作繁杂度，班主任工作对教师产生了更大的吸引力，教师们有时间和精力去研讨、思考学生管理及教学中存在的问题，改变了过去一味地“教”和“管”，从根本上将教学工作由教向育、由管向导进行转变。

二、实施改革，提高教师的积极性

每次看到正在装修新房子的教师们身上体现出超强的热情和巨大的学习力、创造力，我们总是不胜感慨，看来，学校需要想办法让教师们像装修自家新房那样来对待教学，对待我们的教育工作。对此，学校修改了过去很多硬性的条例规定，这些规定听起来就让人心里不舒服，也让人怀疑校方的管理能力。学校希望通过政策引导，教师能够自觉地把个人成长空间与教科研、与学生管理结合起来，形成“教中育人”的教育理念。

在反复征求教职工意见的基础上，通过教代会表决，学校重新修订了一系列关于教师切身利益的办法和条例，包括《学术委员会章程》《教科研（项目）管理实施办法（试行）》《关于教育教学研究的立项及实施办法》《科研项目立项及管理办法》《教科研成果奖励办法》《专业技术职务评聘办法》和《教职员工出国进修规定》等，把教师的专业技术、职务评聘、专业进修、出国考察、学生管理工作与教学效果有机地结合起来，从制度上引导教师主动地把自己的教学、科研与对学生的思想教育结合起来，彻底改变过去教师只教不育、只教不管的状况。近几年，学校先后与英国、新加坡、日本、加拿大、澳大利亚及德国的学校和培训机构进行业务交流与互访，因此知名度日益提升。

校企合作

另外，学校还积极加强师资队伍建设，对教师进行更多的有关教育教学和班级管理理念的指导。一些年轻教师和新班主任有满腔的教学和带班的热情，但缺少教学和学生管理工作方面的经验，缺少与学生、家长沟通的技巧。我们向教师提供教学和班级管理经验分享平台，通过专题讲座、经验交流、上汇报课等多种形式，鼓励教师进行经验分享和换位体验。同时，鼓励教师将学生管理和教学中存在的问题提出来，大家集思广益，将“我的”变成“我们的”，产生“一人经验、多人受益”的效应，共建学习型组织和合作共同体。目前，学校正在组建以优秀班主任命名的班主任工作室，目的是当班级管理中出现问题时，优秀班主任带头组织集体“临床会诊，现场诊断”，找出问题及原因，制订措施，帮助其他教师解答疑难问题，提高他们管教管学的工作能力和工作效果。另外，在条例和制度的制订过程中，我们倾向于给担任班主任和学生辅导员的教师提供更多的晋升空间并给予更多的支持，实现“在研究中带班，在带班中研究”，解决学生管理工作中的薄弱环节和教育改革发展中的新问题。只有解决了班主任的后顾之忧，才能提高班主任的带班动力，才能保证学生管理的有效性。

学校管理创新是一个全方位的系统工作，涉及方方面面。课程设置创新成为学校教育改革的另一重要内容，而调整和修订教师教学效果评价标准和考核条例，就成为推进优质教育的重要环节。一直以来，受行业背景和学校自身品牌的影响，中职学校普遍面临的生源问题并没有给我校的发展带来太大的困扰，但我们还是看到了学生知识结构的重新分化与用人单位要求之间的变化。这就需要我们扭转目前的教学状况，在保持足够的实践操作训练的基础上，使学生的知识结构更为合理，因此进行课程改革和教学创新就成为学校进一步提高管理实效的抓手。

我校课程改革的宗旨是：调整课程内容，改革课程模式，从以学科为中心转向任务引领。之前，我们也尝试以用人单位对学生能力的要求为标尺，调整和修正课程设置，但几轮试验下来，学校的专业课程基本上仍偏重于以学科内容的逻辑为主线，教师对学生的发展特点关注仍不足，同时，把理论课程与实践课程以学期为基础进行划分，造成教学与工作领域脱节。在修订后的教师教学效果评价标准和考核条例中，我们鼓励全体教师充分发挥自己的教科研优势，彻底打破以学科逻辑为中心的课程体系，删减与企业用工、生产状况明显脱节的课程内容，以实践需求为中心，实施任务引领，划分课程模块，综合考虑理论课程与实践课程在课时安排、内容等方面的问题。对于相邻学科，以课程模块为基础进行整合，加强知识的内在凝聚力和实践性，使学生的专业知识结构更加合理、紧凑。2007 年，学校根据教育部的要求和上海地区民航发展的趋势，结合自身发展要求，对学制做出了重大调整，将原来的 4 年制调整为 3 年制，成为上海中职校中首批实行学分制模式的学校。在此期间，我们完成了两大专业群的专业标准开发工作（见图 1、图 2）。

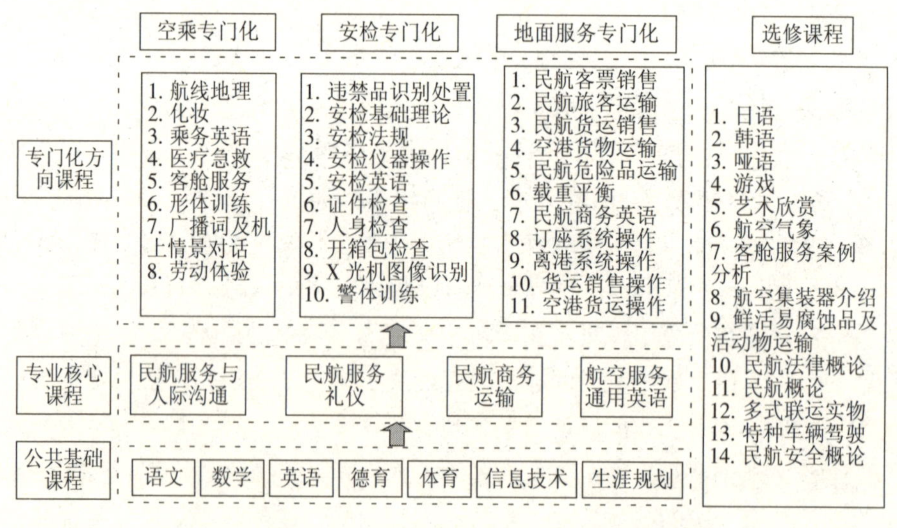

图 1　航空服务专业教学标准开发——课程结构分析

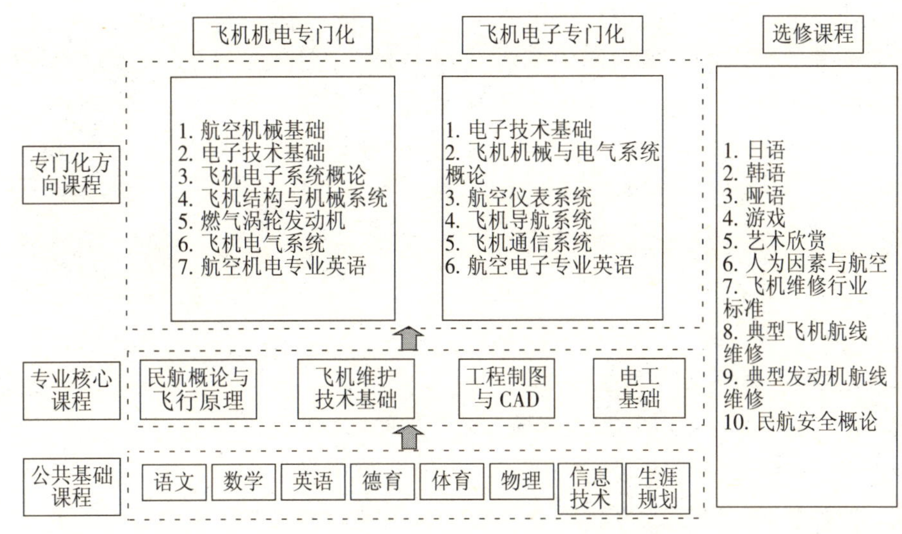

图 2　飞机及发动机维修专业教学标准开发——课程结构分析

学生参加市“星光航服”大赛

通过新课程体系，我们鼓励教师开设专业拓展课程，合理配置专业必修课、选修课和活动课，给予学生根据自己的兴趣主动对课程进行深化与扩展的空间，使学生学有所长、综合素质更高。例如，在上海市举办的历届“星光计划”中等职业学校技能大赛中，我校学生都能在各自的参赛项目中取得优异的成绩并以出色的表现获得评委的好评。我们还通过与企业及上级主管部门、地方政府的沟通，争取教育资金扶持，增加实践场所建设，提高实训条件，建设专业实训中心，加强学校和行业的联系，组织教师开展诸如工学交替、上岗实践等体验式教学。2010 年正式竣工的航空服务开放实训中心，向学生提供了国内一流的空乘、安检、国际国内客货运输等专业的公共实训场地。至 2012 年，教学综合楼等 6 大新的标志性建筑将相继落成，学校的总建筑面积将达到 13.57 万平方米，这将更大地改变学校现有的教学和实训条件。学校还组建了 4 个专家指导委员会，聘请用人单位的骨干和行业专家及时对我校的骨干专业结构和课程设置提出意见和指导。目前，4 个专家委员会对学校的课程改革起到非常重要的指导作用。现在的课程设置更偏重于提高学生的综合素质，包括实际业务能力、应变能力、口头表达能力和服务意识等。这种课程改革带来了教学方式的变革，使学生的学习积极性得到较大提高，课堂纪律得到有效改善，让学生的心重新回到课堂，减少了课余违纪行为产生的几率。学生行为的转变，给学生管理工作减轻了压力，教师工作负荷得到有效降低。学生好教了，教学自然轻松了，教学、科研、学生管理工作效果根本好转，教学秩序良性循环。

专家委员会年会

过去，每到落实下学期工作时，校领导都比较头疼，但经过改革和创新，这种情况得到了改变。现在，从5月下旬开始，有时甚至提前一个学期，就已有教师陆陆续续地找到学生处、教务长和主管校长，主动请缨，要求承担教科研项目和班主任工作。学校对排队要求担任学生辅导员的教师进行综合考评，选拔那些综合素质优良、责任心强的教师担任班主任，学生管理工作成效显著。

在2010年的上海世博会上，我校4名中专学生从上万名应聘者中脱颖而出，成为世博会开、闭幕式上年龄最小的国旗护旗手，受到共青团中央和世博事务协调局的表彰。2008级学生邵琪还荣获了上海世博会礼仪人员全国电视选拔大赛总冠军，承担了世博期间对外国元首的礼仪服务。此外，还有一大批“世博金牌示范乘务员”和“机场形象大使”活跃在机场和世博园区。经过教学改革，教学效果亦显著提高，每学期学校都出版两大册论文集——《教师教科研论文集》和《班主任优秀论文集》，此外，有多套教师自编教材公开发行并获奖。

机场形象大使

2010年3月，经市教委批准，我校成为上海市首批实行“中高职贯通教育培养模式”的试点学校。航空机电设备维修专业实施的贯通培养教育，是一种区别于学校现有的3年制中专飞机及发动机维修专业和3年制高职航空机电设备维修专业的一种全新的创新教育模式。实施贯通培养方案需要进行中高职一体化设计，整体设计人才培养目标和课程结构，而且课程要合理衔接，避免出现单纯的“中职＋高职”培养模式中课程重复的现象，达到加强基础理论学习和专业技术训练、提高人才培养整体质量的目的。同时，与传统的“中职＋高职”学习模式相比，5 年制与原来相比减少了 1—2 年，减少了学生的学程，提高了学习实效，实现了学校和家长的双赢。2010 年 9 月学校通过评估鉴定，成为上海地区首家同时获得民用航空器维修人员执照笔试、口试和 CCAR－147 维修培训三项资格认证的院校。

实践课程——机务维修

反思拓展

从恳请教师担任班主任、硬性分配教师完成教科研任务到教师排队争当班主任、主动承担教科研工作，学校的管理现状和教学效果发生了巨大的变化，曾经牵制学校发展和有效管理的障碍如今成为学校快速发展的推手，这其中所包含的管理理念让人感触颇多。

学校管理最重要的工作就是要让全体教职员工将学校的事视为自己的事，这就需要将教师的思想、行动与学校的管理目标进行“归一”。过去，我们只强调奋斗目标，但忽略了促进目标达成的可靠措施和调动教职工的积极性。在进行了一系列的调查分析之后，学校从设置教育教学目标入手，加强了学校内部管理制度的改革和创新，把一切应该明确、可以明确的要素确立下来，将“学校要做”的事变成“教师愿做”的事，保证双方在方向和目标上的一致，并在实践环节对教师进行有针对性的政策引导，从终端解决教师的教育行为与学校的教育理念断层的问题。也就是说，制度有据可依，亦必有效。

尽管学校是一个文化人聚集的地方，但学校管理实践表明，把一切建立在自我觉悟的基础上是行不通的，这时的规章制度和条例对教职工而言可能既没有压力，也没有动力，如同一纸空文。同样，把管理寄希望于“人治”，则不可避免地会产生随意性、盲目性。只有实现管理制度化、评价标准化，才能从根本上保证学校良好教育生态环境的形成。当然，学校制度不仅是要求教职工遵从，更重要的是引领教师，让人感到有压力但不压抑的制度才能让学校和教师变“压力”为“活力”。反思在学校管理改革和创新过程中的所为，我们取得了一些成功的经验，但也发现了一些问题，这些问题的存在也为我们下一步的继续改革和创新提供了方向。

对教师工作的评议不仅仅是考虑量的综合，同时还要重绩效，这是我们在实现评价标准科学化的过程中从不重视绩效到重视绩效的一个重要转变。这种重绩效的考评方式最终将激励教师去追求更高的目标和境界。

对于学生考评体系，我们过去没有考虑到学生的成长特点和职业行为习惯的要求，而是使用同一种刻板、整齐划一的评价标准。我们制订出学生行为规范并要求它适用于全体学生，这显然是不对的。举个例子来说，空中乘务专业的学生和机务专业的学生，其行为规范和职业习惯要求都是有差别的，所以，不管我们的评价标准如何完善，一旦抹杀了学生的个性而去追求规范化、标准化，都是与教育目标相悖的。

再完善的标准和规定，随着生源的变化和教育形势的发展，都有不适合的地方，而我们的管理不可能完全依靠不断修订规章制度，所以，在制订各项评价标准时，需要有前瞻性，还要有灵活性。

评价标准的科学性要与评价方法的科学性相结合。我们有一套比较完整的、科学的教师教学能力测评系统，各种量化指标很详细，从理论上讲能全面考评教师的教学状态。但长期以来，由于评价过程中缺乏监督机制，考核结果的说服力有所下降。

除此之外，学校在发展中还存在其他问题。比如，专业适应面窄，抗危机能力弱；缺乏在民航特色院校中处于领先地位的精品专业；在民航行业内和教育业界具有影响力的教师数量不多；缺乏在专业技术应用领域具有较高专业技术水平的带头人和实训指导教师；等等。这些问题给教学带来了不小的压力，在修订和完善评价标准时，我们更多地从校园文化角度出发，赋予教师更多的自主性，以激发教师的创造力和活力。

有些问题尽管不是校方造成的，但如何让学校在发展中寻找到一条可持续发展的路，集聚更多的能量，彰显出更强的社会竞争力，将是我们下一步需要研讨的问题。在改革中，有一点我们始终牢牢地把握着，那就是学校的主要任务是育人，德育工作永远放在学校教育教学工作之首。德育工作，对社会而言是一个千秋万载的浩大工程，对一个学校而言需要全体教师的共同努力，不可单纯将其归入班主任工作范畴。只有找准德育工作的切入点，树立“人人都是德育工作者”的理念，明确各部门的育人责任，并将责任落实在工作的各个环节上，才能形成“教书育人、管理育人、服务育人”的全面、全程、全员育人的局面。

教育的发展在于改革，教育的改革在于创新，教育的创新在于学习。在今后的工作中，我们仍要不断地学习，不断反思、整理和提升自身的教育理念，推进学校改革和创新的步伐，使学校取得更大的进步和更好的成绩。

目前，职业教育的发展已经进入了一个新的历史阶段，社会对其也提出了新的要求，即在保证规模的基础上提高质量。因此，积极探索新的、适合学生专业技能形成和实践能力提高的课程模式，激发学生的学习兴趣，实现职业教育与社会需求的对接，提高人才培养质量，是任何一所职业院校都必须面对的核心问题，职业院校的课程改革已经成为必然之势。

作为一所国家重点职校，民航上海中等专业学校在办学过程中，坚持以服务为宗旨、以就业为导向、以能力为本位、以激发学生兴趣为出发点，积极探索职业教育的新途径，通过深化教学管理改革，保障课改的有效实施，形成了自己的特色。

1. **教学管理改革**

该校对传统的教育方式和评价模式进行调整，建立了学生综合素质能力考核系统和教师教学能力测评系统，促进了教学过程中教与学的互动、教与育的统一，避免了教学与课程两张皮的现象，真正实现了以提高教学、科研与学生管理水平来保障课程改革有效实施的目的。

2. **课程模式改革**

该校以发挥教师科研能力为契机，将任务引领式课程改革与学生综合素质提高相互融合，改变以学科逻辑为中心的课程模式，转向以实践需求为中心的模式。同时，实施任务引领，划分课程模块，综合考虑理论与实践课程在课时安排、内容衔接等方面的问题。

3. **课程内容改革**

该校删减与企业、社会发展脱节和理论素质要求过高的内容，以课程模块为基础，合并相邻学科，从知识脉络上重新梳理各个专业和课程的知识点。

4. **课程结构改革**

该校改革学制，调整专业课、专业基础课、基础课在课程结构中所占的比例，合理配置专业必修课、选修课和活动课，探索专业拓展课程，强化基础课程与专业课程的结合。

此外，为了保证课程改革的质量，该校以积极推进校企合作为突破口，加强实践场所建设。同时建立由行业、企业专家参加的专业教学指导委员会，深入挖掘课程改革的核心资源。

（点评：徐涵）

课程改革卷

传承过去，把握现在，创造未来

——上海市医药学校

名校／名校长简介

上海市医药学校始创于1979年，位于上海浦东新区陆家嘴金融贸易区，是上海市唯一一所医药类重点中专学校。

自2000年以来，学校在上药集团的直接领导下，在领导班子和全体教职工的共同努力下，成功地实现了冲刺A级学校、全国百所重点学校和国家级重点中专三个目标。

通过校企对接，学校建立了近600家校外实习基地，其中挂牌实习基地63家。学校招生规模列上海市中职学校前5位，毕业生提前一年进企业顶岗实习，就业率始终保持在98%以上。

学校先后获得了上海市文明单位、上海市职业教育先进集体、上海市艺术特色学校、上海市安全文明校园、上海市健康校园、上海市行为规范示范学校、上海市德育工作先进集体等称号。

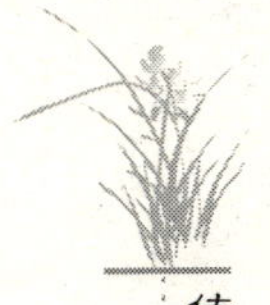

我校经过多年的办学实践，不断摸索，不断归纳总结，逐步形成了“在改革中探索”的理念，并以此推动改革和发展，从一所默默无闻的普通中专发展为上海市唯一一所医药类国家级重点中专。

从管理角度看，要治理好学校，应把握好以下几点原则：

第一，明确学校性质。党中央规划 21 世纪中叶我国达到中等发达国家水平，其中，医药行业将首先进入世界医药强国之列，上海尤其要走在全国之先。为此，我们就需要大量的医药高技能人才。为行业培养医药高技能人才是医药学校的重要历史使命，我校不但要担负这个历史使命，而且要将它作为制订规划、经营学校的依据。

第二，把握方针政策，奋力开拓经营。国家方针政策是我们行动的依据和指南。一所学校是一个事业单位，也是一个法人单位，我们在从事教育事业过程中，必须在国家政策允许的范围内开展活动，对于学校工作，要以实践检验为准，及时进行调整。

第三，明确学校定位，制订办学标准。作为中等职业学校，应该以培养高素质的中、初级技能型人才为目标。那么，正确培养这类人才的思路就应该是：以国家职业标准中相应的资格标准作为学校办学的合格标准，在达到此合格标准的基础上，再谈及提高质量、创建品牌。与此同时，加强校企合作力度。企业参与是办好职业教育的必要条件，我们应以合作共赢为原则，通过健全完善各种机制，使校企合作向更高、更深、更广的领域发展；通过校企联动，培养人才，找准市场需求，依据企业岗位实际操作过程，以“实践导向”教学模式培养学生。

第四，杜绝闭门造车，开展国际交流。当今世界，经济、社会融为一体，各国彼此交流、相互影响，一个国家已不可能关门独自活动，教育也不例外。为了更快更好地发展我国的职业教育，创建具有中国特色的医药职教体系，我们有必要学习国外的先进经验，避免国内外已出现的种种教训、失误，从而少走弯路，更科学地发展和壮大自己。

第五，要深入研究当代学生的现状和特点，努力开发适合学生的课程、教学方式，激发学生的学习积极性，提高学生的学习效率。在教材编写方面，也要尽快改变多年来黑字印刷、学科篇章、理论说教的老面孔，力求编出生动活泼、简明易懂、图文并茂、激发志向、符合学生认识规律的好教材。同时，要贯彻、渗透全面素质教育的思想和措施，除了开设专门的德育课程、职业生涯课程以及大量的课外教育活动之外，还有必要在业务教学过程中渗透德育内容，让学生逐渐养成良好的行为习惯和思想道德品质。

第六，鼓励科学研究，深刻探索职教规律。我校的目标是创品牌、办特色、提质量，而这些目标只有通过科研才能实现。“科研带动，特色立校”，通过科学研究，我们才能解决在办学中发现的一系列问题，才能使学校发展从规模扩张向内涵提升转变。

第七，激发团队活力，协调内外关系。学校是教育事业单位，必须全体员工同心协力、步调一致才行。从管理角度讲，我们要尊重管理规律，避免越级干预。一级管理一级是基本管理原则，信任下级，放手让下级工作，支持下级工作，不随便插手，才能形成上下和谐的管理链条。

我校通过对外开放和强化校际、国际交流等多种方式，巧妙地借用各方力量，促进学校科学发展；运用“猎豹理论”，善于抓住有利时机，集中全力去拼搏；强化校园文化，凝聚群体意志，推进制度建设，规范管理行为。此外，学校鼓励教师对事业的追求，尽力为他们服务，在政策许可的范围内，满足他们正当的利益诉求，帮助他们解决现实困难。

一、从初建到跨越——学校发展的四阶段

上海市医药学校从建校至今经历了四个发展阶段：（1）1979—1987 年是初建阶段。为满足培养医药技术人才的需要，上海市医药管理局与杨浦教育局联合办学，成立了医药中专班，第一届仅开设了药物制剂工艺专业，1982 年正式成立上海市医药学校，1987 年增设了化学制剂工艺、药物制剂工艺和中药专业。（2）1987—1992 年是规范办学阶段。学校迁至目前的浦东沈家弄路 700 号，建筑规模扩大，党政领导班子齐全，成立了完整的科室和职能部

门，先后被上海市教委评估为中等专业学校办学水平C级和B级，1992年成立了校办企业普康药厂。（3）1993—1999年是探索发展阶段。1993年，学校采用“一主两翼”的战略，以教学为主，大力发展与医药相关的校办产业。1998年，初中生源扩大，学校采用“以教养教，以教兴教”战略，扩大招生规模，增加了医药外贸、医药商品经营、医药科技信息、生物技术制药4个专业。(4) 从2000年至今是跨越提升和优化内涵阶段。学校在规模发展的基础上进一步重视内涵的提升，通过打造品牌、创建特色，迎接职业教育发展面临的机遇和挑战。

二、确定目标，摆脱学校发展困境

2000年，职业教育既面临着发展机遇，又面临着严重的挑战。经过中职学校生源短时间的扩张之后，普通教育开始扩招，这一政策直接对职业教育产生了强烈的冲击，中职学校招生困难，生存岌岌可危。在这一形势之下，各地中职校面临着生死抉择，为了生存，为了迎合社会观念，学校间纷纷效仿，出尽各种招数，有的进行转型，有的将中职转为“综合高中”，有的升格为高等职业学校。面对这种发展趋势，我们该如何走下去？是效仿他校进行转型，还是坚持职业教育发展之路？如果坚持不追随其他学校，职业教育今后又将如何发展？在这种困惑下，我校组织召开了近20次会议。面对这个与每个人息息相关的问题，所有人都积极发言、认真探讨、共同商议，最后药校人达成共识，即首先确定学校的发展目标。

在确定战略目标时，我们制订了四个原则：第一，重未来，不重过去；第二，重机会，不重问题；第三，选择自己的方向，不追随别人的脚印；第四，树立远大目标，长远考虑。通过理性的分析和思考，药校人最终确定了“传承过去，把握现在，创造未来”的重要办学指导思想。我们要跳出学校看学校，跳出职教看职教，跳出行业看行业，找准学校发展的切入点。

目前，职业教育不景气，但我们仍然对职业教育的发展前景作了详细的调研和分析。从国际形势看，越发达的国家，职业教育发展越好，劳动力市场分工越来越精细，技能工人专门由职业教育来培养。从国内发展形势分析，我国将由制造大国向制造强国转变，将由人力资源大国转向人力资源强国，发展职业教育势在必行。上海市政府将医药产业定为高新技术产业，上海医药产业未来的发展势必需要大量的医药技术工人。我校地处上海市浦东陆家嘴金融贸易区，紧邻上海张江药谷，又是上海为数不多的医药类中职学校，拥有强大的行业优势、专业优势和区位优势。基于以上分析，我们认为，上海市医药学校不仅要办下去，而且要认真地办，要办出水平、办出特色。

既然上海市医药学校要继续办下去，那么如何办？怎样办出水平和特色？我们首先要明确学校性质，对学校有清晰的定位。上海市医药学校是上海市唯一一所医药类重点中等职业学校，是面向医药行业的职业教育类学校，培养操作技能强、具备医药专业知识、医药职业道德高、能满足企业需要、毕业后能直接胜任医药岗位的医药技能人才是我们的任务。

正确定位学校性质，就要按照学校性质办学，国家职业标准自然就是我校办学的依据。职业教育直接面向社会岗位，岗位要求就是对学校人才培养的基本要求，岗位标准即专业技能标准，就是职业资格准入标准。于是，我们达成了以专业技能标准为办学标准的共识，决心以专业技能标准为依据，开展办学活动。

在明确办学标准的基础上，学校制订了“打造医药特色品牌”的发展战略，形成了“确定目标市场，实施差异化竞争”的战术。首先，明确了开办的专业，又依据国家职业标准的要求，将其转化为专业教学标准，其中重点制订课程标准。其次，以课程改革为重点，编写教材，建设与职业环境一致的实训中心，摸索校企结合的人才培养模式和“实践导向、任务引领”的教学模式，提高了人才培养质量，提高了学生就业率。通畅的出口带动了充盈的进口，在中职学校生源数量持续减少的情况下，我校 2001—2003 年招生规模维持在 2000 人以上并持续高升。2004 年前后，我国现代化建设对技能型人才的需求量极大，职业教育在经历了低迷发展期后，迎来了前所未有的发展机遇。国务院发布了《大力发展职业教育的决定》，指出中等职业教育到 2010 年招生规模要达到 800 万，大体相当于普通高中的招生规模，职业教育开始受到重视。这一政策的出台，证明我们当初的决策是正确的。

三、发展内涵，提升品牌，创建特色

学校重视科研，提出“科研带动，特色立校”的办学思想，依靠教育科研、打造品牌、创造特色，办有职业教育特色、医药特点的教育。

教学质量是学校的生命线，课程与教学改革是学校加强内涵建设、提高教学质量的核心内容，因此我校把课程开发作为提升自身核心竞争力的切入点，提出“学生是客户、课程是产品、质量是生命、服务是品牌”这一顺应

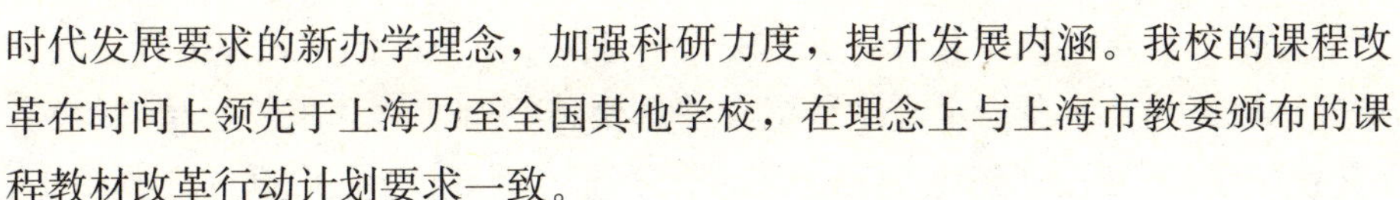

时代发展要求的新办学理念，加强科研力度，提升发展内涵。我校的课程改革在时间上领先于上海乃至全国其他学校，在理念上与上海市教委颁布的课程教材改革行动计划要求一致。

(一) 紧扣国家职业标准　开发专业教学标准

以职业标准为依据开发专业教学标准是职业教育体现行业特色、专业与企业岗位对接的重要途径。《上海市中等职业教育深化课程教材改革行动计划（2004—2007)》(沪教委职成［2004］21号文）提出：以国家职业标准为依据，制定专业教学标准，要求按照实际工作任务、工作过程和工作情境组织课程，形成以任务引领型课程为主体的具有上海特色的现代职业教育课程体系。我校的办学思想与市教委的观念一致，这再一次为学校坚定办学思想提供了力量。2006年，我校主动申请承担了上海市教委药物制剂与生物技术制药两个专业教学标准的开发任务。

药剂专业教学标准开发课题由我校牵头，上海市药剂学校、上海市卫生学校参与其中，项目组由资深专业教师、行业企业专家和职业标准研发人员三方构成。我们三所学校的领导非常重视该项课题，克服各种困难，积极配合课题工作，在人员、时间和场地上给予保障。

为明确全校各专业办学方向，我们在总结上海市药物制剂和生物技术专业标准开发经验的基础上，将专业教学标准开发工作经验推广到学校其他专业，全力开发各专业“任务引领型”教学标准。

(二) 弥补缺口，起草建议性职业标准

国家职业标准为我们制订专业教学标准提供了依据，但是，目前国家颁布的职业标准还远未覆盖全部的职业岗位。在我们决心开发专业教学标准的时候，只有2002年颁布的《中药调剂员》《医药商品储运员》和《中药购销员》三种国家医药类职业标准，这使我们开发专业教学标准时面临着困难和机遇。我们借助医药专业委员会的平台，和全国各地兄弟学校群策群力、共同商议，决定以国家职业标准为模板，发挥教师的能动作用，联合企业单位，共同开发建议性国家职业标准。这个大胆的设想于2007年开始，医药专业委员会要求我们拟起草15个职业标准，每项标准由一所学校牵头，至少两所学校参与，同时每所学校联合两家企业。这样，每项职业标准起草就至少有3所学校和6家企业参与。经过一系列的阶段会议和最后的审订会议，我们终于在2010年完成了15个职业标准的全部修订任务，并将其装订

成册。目前，我们正在努力向国家相关部门推荐，争取使其成为国家正式的职业标准。此外，我校牵头进行了《中药液体制剂工》《医药商品储运员》《药物制剂工》的修订工作，参与了《化学合成制药工》《中药固体制剂工》的制订工作。通过这一系列的活动，全校教师对按照国家职业标准办学和“校企结合、实践导向”的办学模式大大加深了认识，增强了自觉性。

（三）开发新课程

1. 学习引进

“学习、引进、创新”是我校课程改革的三项举措。从2000年开始，我校就认识到要学习、借鉴、引进发达国家的课程教学模式，并以合作开办专业的形式对国外课程教学模式进行学习借鉴。学校有专门的国际部，负责国际交流、合作办学。2000年，学校借鉴加拿大CBE教学模式，使生物制药专业成为市级课程改革试点专业，并使该专业成为上海市重点专业；2002年，引进澳大利亚TAFE体系和现代物流专业模式；2003年，引进德国双元制模式……我们采用国外课程模式，由外方授教课程，在与国外合作办学的过程中，学校教师深入学习了加拿大CBE、澳大利亚TAFE等先进课程模式。

校企合作研讨会

2. 开辟创新

学习、借鉴是基础，结合国情进行创新是出路。我校根据中国职业教育特点、国外职业教育成功经验、职业教育规律，创造出具有中国特色和上海特点的课程模式——“实践导向”课程模式。

坚持科学发展观，以服务为宗旨，以就业为导向，以学生为中心，面向社会，改革专业课程模式、结构和内容，加强课程评价和管理，反映企业需求、科技进步、企业生产管理方式变化以及学生发展要求，构建符合企业需求和学生就业需要的以工作过程为主线的专业教育课程新体系，是课程改革的要求和任务。

职业教育要以社会职业为基础，明确开设专业；以工作任务为线索，确定课程设置；以职业能力为依据，组织课程内容；以典型产品、服务为载体，设计教学活动；以职业技能鉴定标准为参照，强化技能训练。

在课程改革中，要贯彻“以服务为宗旨、以就业为导向、以学生为中心”的教育理念，将传统的学科课程转变为任务引领型、实践导向型的课程，变学科专家主导课程开发为行业专家主导，打破学科课程体系，以工作任务分析为依据，确立知识与技能结构。同时，以工作任务或项目为核心来组织课程，并整合职业资格标准与现有的专业教学标准，重组课程体系。

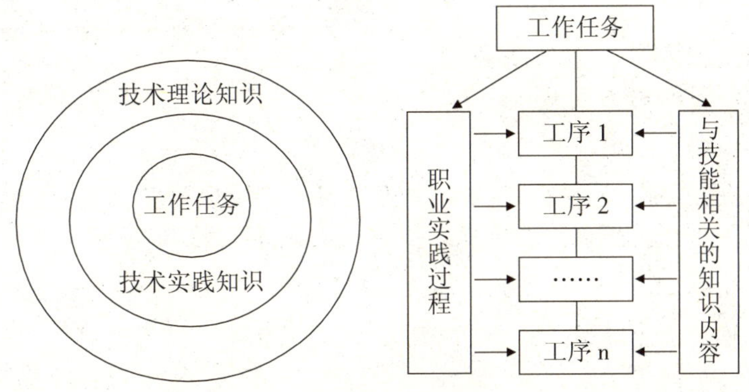

图 1　课程改革的基本理论

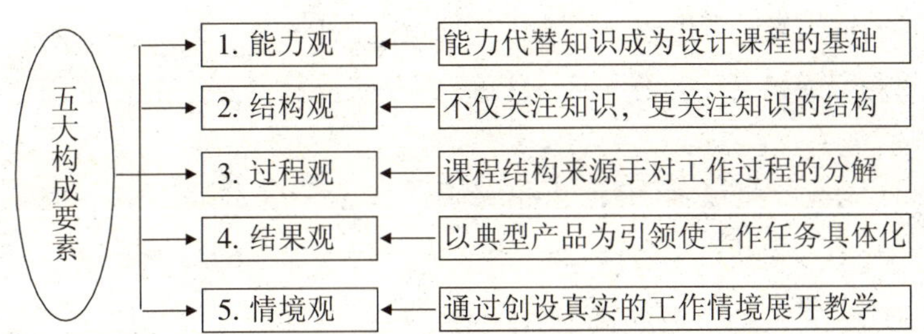

图 2　课程改革五大构成要素

在课程改革中，要遵循五大观点，即能力观、结构观、过程观、结果观、情境观；要将能力作为设计课程的基础；不仅关注知识，更要关注知识的结构；通过对工作过程的分解形成课程结构；以典型产品为引领，使工作任务具体化；创设真实的工作情境。

从 2003 年起，我校与华东师范大学职成教研究所开展合作，率先在全国推行药物制剂专业“实践导向”课程模式改革，这与上海市教委 2004 年启动的上海 50 个“任务引领型”专业标准开发工程理念一致，与全国及发达国家职业教育课程理念一致，与职业教育发展规律一致。经过连续 6 年的改革探索，我校 2007 年获得首届上海市中等职业学校校本教材展示优秀组织奖；2008 年被评为上海市课程改革特色实验学校。在上海市第五届教师教学法大赛中，我校推选了 6 位老师参赛，有 3 位老师获得二等奖、3 位老师获得三等奖，学校获得优秀组织奖。

教育科研战略合作签约仪式

3. **落实改革**

（1）教师培训

根据新的课程改革理念，课程改革的主体由课程专家转变为行业专家和教师。行业专家主要提供市场信息，进行工作任务分析；而教师则要自始至终参与到课程开发的整个过程中，是课程改革的主要实施者。在药剂专业“实践导向”课程改革推行之初，学校就邀请华东师范大学职成教研究所的徐国庆博士及其他专家对本校教师进行理念及操作技术的培训。

（2）成立课改工作小组

课程改革需由课程专家（课程开发的指导者）、行业专家（工作任务的分析者）、教师（新课程的研究者、开发者、实践者）组成。由此，学校成立了顾问专家委员会、工作任务分析行业专家委员会、药剂专业课程改革工作小组。

首先，学校成立了由上药集团人力资源部、华东师范大学职成教研究所、复旦大学药学院的专家、学者组成的“实践导向”顾问专家委员会。具体成员为原国家医药管理局科技教育司副司长苏怀德，上海医药（集团）公司副总裁杨苏鸣，华东师范大学职成教研究所所长、博士生导师石伟平及徐国庆博士，复旦大学药学院副院长、教授叶德泳。其次，学校成立了由 8 家医药企业的研究员、高级工程师、高级技师、主管药师和车间主任等组成的“实践导向”工作任务分析行业专家委员会。这些专家来自名企，具有 5 年以上该领域的工作经历，能够把握整个行业发展的前沿，具有良好的交流意识，能准确、简练地表达自己的观点，具有群体合作能力，敢于积极发表意见，没有偏见，能够全程参与，自始至终全身心地投入改革之中。具体成员包括上海医药工业研究院制剂中心研究员葛庆华、现代制药股份有限公司高级工程师龚忠、上海信谊药业有限公司高级技师施银娟、上海信谊金朱药业有限公司总工程师徐庆源等。再次，学校还成立了“实践导向”课程改革领导小组和工作小组，由校长担任组长。

（3）制订课改工作计划

在课程专家的指导下，课程开发组成员经过共同讨论，制订了课改实施计划：第1阶段是调研，形成人才需求调研报告；第2阶段进行实训基地建设；第3阶段进行工作任务分析，制订工作任务分析表；第4阶段进行课程分析，制订课程计划；第5阶段编制校本教材；第6阶段实施教学。（见图3）

工作任务分析现场

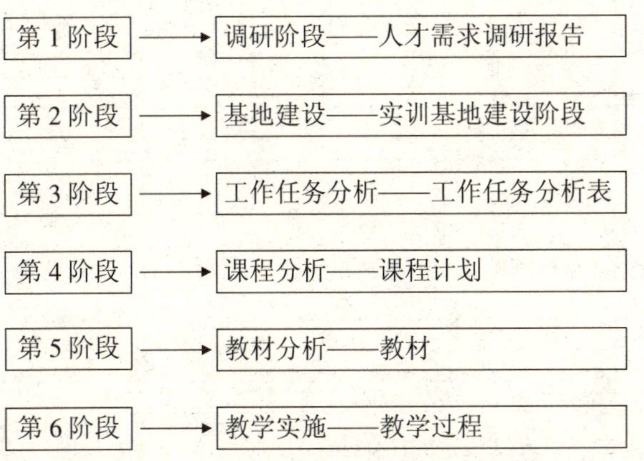

图3　课程开发计划

（4）实施课改计划

这里主要描述一下从行业调研到课程标准形成的过程：

第1阶段，行业调研。我们采用问卷调查、个别面谈、电话访谈、座谈会、查阅文献、网站搜索等方式，对48家大、中、小型医药企业进行调查，调查对象是一线工人、工段长、车间主任、技术人员、营销人员。我们发放了120份调查问卷，收回有效问卷112份，回收率为93%，据此形成药剂专业课程改革调研报告。

第2阶段，实训基地建设。我们邀请行业专家参与制订学校实训基地建设方案及设备选购方案，按照“理念超前于企业、设施同步于企业、标准接轨于企业、技能适配于企业”的要求，建成生物技术开放实训中心和药物检测开放实训中心。

第 3 阶段，工作任务分析。我们借鉴国外的 DACUM 方法进行工作任务分析。DACUM 是 Develop A Curriculum 的缩写，直译是“教学计划的开发”。具体方法是通过工作任务分析确定能力领域，进而确定每一个能力领域的各个单项技能，检查各能力领域与单项技能及其表述方式是否正确，然后将各能力领域与单项技能进行排序。

我们主要采用头脑风暴法进行工作任务分析，以行业专家为主体，以课程专家为指导，要求教师全程参与，开发出了药剂专业工作任务分析表，共有七个大类，包括 58 个模块、147 项技能（见表 1）。

表 1　药剂专业工作任务分析表

项目	工作任务						
物流	采购物料	采集信息	选择物料	审计供应商	签合同		……
	A—1	A—1—1	A—1—2	A—1—3	A—1—4		
	验收物料	入库验收（初）	请验	合格入库			……
A	A—2	A—2—1	A—2—2	A—2—3			
	物料分类	物料定位	控制仓储条	发料	运输物料	台账管理	……
	A—3	A—4	A—5	A—6	A—7	A—8	
生产工艺	配料	核对（品名、批号、规格）	预处理（原辅料）	称量	计算	配制	……
	B—1	B—1—1	B—1—2	B—1—3	B—1—4	B—1—5	
	固体制剂	制软材	制粒	干燥	整粒	总混	……
	B—2	B—2—1	B—2—2	B—2—3	B—2—4	B—2—5	
	液体制剂	洗瓶	干燥	过滤	灌风	灭菌	……
	B—3	B—3—1	B—3—2	B—3—3	B—3—4	B—3—5	
B	其他剂型	添加抛射剂	熔融	灌装	冷却	涂布	……
	B—4	B—4—1	B—4—2	B—4—3	B—4—4	B—4—5	
	自检	崩解	硬度	脆碎度	粒径	外观	……
	B—5	B—5—1	B—5—2	B—5—3	B—5—4	B—5—5	
	……						

第 4 阶段，课程分析。课程分析以教师为主体，教师根据工作任务分析表，采用同级性和相似性原则，编制课程结构表，制订课程计划，编写课程标准，对该专业学生必须掌握的文化知识、专业知识和技能等进行重新梳理和整合（见表 2）。

表 2　药剂专业“实践导向”课程结构

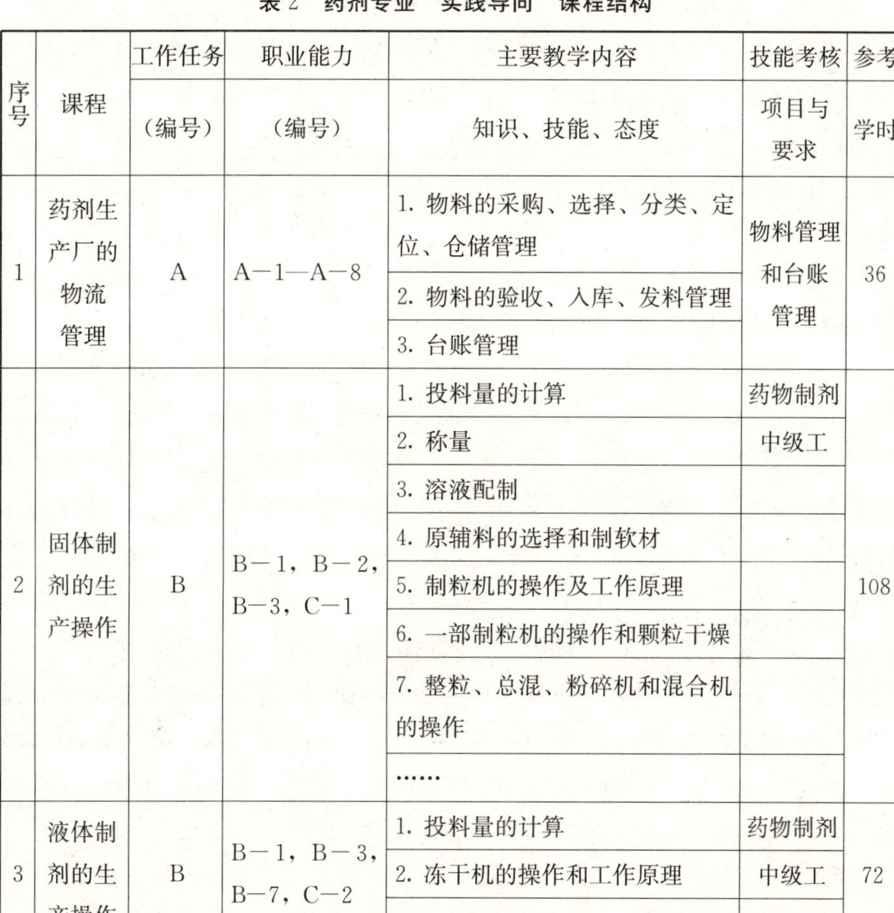

序号	课程	工作任务（编号）	职业能力（编号）	主要教学内容 知识、技能、态度	技能考核 项目与要求	参考学时
1	药剂生产厂的物流管理	A	A－1—A－8	1. 物料的采购、选择、分类、定位、仓储管理	物料管理和台账管理	36
				2. 物料的验收、入库、发料管理		
				3. 台账管理		
2	固体制剂的生产操作	B	B－1，B－2，B－3，C－1	1. 投料量的计算	药物制剂	108
				2. 称量	中级工	
				3. 溶液配制		
				4. 原辅料的选择和制软材		
				5. 制粒机的操作及工作原理		
				6. 一部制粒机的操作和颗粒干燥		
				7. 整粒、总混、粉碎机和混合机的操作		
				……		
3	液体制剂的生产操作	B	B－1，B－3，B－7，C－2	1. 投料量的计算	药物制剂	72
				2. 冻干机的操作和工作原理	中级工	
				……		

至此，学校构建了以能力为本位、以职业实践为主线、以工作任务为引领、以项目课程为主题的模块化专业课程体系。实验成功后，学校将改革成果快速向全国推广。

（四）延续课改，开发新教材

校本教材是对国家和地方统编教材的拓展和补充，它是提升学生学习品质、优化课程培养目标、凸显职业学校特色的有效载体。

根据上海市教委关于课程教材改革行动计划的要求、医药产业用工的需求、课程理念落后、教材内容陈旧、学生难学和教师难教的现状及上海市和自身课改的情况，我校积极推进校本教材的编写工作。

编写校本教材是学校“实践导向”课程开发的后续工作，也是市教委专业教学标准开发的进一步要求。我们要坚持适应性和发展性、针对性和全面性相结合的原则，把培养能适应社会需求、具有可持续发展能力的一专多能的复合型人才作为校本教材开发的目标，力求服务于人的整个职业生涯，制订短、中、长期教材开发计划，开发出满足学生多元化发展需要的任意选修课程教材和实践课程教材；同时，摆脱“学科本位”的教材编写方式，以具体任务为模块，按照工作过程组织所需的知识、技能，整合职业标准，突出技能训练、能力培养的目的。

由资深专业教师、行业企业专家和职业标准研发人员组成的校本教材开发项目组，紧紧依靠医药商业行业协会、中药行业协会、化学制药行业协会、医疗器械行业协会等，和 63 家企业建立紧密型合作关系，与 500 家企业进行长期合作，与劳动保障局联手，将专业标准开发与职业标准研发联动，坚持任务引领，从中职毕业生就业岗位的实际需要出发，进行校本教材编写。

从 2004 年 9 月开始，根据“实践导向”教学改革的指导思想，结合各个职业的综合能力和对应于任务的专项能力，在已开发的药剂专业工作任务分析表和课程分析的基础上，我们确定了药剂专业核心课程和专业主干课程，完成了该专业“实践导向”校本教材的编写工作，并且结合行业大类技能标准，编写出了实践教学讲义、实践操作规范和技能考核评分标准。

教材编写改变了原有的以理论逻辑为主、以实践印证为辅的旧形式，以工作过程为主线，将理论联系实际，教学目标描述也变以往的抽象形式为更加具体、可操作的形式。以“片剂”为例，原来的目标描述为：掌握片剂生产的工艺过程；掌握片剂的质量检查过程；了解主、辅料的知识；熟悉压片机的工作原理和操作。现在的描述为：会操作压片机并压出合格的药片；能找出不合格的药片与机器工作状态的关系；能判断药片的质量。

此次教材编写工作于 2006 年完成，主要完成编写了《固体制剂技术》《液体制剂技术》《其他制剂技术》《制剂分析技术》《化学分析技术》《仪器分析技术》《微生物检验技术》《生物测定技术》这 8 本药剂专业校本教材。

教材编写以“实践导向”为理念，以新开发的课程标准为依据，以活动任务为中心，紧密结合学校实训设施建设情况，突出技能操作，编写形式新颖、实用，教学效果明显，受到国内医药类兄弟学校的热烈欢迎。

药剂专业校本教材

药剂专业教材开发属于学校二期校本课程开发工程的内容，二期工程以开发专业课程为主，称为“8＋2”校本教材开发工程。“8”就是8本专业类教材；“2”即《药事法规》《职业生涯规划》两本通用类教材。

一期校本课程开发工程简称为“633”工程，以开发大类专业基础课程为主，于2004年完成。学校第一期开发出6本大类专业基础课程：《药用化学基础》《药学基础》《医学基础》《营销学基础》《会计学基础》《经济学基础》。此外，有3本特色教材：《医药职业道德》《艺术教育基础》《职业指导》。

三期校本课程开发工程以文化课程开发为主，于2007年完成，开发出《青少年荣辱观教本》《医药职业道德》等政治理论课程以及《演讲鉴赏与训练》《应用语文》《应用数学》《应用英语》等文化基础课程。

学校“实践导向”课程改革的理念获得了全国同类学校的认同，校本教材已获得全国其他医药中高职学校的认可，并由化学工业出版社出版，成为全国医药类统编教材。2007年，学校获得首届上海市中等职业学校校本教材展示优秀组织奖，2008年被评为上海市课程改革特色实验学校，2010年推选出5本教材申报优秀教材。

（五）落实课改，实施新课程

1. 建设先进的实训中心

建设先进的实训中心是进行有效教学的保障。学校在原有实训中心的基础上进行扩建，按照“理念超前于企业、设施同步于企业、标准接轨于企业、技能适配于企业”的建设理念，体现出“先进性、仿真性、综合性、开放性”的特色要求，邀请行业专家与专业教师共同参与市场调研。行业专家对学校实训中心的建设方案、基建方案、专业设备进行论证，学校分别在2008年、2009年通过生物技术开放实训中心、药物检测开放实训中心验收工作。实训中心模拟职业环境，配置了真实的生产设备，拥有实训教学一体化的功能，为新课程实施提供了保障。为确保校企合作向更高、更宽、更深的领域发展，进一步实现校企双赢的目的，学校研究决定，利用实训中心的多元化功能，实现校内实训与社会服务的一体化。目前，实训中心除了满足校内学生的实训、考证培训需求外，还是高校的科研实训基地、企业的培训基地、技能鉴定基地及上药集团、上海市星光计划的技能比赛基地，实现了功能的最大化，也进一步深化了校企合作。

2. **培养教师**

教师是课程实施的主体，课程改革要求教师素质与新课程匹配。为此，学校采用“置换、引进、回归、交流、聘请”十字方针来建设师资队伍。在控制教师编制总数不变的前提下，用非教师编制置换教师编制，用市场运作方式引进紧缺型人才，让从事行政工作的人员回归一线教师队伍，让具有教师资格又有丰富教学经验的实验教师同普通教师交流，聘请生产一线有丰富经验的专家任兼职教师。同时，采用市场筛选、专家面试、试讲、非智力因素测试、校长办公室决定、带教或压担培养、综合评价、正式聘用的八步方针；实施了“51020名师工程”，即培养5名在上海有一定社会知名度的教师、10名校内学科带头人、20名校内骨干教师。学校还通过组织教师参加华东师范大学研究生课程班、在职攻读硕士和博士、各种短训班，参与上海市各中心学科组、专业组，参与实践导向课程开发，全程参与生物技术和药剂专业DACUM表开发，来培养教师。另外，还通过校企合作，组织教师参加全国医药职业研究会，参与实训基地建设研讨，参与职业技能标准的开发，参加医药行业协会、医药商业行业协会等医药类职业资格证书培训鉴定工作，来培养教师。

3. **进行教学试验**

作为课程开发的后续工作，课程实施已经成为学校课改的工作重点。2004年3月，学校对2001级药剂专业部分班级学生进行试点教学，按照新的教学讲义、实训操作规范（SOP）、技能考核评分标准实施教学。

教师在实验课指导学生

学校采用“做学一体”教学形式，将实训中心既当教室又当工厂，严格按照SOP标准进行实训。实训前，教师让学生做好着装与清洁的准备工作，知晓各类药厂更衣和消毒程序，进入实训基地。实训开始，教师讲解本次课的教学目的和要求，确定学生各自的工作任务，学生领取工作任务单之后，到各自的工作岗位。以制粒为例，教师示范、讲解设备操作，利用多媒体课件讲解高速搅拌制粒机和沸腾干燥机的结构、工作原理，示范设备的拆卸、清洁、安装过程，提出操作中的质量控制点和注意事项。然后，学生按照工作任务要求，来到各自的岗位，按照生产处方进行配料，进行规范操作，及时准确地填写生产记录，根据 SOP 要求，对设备和实训中心进行清洁，最后进行小组讨论、总结。

4. **推进教学法改革**

通过实施“实践导向”课程改革，教师的科研素质和职业教育理念都得到很大提升，但是要真正将这些认识和理念落实到教学领域，还需要进一步改革、研究、提高教师的能力和水平。对于课程实施问题，学校与华东师范大学职成教研所、同济大学合作，分别就如何实施理论和实践一体化教学及现代信息技术应用开展研究。

2008 年，借助上海市第五届教师教学法大赛平台及华东师范大学的科研力量，我们在全校掀起了教学法改革浪潮。教学法改革活动历时一年，分两个阶段进行。第一个阶段由教育运行部领衔，以学部和教研组为单位，全员参与，开展公开教学活动，最终推出 6 名教师。第二个阶段由发展规划部牵头，部长领衔，以教研组为单位进行集体备课，充分发挥团队合作精神，华东师范大学教学专家全程参与。最终，学校在比赛中获得 3 个二等奖、3 个三等奖及 1 个优秀组织奖。

2008 年 4 月，学校选出 3 名专业教师、两名文化课教师参与了由同济大学职教学院牵头的教育部课题《中职师资培训包开发》的子课题《职业教育教学法和现代教育技术》的研究。此外，在三轮教课、说课、评课的基础上，我校教师的教学水平有大幅度提高，他们对职业教育的专业教学法有了更加深刻的认识。胡红侠老师的《制剂分析技术》（实验法）、张爽老师的《连锁企业门店营运与管理》（角色扮演法）被定为实验学校教学案例。

5. **聚焦精品课程**

2009 年，上海市教委根据社会经济产业结构调整的要求，制定了《上海市教育委员会关于推进上海市中等职业教育专业布局和结构调整优化工作的实施意见》。根据文件要求，学校通过行业发展趋势分析、企业调研报告、上海同类学校发展情况分析及自身的优劣势分析，将原来归属于医药卫生类、商贸旅游类、加工制造类的专业全部归并到医药卫生类，形成了集生产、物流、销售、维修服务于一体，学校专业链完全对接产业链，覆盖整个医药产业的专业布局。通过这一调整，我校专业建设在上海更具特色，更能满足社会需要。

在结构重新调整的基础上，根据上海产业发展的需求，学校确定了生物技术制药、药剂、药品检验三个上海市重点专业及中药这个校级重点专业。在重点专业的基础上，学校成功申报了药品检验技术、药品销售技术、固体制剂技术、中药调剂技术、生物发酵技术五门上海市精品课程。学校计划根据市精品课程的做法，开展“化学基础”“医学基础”“药用基础化学”“综合英语”“信息技术基础”五门校内精品课程项目，进一步研究、提高教学质量，发挥优质教学资源的辐射示范作用。

（六）贯彻精神，改革课程评价

职业教育在课程模式、教学模式上与普通教育分离，意味着其课程评价模式也要有新的标准。我们改变了传统的评价方式，转向重视学生操作技能，由学校、家庭、社会三方共同参与学生评价的评价方式。我们根据学生家长是否满意、用工企业是否满意、学生就业率和就业质量来评价教师教学，通过减少理论知识考核和增加技能知识考核的比重，加强技能训练，提高学生的职业实践能力。

（七）校企联动，创新人才培养模式

与企业联合培养人才，是职业教育发展的必然要求。对于校企合作培养模式，职业院校要根据自身情况，不断进行探索、创新。我校原是行业办学，隶属上药集团，历来就与企业有密切的联系。学校以“互利共赢”为原则，探索了各种形式的职业教育培养模式，通过校企对接，建立了近600家校外实习基地，其中挂牌实习基地63家，成为国家“半工半读、工学结合”试点学校之一。订单培养、项目班、顶岗实习、“校中有厂、厂中有校”是学校人才培养的几种主要形式。订单培养是学校根据某个企业的特定要求，为企业培养人才的一种模式。学校与信谊制药有限公司、国大药房、华氏大药房联合举办了“信谊班”“国大班”“华氏班”，企业参与培养方案的制订、课程设置与教学，学生是企业的准员工。在教学中，我们自始至终灌输企业文化和精神，以企业的行为规范要求学生，注重培育学生作为企业准员工的荣誉感，让学生提前介入企业营销讲座或其他活动。学校依据行业要求，面向整个行业，与企业集团合作，成立项目班。上海医药行业要参与国际竞

争，需要一批懂得国际药品生产操作规范的一线操作与管理人员，学校与上药集团联合实施CGMP项目班。该班学生来源于学校中外合作项目班，他们经过一年的英语强化训练，英语会话能力较强，经过严格的笔试和面试后，进入CGMP班学习，学习过程中实行末位淘汰制。“1+2+1”顶岗实习，指学生在学校学习一年文化课、两年专业基础理论，最后一年到企业顶岗实习，培养综合职业能力。顶岗实习结束后，考核合格的学生遵循“双向选择”的原则，可以与企业签订劳动合同，继续留在企业工作，也可重新选择工作单位。校中有厂——学校设有上海浦融培训中心（隶属上海市浦融生物科技有限公司），借助中美合作浦融培训中心的人力资源优势，开展针对上海医药集团高级管理人员的药品质量管理等系列培训，为上海医药产业发展作贡献。厂中有校——学校投资成立的上海普康药业有限公司是生产型校外实训基地，形成了校企联动“工学结合”模式。

这次课程改革体现了依托行业、紧贴行业的特点，从课程开发、教材开发到课程实施、教学评价，都有企业人员深度参与，都密切反映了企业需求。通过“实践导向”课程开发，学校构建了以能力为本位、以职业实践为主线、以工作任务为引领、以项目课程为主题的模块化专业课程体系；组织制订了相关专业核心课程，完成了训练项目课程的教学设计；初步建立了与医药职业实践、模块化专业课程相适应的评价和考评制度；完成了“实践导向”课程模式药剂专业系列校本教材的编写；注重让学生接受企业文化和管理理念的熏陶；形成了完善的课程开发机制；培养了一批研究型教师。

经过一系列的改革，学校出现了进出口两旺的良性局面，招生规模位居上海市中职校前5位，毕业生提前一年进企业顶岗实习，就业率始终保持在98%以上，就业对口率、考证合格率都较高。企业对毕业生满意度高达98%，学校也被评为课改特色实验学校。

我校办学实践经验可以总结为：第一，发展是在不断的改革中进行的，每一次改革我们都顺应时代的要求，审时度势，抓住目标，快速出击。第二，对自身定位清晰，认识到岗位技能标准作为办学标准的重要性。第三，每一次改革，每一项课题，都有“企业深度参与”这一职业教育发展的关键点。第四，遵循从规模发展到内涵发展的趋势，深刻领悟到“科研”对提升内涵、创建品牌、突出特色的重要作用。

治校理念应随着环境变化不断调整和完善。学校发展的过程就是治校理念逐步展开的过程，在不断的摸索、发展、前行中，我校最终形成了核心价值理念——“在变革中探索”。可以说，学校要发展，就要不断地开拓创新，要在变革中求生存、在变革中求发展，而变革的过程也就是探索的过程。

在办学实践中，我们有一些想法和感悟与大家分享：

1. **要坚持以人为本，转变管理机制**

学校要“以教师为本”，依靠教师办学；同时也要“以学生为本”，因为学校的一切工作都是为学生发展服务的。在学校要形成“尊重知识、尊重人才”的氛围。

2. **克服阻力，创造和谐环境**

改革是改变过去，创造未来；改革需要抛弃传统理念和做法，接受新思想、新事物；改革要开拓新视野，创造新天地。改革往往会遇到难以预料的困难和阻力，因为新的治校理念往往对教职工提出了更高的要求，一旦付诸实践，会给教职工带来一定的心理压力。比如，改革会受到传统观念的抵制，一些教师往往会以审慎、怀疑的眼光对新理念评头品足，而不是立即投入实践新理念的行动中去，越是办学久的老校，这种抵制往往越强。

教师是一个特殊的知识分子群体，是学校发展必须依赖的最重要的力量，单纯的经济激励和高压政策都不足取。校长只有用正确的治校理念影响全体教职工，与广大教师达成共识，凝聚各方力量，形成统一行为，才能真正使好的治校理念发扬光大。校长要在和谐、宽松的人际环境中把治校理念传递给全体教职工，使全体教职工致力于实现学校共同的目标。

3. **打造校园文化，铸就学校精神**

校长及其他管理人员要尊重管理规律，支持和信任下级，理解基层教师的合理诉求，尽力为他们做好服务工作，创造优良的工作和发展环境。同时，要求全体教职员工自觉遵守学校的各项规章制度，按照工作流程办事，提倡教职员工相互理解、尊重、包容、支持，坦诚相处，及时沟通，互相补台。任何事情只要不违反保密原则，就应该做到信息公开。因为只有信息公开，才能保证管理者沟通有效，才能保证在重大决策中接受大家的监督，才能保证公平和公正。此外，应提倡淡泊名利的价值观念，作为教育工作者，教师要为人师表，工作中要不计个人得失，把学校发展大局作为考虑事情、处理问题的出发点。

4. **凝聚人心**

校长要努力为学校发展作贡献，为广大教职工谋福利，用真挚的情感去感化、激励教师，使教师感受到校长的关怀和温暖，使他们从内心深处佩服自己的工作业绩、工作能力、学识水平，从而自觉地为学校的发展贡献力量。

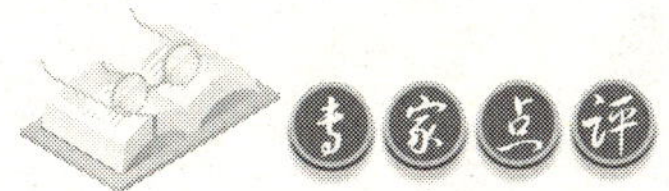

上海市医药学校以“传承过去，把握现在，创造未来”的战略思维，在明确办学目标的基础上，把课程开发作为提升学校核心竞争力的切入点。通过课程与教学改革加强学校内涵建设，提高教学质量。学校在课程开发、课程实施以及课程评价等方面进行了有益的探索。

在课程开发方面，首先紧扣国家职业教育标准，开发“任务引领型”专业教学标准，并以此为平台，反哺行业发展，起草医药行业职业标准。其次，在学习国外课程改革经验的基础上，大胆创新，与华东师范大学职成教研所和医药行业企业合作，共同落实课程开发工作，由传统的学科专家主导课程开发转变为行业专家主导课程开发；打破学科课程体系，以工作任务分析为依据，确立知识与技能结构；以工作任务或项目为核心组织课程，整合职业资格标准与现有专业教学标准，探索形成了符合学校实际的“实践导向”课程模式。此外，该校根据“实践导向”课程改革理念，结合与各个职责相对应的综合能力及与各个任务相对应的专项能力，在工作任务分析表和课程分析的基础上，确定了专业核心课程和专业主干课程，完成了“实践导向”校本教材开发工作，深化了课改工作。

在课程实施方面，该校通过建设先进的实训中心（教学工厂）、培养适应于“实践导向”课程模式的教师、开展教学试验、推进理论和实践一体化教学等一系列教学改革措施，确保课改工作的有效实施，使课改工作真正落到实处。

在课程评价方面，改变传统的以理论知识为核心内容、以教师为评价主体的单一评价方式，转向重视学生职业能力，构建由学校、家庭、社会三方共同参与的多元评价方式。

上海市医药学校课程改革的最大特色就是“依托行业，紧贴行业，服务行业”，这充分体现了职业教育课程构建的基本原则。职业教育的基本属性决定了职业教育课程必须以实践为中心，未来的职业教育课程改革必须从学科逻辑转向工作过程逻辑。因此，加强“实践导向”课程改革探索具有很大的研究空间与价值，上海市医药学校的课程改革践行了“实践导向”课程改革，具有一定的示范意义。

（点评：徐涵）

课程改革卷

课改风雨路，技能谱华章

——浙江省绍兴市中等专业学校

名校／名校长简介

娄华水，男，中共党员，正高级讲师，毕业于杭州大学英语专业，现任绍兴市中等专业学校校长，从事中学、中专教学多年，热心教育科学研究工作。他多次负责主编中职教材，多次参与省重点课题研究并获奖，在国家级核心报刊上发表专业论文多篇。

1996年，娄华水被授予浙江省“优秀教师”称号；1997、1998 年被评为浙江省职教教研先进工作者；2001 年秋，被列为浙江省“5522”名师、名校长培养对象；2005 年获浙江省职教“十大风云人物”提名；2007 年被绍兴市市委、市政府评为第六批专业技术拔尖人才；2010 年获浙江省“春蚕奖”。此外，多次被评为绍兴市先进工作者、优秀共产党员、德育先进工作者。

自 1997 年起，娄华水在绍兴中专历任副校长、党委书记、校长，带领全校师生，锐意改革，实行管理创新，争创市级文明单位和省文明学校、省现代技术实验学校。近年来，学校发展蒸蒸日上，连续 6 年被评为市德育先进集体。其中，2007 年被评为全国中职德育试验基地学校，2008 年被评为国家级重点中等职校。

作为一校之长，娄华水的肩上无疑挑起了学校教学改革引领者的重担。在娄校长的带领之下，绍兴中专积极进行教学改革实践，根据绍兴经济社会产业特点，探索中职模块化教学体系，形成了对接绍兴经济社会发展的教学模式，走出了一条中职创新发展之路。

一、模块化教学体系

学校构建的模块化教学体系是一种与市场需求相适应的现代职业技能教学体系，是根据企业的需要，借鉴劳动部门和行业主管部门颁布的职业资格技术等级标准，将其进行细化分解，制订出各专业以技能为项目的“模块化”实训教学内容，并以每个模块项目为核心，结合相关的工艺知识、专业理论知识和操作技能，进行“技能操作车间化”教学模式的改革。每个技能模块项目的专业理论内容和操作技能的讲授、指导，均由以该技能模块项目的首席教师为核心的团队来承担。技能模块项目教学结束后，实行教考分离，学生参加绍兴市劳动部门或相关行业组织的各种等级鉴定考核，考核合格者可获得相应的技能等级证书或技能认证。该体系模型如下图：

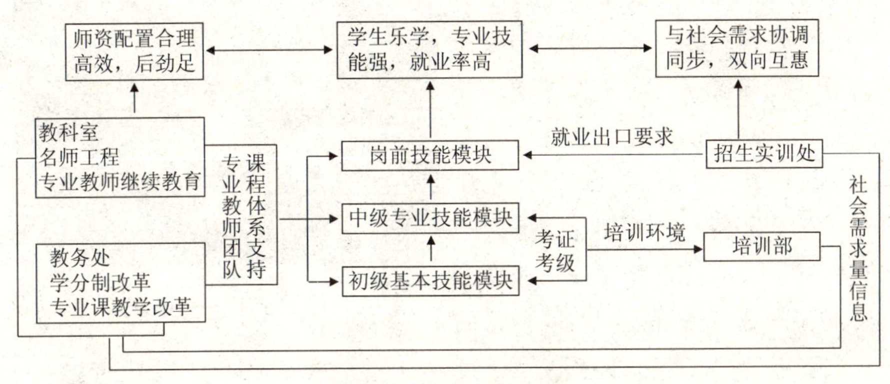

模块化教学体系示意图

二、创新之处

1. 以岗位技能为核心的模块化课程设计

在专业模块化课程设计中，学校按照“调研—实践技能的开发—课程的整合—教材的编写—课程模块的实施—过程与反思”的程序进行操作，邀请行业专家组成鉴定组，对专业课改的项目进行鉴定。第一学年结合初级工技能培训的要求，以每个技能项目模块为核心，辅以相关的工艺知识和专业理论知识，进行初级基本技能模块教学，完成教学任务的学生即参加市劳动部门组织的初级考核，考核合格者取得相应成绩和等级证书。第二学年设置中级专业技能模块，内含中级技能项目模块和专业理论课程，完成教学任务后，学生进行中级工考核，考核合格后取得相应成绩和等级证书。第三学年，根据顶岗实习的企业需要，进行岗前技能模块的培训后，学生进企业顶岗实习。在实施过程中，所有模块均采用“技能车间化”的教学模式，呈现一种螺旋式上升模式。

2. 以工作场景为特色的模块化教学方法改革

学校紧紧围绕学生发展这一中心，以职业技能创新能力培养为基本点，在构建新的课程模式时，针对不同的专业技能要求，有针对性地进行了教学模式的探究，尝试了“做中教、做中学”的小组合作教学模式，让学生在“动”中感知、在“做”中求知、在“用”中增知，形成了“技能车间化”的以项目教学、案例教学和情境教学为特色的技能教学模式。

3. 以校企合作为途径的模块化实训基地建设

对于校内实训基地，近年来学校除了从硬件上加大投入，还重点强化了“7S”管理，以实现校内实训基地的高效管理和运转。对于校外实训基地建设，学校提出“校企合作、资源共享、优势互补、共同发展”的合作办学思想。在校企“一体化”的联动管理机制下，学校组建了由企业技术负责人、人力资源负责人共同参与的专家指导委员会，为专业设置、人才培养和教学改革指明了方向，为教学工作的开展提供了强有力的组织保障。学校针对市场需求建立了“市场化”的

校企合作签约仪式

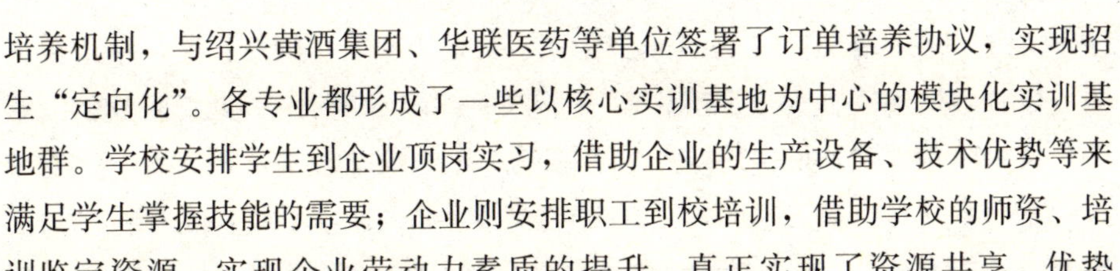

培养机制，与绍兴黄酒集团、华联医药等单位签署了订单培养协议，实现招生“定向化”。各专业都形成了一些以核心实训基地为中心的模块化实训基地群。学校安排学生到企业顶岗实习，借助企业的生产设备、技术优势等来满足学生掌握技能的需要；企业则安排职工到校培训，借助学校的师资、培训鉴定资源，实现企业劳动力素质的提升，真正实现了资源共享、优势互补。

4. 以职业资格为标准的多元化学业评价制度施行

在教学管理上，学校实行以就业为导向的弹性学制及学分制教学管理模式，将课程考核与技能等级鉴定相结合，构建了立体式、多元化评价体系，坚持过程评价与技能标准相统一的原则，采取阶段性教学检查、教学测试及组织专门委员会进行项目教学课堂评价等措施，坚持形成性评价与终结性评价结合的原则，形成全程评价模式。新评价模式保证了课程改革的顺利进行和教学质量的稳步提高，使教学评价的目的、评价类型和评价方法都能较好地激发学生学习的积极性，体现了促进学生个性全面发展的理念。

5. 以开发精品课程为目标的“诊疗组式”教师团队建设

在模块化课程改革中，学校建立了“诊疗组式”的教师团队，即按专业技能分类，按教师特长、爱好和学校的需要组建教师团队模块，再由学校课改领导小组会同教务处、教科室、专业教研室，在自荐和推荐的基础上，根据试点专业模块团队人员需求，公开招聘首席教师，组织项目小组，实施教学。这是由传统的以学科为中心的教研组织向以技能为中心的教师团队或专家工作室的转变，形成一个模块就有一个项目课程和一个项目工作组的教师团队。“诊疗组式”教师团队负责本项目精品课程的开发与实施，产生了“聚是一团火，散为满天星”的辐射效应。

一、不改革，就没有希望

回顾绍兴中专的办学历史，学校历经几次跨越，而每一次跨越都是阵痛后的重生。2001 年，绍兴中专办学经受住了由国家政策变化、市场经济改革带来的巨大挑战，办学规模突破 2000 人。随后的 10 年间，学校办学规模不断扩大，办学声誉不断提高，办学条件不断改善。2009 年，学校从只有近

50 亩地的老校区搬迁到了投资 1.7 亿元、占地 170 余亩的新校园，从市级文明单位、省现代技术实验学校、省一级重点学校发展到国家重点职校、国家中职学校德育实验基地学校，一个个跨越，无不凝结着学校领头人——娄校长的智慧和汗水。在这期间，当发现有教职员工丧失信心时，娄校长总是劝慰和鼓励大家："困难是暂时的，这是教育从计划经济转向市场经济必定要带来的'阵痛'，只有我们积极转变角色和定位，职业教育才能走出新路。""不改革就没希望!"娄校长深信，要让学校获得生机和发展，没有其他办法，唯有改革。而在全面进行学校"三制改革"的破冰之旅中，课程改革也打响了一场攻坚战。

二、课程改革——必须的选择

娄校长深知，课程改革之路不好走。自上而下的硬性规定，或许能够在短期内产生表面上的变化，但由于教师自身认识不足造成的动力缺失，从长远来看是不利于学校的教育教学的。因此，娄校长发动了一场全校性的"教学思想大讨论"活动。讨论活动持续了近两年时间，要想转变教师头脑中根深蒂固的学科本位思想，的确不是一件容易的事情。同普通教育一样，我国的职业教育长期以来也是采取学科本位的课程模式。与之相应，教材的编写也是按学科本位的指导思想进行的。学科之间独成体系，理论知识全面，系统性强，既有广度，亦有深度。许多有多年教学经验的老师习惯于打开书本从第一章讲起，长期置身于学校这个"象牙塔"，与社会基本脱节，教师的关注点就在于是否将知识点讲透，而非课堂教学能否适合学生能力的培养和今后的就业创业。有些教研组讨论十分激烈，教师们经常为观点不一致而争得面红耳赤。在娄校长看来，当时尽管很多老师的认识不到位，但是他们身上体现出来的对学校负责的主人翁精神让他感到十分欣慰，这更加坚定了他改革的决心和信心。

在这两年间，学校陆续派出了一些骨干专业教师出国进修，下企业锻炼。机电教研室的黄利明老师曾受学校派遣，去德国进修学习，回来后他感慨颇多，并为全校教师开设了一次讲座，详细介绍了他在德国的所见、所闻、所感。黄老师介绍：在德国，那些不能或不愿上大学的年轻人绝大多数接受"双元制"职业教育，"双元制"教育的特色主要体现在学校与企业紧密合作上，企业在职业教学中发挥了举足轻重的作用。我们的教学改革要加强与企业的合作，围绕岗位实际的工作任务、工作过程和工作环境组织课

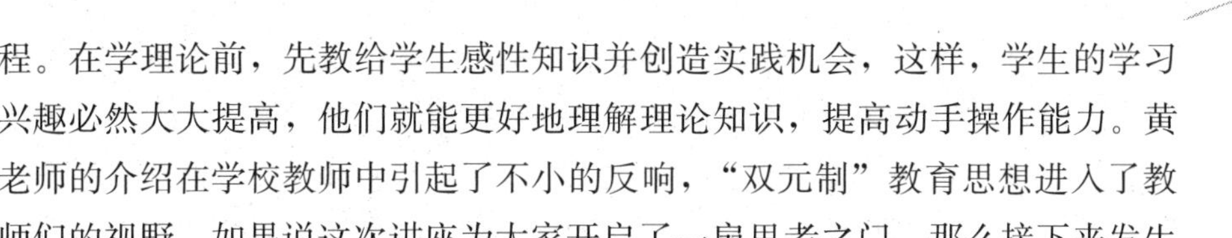

程。在学理论前，先教给学生感性知识并创造实践机会，这样，学生的学习兴趣必然大大提高，他们就能更好地理解理论知识，提高动手操作能力。黄老师的介绍在学校教师中引起了不小的反响，“双元制”教育思想进入了教师们的视野。如果说这次讲座为大家开启了一扇思考之门，那么接下来发生的两件事情对老师们的触动则更大了。

第一件事与增值税发票有关。课改前，学校财务会计专业的学生平时接触到的经济业务是用文字表述的，经过教师讲解示范，学生做账能做到一清二楚。但企业实际的经济业务是用一张张原始凭证表现的，这样一来，学生上岗便傻眼了，无法判断这是一笔什么业务，导致会计做账工作不能很好地进行下去。用人单位反映我校学生基本功扎实，但处理实际问题能力较弱。有些学生会计理论知识学得多，但对企业实际的会计工作了解少，因而闹出笑话。2004 年，有一名财会专业毕业生去一家黄金饰品店工作。一天，店长已开好了一张增值税专用发票，因复写纸已多次使用，颜色变淡，购货方作记账凭证用的第二联（发票联）和销货方作记账凭证用的第三联（记账联）复写效果不佳，字迹有些模糊。当时第二联已给了购货方，第一联（存根联）和第三联还在店里。店长临下班时惋惜地说：“第一联的字写得很清楚，可惜后面两联字有点模糊。”言者无心，听者有意。店长走后，那位毕业生想弥补店长的遗憾，就自作主张在第三联上把店长的笔迹描了一下。不料描过后的字迹仍然不够清晰，于是他又在空白发票上重新填写了一份。事后，税务机关在核对增值税发票时，发现企业手上的发票与店里保存的发票笔迹、编号不一致，初步分析后认为该店有弄虚作假、偷税漏税的嫌疑。于是，税务机关马上到销货方和学校进行调查。经店方和学校作证，围绕增值税发票产生的疑问才烟消云散。

第二件事是“计算机基础”课程的考证通过率不高。计算机基础一直是全校各专业学生的公共基础课程。2005 年之前，学校的计算机基础课程按照教学大纲规定教学时间长达一年，每周 4 节课，总课时达 144 个。学生在二年级第一学期自愿报名参加绍兴市劳动局组织的计算机初级技能等级考试，学校根据报名情况组织考前培训，但考试结果让人大跌眼镜，通过率还不到 80%，更不用说优秀率了。从用人单位反馈的信息来看，毕业生也存在着文字录入速度较慢，计算机实际操作能力较弱，如 Word 文档、Excel 制表不够熟练等不足之处。

在全校教职工大会上，娄校长分析了这两件事情，并且语重心长地说：

"我们的教学改革、课程改革何去何从，这已到了决定学校命运的生死攸关的境地了。"这一席话激起了"千层浪"，触发了每一个教师的深层次思考。是啊，老师尽心地教，学生费力地学，可效果又如何呢？就拿会计专业的课程设置来说，主干课程是《基础会计》《企业财务会计》《财务管理》《会计电算化》《成本会计》《外贸会计》《会计模拟实习》等，这是以学科门类为向导进行设置和区分，而不是以企业岗位需要为导向。各门专业课理论知识交叉重复的现象极为普遍，如《基础会计》中有关工业企业基本业务流程的核算与《企业财务会计》中各章节有关会计要素的具体经济业务的核算存在重复，《成本会计》《外贸会计》中的很多内容与《企业会计》的内容重复。

"非改不可了！""再也不能这样过！"老师们终于解放了思想，打开了思路，信心十足地走上了课改之路。

三、雄关漫道真如铁

解决了思想认识上的问题后，摆在娄校长面前的是一个更大的困难，那就是改什么、怎么改的问题。

（一）课程改革的前提——专业结构调整

娄校长认为，一所学校要想做大做强，有生命力，有好的教学质量，离不开成功的教学改革，离不开专业建设，一旦中职学校脱离了经济发展的现实，特色专业就无从谈起，教学质量就得不到保证，办学就会遇到困难。在专业撤、扩、并的问题上，娄校长和其他校领导坚持因地制宜，以培养地方经济需要的技能型人才为己任。学校原设有计算机专业，随着计算机操作作为公共技能日益普及，其专业优势渐渐丧失，2004年后学校果断地停办了计算机专业。绍兴是建筑大市，对各种建筑人才的需求很旺盛。学校抓住绍兴市唯一一所建设类中专学校——绍兴市建工中专2001年并入绍兴文理学院工学院的大好时机，成立建工学区，扩大建筑类专业设置，大幅度增加招生数量。通过招聘引进建筑企业有经验的专门人才、优秀的大学建筑专业毕业生，以及让校内所学专业与建筑专业相关或相近的老师通过进修学习转为建筑类教师等途径加强师资力量，使学校建筑专业异军突起。

娄校长说得好："办学不能千篇一律，专业的特色就是学校的特色，而学校专业的发展必须紧跟地区经济的发展。"学校1985年首次招生就为绍兴丝绸炼染厂订单培养一个班，共40名染整专业学生，这些学生中专毕业后被分配到绍兴丝绸炼染厂工作。之后，化工专业作为骨干专业历经20年长盛不衰，主要原因就是专业的设置是通过大量的社会调查、对行业背景和人才需求的分析以及相关专家的论证而确立的。随着各行各业对化工人才的需求持续增长，加上对毕业生的跟踪调查和企业用人单位的信息反馈，学校不断拓展化工专业的外延和专业方向。学校历史上曾开设过工业分析、环境监测和保护、食品与发酵、生物制药工程、纺织印染和整理等专业。2010 年，学校办有染整技术、黄酒酿造、化学分析与检测、纺织品检测 4 个专业。2011 年 9 月新开药剂、纺织技术与营销、工业分析与检测、化工机械与维修专业。

在专业结构的调整中，学校紧紧把握绍兴地方经济发展的脉搏，突出绍兴地方经济特色。绍兴黄酒的酿制技艺是市、省、国家级的非物质文化遗产保护项目。黄酒酿造专业是学校 1986 年就已经开设的一个老专业，为做精黄酒酿造专业，学校积极支持绍兴的酿酒大师建立大师工作室和传承基地，做好绍兴酿酒技艺的非物质文化遗产保护、保存工作。2011 年，学校举行受聘仪式，聘请黄酒大师王阿牛（也是黄酒非物质文化遗产传承人）、陈宝良、潘兴祥、胡志明、邹慧君，以及工艺美术大师徐复沛、国画家韩界平为学校特聘教授。几位黄酒大师从培养学生的酿酒兴趣和吃苦精神入手，坚持课程内容理实一体化，深度介入黄酒专业的教学改革。王阿牛大师与学校师生亲切交谈，勉励黄酒专业学生早日成为黄酒行业接班人。胡志明大师为黄酒专业的学生进行了一次黄酒文化的专题讲座，徐复沛大师向学生们详细介绍了绍兴黄酒的历史和酿造工艺。学校通过与绍兴酿酒大师工作室联手合作，把黄酒专业教学与酿酒技艺非物质文化遗产保护、传承充分结合，合乎专业设置的原则，有利于黄酒专业建设。这既是教学上的一大创新，也是对《非物质文化遗产法》的落实，适应了经济、社会的发展变化。

特聘教授受聘仪式暨黄酒文化专题讲座

目前，学校形成了化工、机电、建筑、财电、外语五大类专业，共 26 个小类专业，专业结构合理，符合《绍兴市新兴产业战略发展规划》中提出的产业发展重点。

（二）课程改革的基点——课程理念的嬗变

课程理念是进行课程改革的价值取向。在职业教育领域内，课程理念始终充满了矛盾。大体来看，矛盾可以划分为两大类：一类是学问化，一类是职业化。学问化强调学科体系的完整性与系统性，注重知识的基础性与普适性；而职业化则注重职业教育的专业性、实践性以及是否能满足未来岗位的需要。一直以来，职业学校的课程设置都是以学科为本位的。随着对职业教育改革思想的深入探讨，大家都认识到了建构以能力为本位的课程体系势在必行。然而，对于大部分职教老师而言，这是一个全新的领域，谁也不知道前面的路该怎样走。

在娄校长的带领下，学校课改核心团队首先通过各种培训和学习，逐步确立了以能力为本位的课程建设理念。在这一理念的指导下，学校以培养一线需要的，下得去、留得住、用得上的，实践技能强、具有良好职业道德的技能型、应用型人才为根本任务；以社会需求为目标，以技术应用能力的培养为主线来设计教学体系和培养方案；以“应用”为主旨和特征，构建课程和教学内容体系。课程内容要体现综合性，其中，基础理论教学以应用为目的，以“必须、够用”为度，专业课强调针对性和实用性。课程形式实行模块化组合，适应不同专业方向和学生多元化发展的需要。在这一基础上，注重课程的整体优化，提升学生的全面素质；强调理论联系实际，加强实践教学和技能训练。在师资队伍建设方面，注重“双师型”教师的培养，充分发挥校企合作在人才培养中的作用。

（三）课程改革的序曲——计算机专业模块化教学试点改革

蓝图设计好了，如果没有具体措施，永远只能是“纸上谈兵”。然而，一个仅在脑海中或纸上形成的方案必定还有许多不完善的地方，不可能立马在全校推广应用。所以，娄校长决定，先弄几块“试验田”，通过局部改革实验为今后的全面改革积累经验教训。可是，谁来做第一个“吃螃蟹”的人？这时，计算机教研室的老师站出来了。自学校撤销了计算机专业之后，计算机老师都成为公共基础课教师，学校提出的“所有学生必须取得一本计算机等级证书”的任务也给组内老师带来了压力。前几年等级考试不理想的状况犹如一块石头压得他们喘不过气来，现在学校要进行课程改革，他们愿意带头尝试。

2005 年，计算机教研室重新修订了计算机基础课程的教学大纲，明确了必修的知识模块、操作技能模块以及每个模块中的知识点、对应技能训练所需的具体教学时数（授课计划）和实现目标的要求等。对于三年制的学生，教师主要根据劳动局的考核标准教授文字录入、Windows 操作、Word 排版与制表、Internet 基本操作等。对于参加全国计算机等级考试一级的“3+2”“2+2”班级学生，主要教授文字录入、Windows 操作、Word 文字处理、Excel 制作、Powerpoint 制作、Internet 基本操作等内容。这样，课时由原来的 144 个缩减为 102 个，教师也在教授的过程中更侧重于对学生的动手能力尤其是文字录入能力的培养。2006 年，他们又进一步将计算机基础课程划分成五个模块：文字录入模块、基础知识模块、文章排版模块、因特网操作模块、等级考试模块，分别由 5 位老师担任教学。每一个模块必须在规定的课时内完成相应的教学内容，然后进行该模块内容的考核。这一举措实施至今，效果良好，不仅减轻了教师的备课量，发挥了教师的专业优势，而且提高了学生的学习效率。课时减少了，初级计算机系统操作员考试的通过率却达 88%以上，优秀率达 71%，均比改革之前大幅提高。

计算机教研室课程改革所取得的成绩极大地鼓舞了领导和老师，改革就这样开始步步深入了。学校于 2007 年 6 月成立课程改革领导小组，娄校长亲自任组长，推出了《绍兴市中等专业学校部分专业课程改革项目招标公告》，按招标文件以项目组首席教师制的形式申报。学校根据申报材料进行综合评定，如团队教师的组成是否有企事业单位的专家加盟，首席教师资格是否符合要求，实验设施设备基础条件的专业特点等因素。学校恪守“分步推进、稳步发展；典型引路、以点带面”的课改工作策略，确定机电专业、染整专业为课改专业，建筑测量、化学分析两门专业课程及语文、英语口语两门文化课为模块化课改实施项目。学校还以“技能模块化”和“项目工作组”教师团队结构改革为新课程改革方案，以工作过程为基础，形成以技能为核心的项目模块；组建教师团队工作组，由传统的以学科为中心的教研组织向以技能为中心的教师团队或专家工作室转变；建立首席教师制，组织合作教学和合作研究专业组织机构。与此同时，构建与技能模块相对应的项目课程，形成一个模块就有对应的项目课程和一个项目工作组的教师团队；以职业技能为主线，以职业资格标准为切入点，构建基于工作过程的技能模块化课程体系。

（四）课程改革的亮点——染整、机电专业技能模块化教学的全面实施

作为课改的领军人物，娄校长十分重视对年轻教师的培养和任用。染整

教研室主任、年轻教师王飞原来在绍兴一家印染企业工作，是一名既熟悉企业又了解教学的专业教师，他深感染整专业模块化课程改革很有必要。当时，教研室有些老师得过且过，觉得课程改革可改可不改，改了也白改，模块化教学不过是把一些内容拼拼凑凑“捏”在一起罢了。在娄校长的大力支持下，王飞老师力排众议，挑起了染整专业课改的大梁。

凭借自己在企业工作的经历，王飞老师取得了绍兴县印染行业协会的支持。王飞说：“从某种程度上讲，学校与印染协会进行合作，等于是和所有印染企业合作。”行业协会的加入使得染整课改教师团队在专业建设、专业教学上具有敏锐的目光、灵敏的嗅觉，教师改变了原来课堂上讲理论、实验室做些探索性小实验的教学套路，把车间建到学校，重视岗位要求、学生技能水平，以操作为主，将“教学做”合一。他们做了如下尝试：

1. **依托行业指导，强化产业挂钩**

绍兴是闻名世界的纺织品生产基地，中国轻纺城是亚洲最大的纺织品交易市场。绍兴拥有全国最多的印染企业，在全国印染行业中具有举足轻重的地位。绍兴市政府又提出把绍兴打造为国际纺织之都、现代商贸之城的目标。有这样优秀的印染产业和地方经济作依托，绍兴中专染整专业做大做强就有了广阔的前景。在进行项目课程教学改革的过程中，由首席教师王飞、魏丽丽、许丽君、孔建明、陈蔚南等组成的项目团队利用暑期跟踪调查实习生的机会，对12家大大小小的印染企业进行了走访，了解最新的印染技术、工艺设备和工作流程，并按任务要求对一线的实际工作岗位要求进行了分解，开发项目课程。

多年来，学校为绍兴印染企业提供了许多优秀的染整专业毕业生，已经成为绍兴印染企业的技术工人培养和输出基地，实现了招生与就业的良性循环。通过与印染企业接触、沟通，谋求合作发展之路，学校最终达成了合作办学意向，实现了真正的双赢，为加强染整专业建设打下了扎实的市场基础。我校优良的办学效应得到印染行业的密切关注，2008年2月，中国印染行业协会正式接纳我校为其会员单位。同时，绍兴县印染行业协会在第四次理事会上决定吸收我校为其副会长单位，我校也是该协会中唯一的一所学校单位。

发挥行业企业专家在课程开发中的作用是染整专业课程改革的明显特点。以就业为导向、以能力为本位的任务引领型课程应该是行业企业专家导向的课程，只有他们才最能把握职业岗位现在与未来对从业者的要求。为此，学校邀请了众多的印染行业生产一线的专家加入课改项目组中，包括绍兴市东方时代印染有限公司总经理裘晨初、绍兴市新建纺织有限公司技术科科长曾志风、杭州恒星化工产品有限公司工程师莆禹、绍兴市新建纺织有限公司高级工程师何艳梅等。团队教师与这些专家多次讨论，共同分析了染整专业的职业岗位群及相关要求，提出了“以工作领域（岗位）引领工作任务，以工作任务引领知识技能”的模块化课程改革思路。他们根据教学规律，分解出相关的项目技能课程和每个项目课程对应的若干项工作任务。染整专业课改方案得到了国家化工出版社编审的高度重视，并被列入中国教育学会教育机制研究分会“十一五”科研规划课题。

染整专业课程改革启动仪式

2. 关注行业动向，注重教师培养

娄校长深知，教师是课程改革成败的关键。他鼓励教师们走出校门，下企业锻炼，与行业专家交流，参加各种专业培训和继续教育，以此来提升教师自身的专业素养和课改能力。2010 年 4 月，部分教师参加了在上海举行的由中国印染行业协会主办的“信龙第九届全国印染行业新材料、新技术、新工艺、新产品技术交流会”。2010 年 11 月，部分教师参加了在杭州萧山区举行的由中国印染行业协会主办的“2010 威士邦全国印染行业节能环保年会”，此外还参观了第十届中国国际染料工业暨有机颜料、纺织化学品展览会。2009 年 12 月 7—8 日，中国印染行业协会和中国染料工业协会在绍兴县柯桥联合举办“2009 中国染料与印染行业产品生态安全论坛”，邀请十多位专家、学者作现场讲座。我校老师利用地利之便参加会议，并积极参加现场的交流、讨论，对印染行业转型升级、实施绿色环保战略做到了心中有数，提高了对节能减排、技术创新的认识。

3. 建立染整车间，真正生产产品

以王飞为首席教师的染整课改教师团队在学校领导的支持下，列出了建造染整车间需要采购的设备清单，如常温染色机、溢流染色机、气流染色机、离心脱水机、小型定型机，这些生产设备与印染企业正在使用的完全一致。他们又根据染整生产流程和学校染整车间的面积大小，把这些设备的安装位置一一固定下来。学校通过招投标，好不容易买到了价廉物美的印染设备，这些设备的安装、调试又费了课改教师团队不少劲。企业安装设备时有专人负责，可是学校没有专门的安装工，只能依靠染整教研室专业的老师，因而王飞的工作难度不小。管道布设也是如此，染整车间管道有进水、出水、电线、蒸汽、压缩空气等多种类型，需安装五道管道。安装完毕后，王飞等人又花了半年时间协助生产商进行设备调试，直至运转正常。“建一个车间等于是建一个厂！”王飞感慨地说。困难虽大，但老师们硬是一步一个脚印走了过来，并从中学习了设备原理，进一步提高了自己的设备操作水平。“由于把车间建到了学校，学生的学习模式也完全转变过来了，小实验变成了大实训。理论课学习时间减少了，只占总学时的 20%，而实践操作课占总学时的 80%。实践多了，教学成本虽然有所上升，但对学生掌握知识、提高技能水平是有利的。”王飞这样总结染整车间的效果。

没有染整车间前，实验室里最多做一些小样试制，现在建起了车间就可以印染整匹的布，真正把产品做出来。在产品生产过程中，要用到水、电、蒸汽、白坯布，学校付出了一定的成本，如果仅仅满足于把布染好，教学目标是完成了，但学生可能体会不到企业节约成本、提高经济效益的苦心，于是染整教研室的老师决定在小范围进行尝试，把染好的成品制成学生实训时穿的工作服，形成一条完整的印染、服装产业链。做工作服也是一件十分艰辛的事，要给学生量身高，要联系服装生产厂家，都不是一句话就能搞定的。由于工作服装的加工利润较低，加工企业不太愿意接受学校订单，学校又把目光从企业转到有服装专业的中职兄弟学校，委托他们来加工，把服装加工作为他们的教学实训任务，进一步加强了校际之间的合作，为“做中学”创造了更多的条件，也开阔了兄弟学校教学改革的思路。同时，因为中专学生自己印的布做成的衣服将穿在自己身上，能给他们一定的压力和动力。学生在车间“干活”特别有积极性、责任心和成就感，他们无形中感受到了企业文化和企业的规章制度，事实也证明确实如此。课堂效果的提高也带来了经济效益的提高，染整专业“车间化”教学实训作品（染好的布匹）转化为产品，用来做全校每一届新生进“车间”的工作服装，大大提高了产品附加值，每年可节约 8.5 万元，取得了良好的综合效果。

4. **立足工作过程，开发课程体系**

历经 3 年探索，染整专业立足于实际工作过程，开发出了一套全新的课程体系。首先，根据工作领域（岗位）需求，开发出相应的项目课程。如将

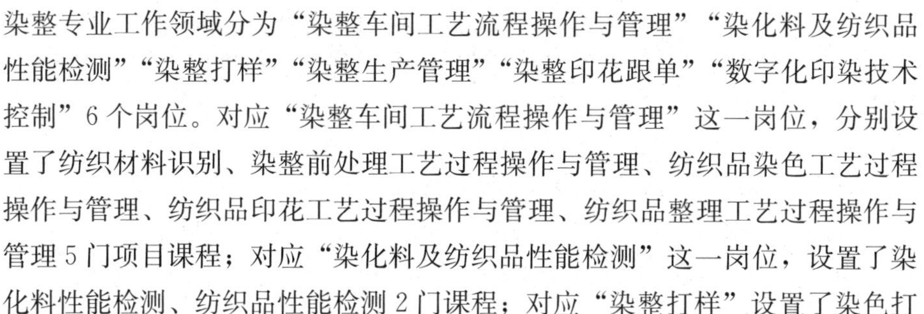

染整专业工作领域分为“染整车间工艺流程操作与管理”“染化料及纺织品性能检测”“染整打样”“染整生产管理”“染整印花跟单”“数字化印染技术控制”6个岗位。对应“染整车间工艺流程操作与管理”这一岗位，分别设置了纺织材料识别、染整前处理工艺过程操作与管理、纺织品染色工艺过程操作与管理、纺织品印花工艺过程操作与管理、纺织品整理工艺过程操作与管理5门项目课程；对应“染化料及纺织品性能检测”这一岗位，设置了染化料性能检测、纺织品性能检测2门课程；对应“染整打样”设置了染色打样、印花打样2门课程。其他3个岗位均开设一门课程。

其次，在按照工作任务的相关性形成技能项目型课程后，按照企业对人才的需求类型，再将技能项目课程的基本内容按岗位分解为两大模块——专业能力模块和专业拓展模块，形成了技能项目型课程结构。如下图所示：

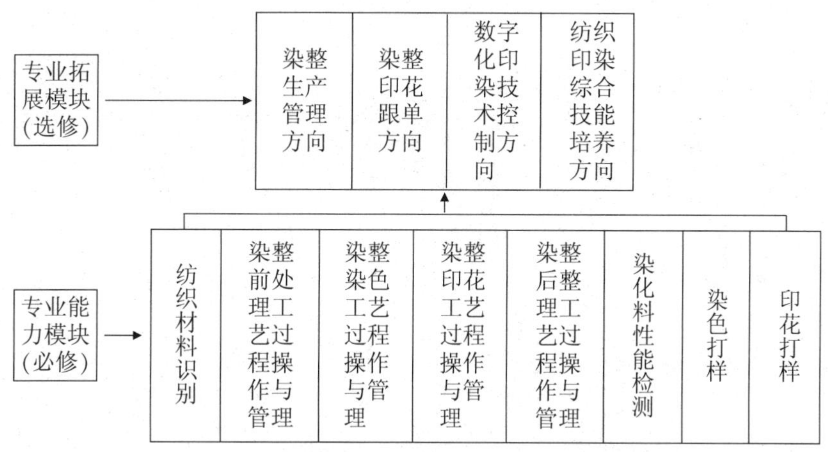

染整专业技能项目课程结构图

再次，专业教研室又根据工作程序或工作内容，将每个工作项目分解为若干项具体的工作任务，设计学习情境。通过开发课程新体系，实现了“两个转变”：一是由学科本位向技能本位转变，二是由学科结构向工作结构转变。教师团队在设计染整专业教学过程时，坚持以典型的染整产品为载体组织教学，建立工作任务与知识、技能的联系，增强学生的直观体验，激发学生的学习兴趣。染整典型产品的选择体现了绍兴印染行业产品加工的特点，反映了专业领域的新知识、新技术、新工艺和新方法，活动设计符合了学生的能力水平和教学需要。表1是针对“纺织品印花工艺过程操作与管理”这一项目课程所设计的工作任务，表2是针对学生创新能力设计的项目。

表 1 “纺织品印花工艺过程操作与管理”课程工作任务表

<table>
<tr><th>项目课程</th><th>序号</th><th>项目</th><th>序号</th><th>工作任务/工作内容</th></tr>
<tr><td rowspan="19">纺织品印花工艺过程操作与管理</td><td>1</td><td rowspan="2">印花分色</td><td>1</td><td>印花花样设计</td></tr>
<tr><td>2</td><td>2</td><td>金昌 EX9000 印花分色软件操作使用</td></tr>
<tr><td rowspan="2">3</td><td rowspan="2">印花用染化料识别</td><td>3</td><td>常用印花染料性能识别</td></tr>
<tr><td>4</td><td>常用印花助剂识别</td></tr>
<tr><td rowspan="4">4</td><td rowspan="4">纺织品平网印花</td><td>5</td><td>平网印花制版</td></tr>
<tr><td>6</td><td>平网印花调浆操作</td></tr>
<tr><td>7</td><td>根据平网印花工艺操作平网印花机，对纺织品进行印花加工</td></tr>
<tr><td>8</td><td>平网印花产品常见疵病及解决方法</td></tr>
<tr><td rowspan="4">5</td><td rowspan="4">纺织品圆网印花</td><td>9</td><td>圆网印花制版</td></tr>
<tr><td>10</td><td>圆网印花调浆</td></tr>
<tr><td>11</td><td>根据圆网印花工艺操作圆网印花机，对纺织品进行印花加工</td></tr>
<tr><td>12</td><td>圆网印花产品常见疵病及解决方法</td></tr>
<tr><td>6</td><td>纺织品转移印花</td><td>13</td><td>转移印花原理及设备操作</td></tr>
<tr><td>7</td><td>纺织品数码印花</td><td>14</td><td>数码印花原理及设备操作</td></tr>
<tr><td>8</td><td>纺织品特种印花</td><td>15</td><td>纺织品特种印花产品鉴赏及工艺了解</td></tr>
<tr><td rowspan="4">9</td><td rowspan="4">印花后蒸化及水洗</td><td>16</td><td>常温蒸化设备操作</td></tr>
<tr><td>17</td><td>高温蒸化设备操作</td></tr>
<tr><td>18</td><td>平幅水洗设备操作</td></tr>
<tr><td>19</td><td>绳状水洗设备操作</td></tr>
</table>

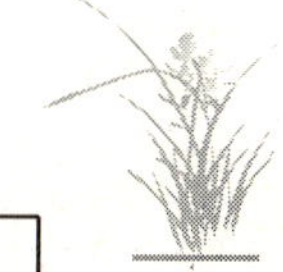

表 2 “染色用染料与助剂识别”和“纺织品浸染”项目能力训练表

编号	能力训练项目名称	任务名称	拟实现的能力目标	相关知识	训练方式及步骤	结果（可展示）
1	染色用染料与助剂识别	常用染料识别	能对染色常用染料进行简单的识别和称量。	常见纺织品染色用染料的基本特点和性能。	学生为浙江飞塘柔染织集团染料仓库保管员，接到工艺单以后，根据工艺单进行染料的选择和称量。	称量的染料
		常用助剂识别	能对染色常用助剂进行简单的识别和称量。	常见纺织品染色用助剂的基本特点和性能。	学生为浙江飞塘柔染织集团助剂仓库保管员，接到工艺单以后，根据工艺单进行助剂的选择和称量。	称量的助剂
2	纺织品浸染	操作溢流染色机对纺织品进行染色加工	1. 能识读染整染色操作工艺单，并能根据染色工艺单进行染化料用量的计算。 2. 根据工艺单，按照安全操作规范对溢流染色机进行操作。	1. 掌握常见纺织品浸染用染化料的基本特点和性能。 2. 掌握染色工艺单中各种工艺参数的意义。 3. 了解常用浸染设备的基本结构和工作原理。	以浙江飞塘柔染织集团对 133＊72 全棉织物和 133＊72 涤纶织物印染加工订单进行浸染生产加工的模式来进行教学，学生为浸染车间员工，4 人一组（“车间主任”1 人，“设备操作工”2 人，“染化料称量工”1 人），小组接到染色工艺单后按照工艺单进行浸染加工操作。	全棉浸染染色面料
		鉴别和解决纺织品浸染常见疵病	1. 能正确识别并处理生产过程中的常见故障。 2. 能评价浸染染色后半成品质量，识别常见染色疵病并进行必要的回修。	浸染用染化料及面料的基本性能，浸染设备的工作原理及基本组成。	学生为浙江飞塘柔染织集团浸染车间“车间主任”，需要对浸染后的面料的质量进行鉴定，如果有疵病，需制订回修方案。教师需准备具有各种浸染疵病的全棉面料，供学生鉴别。	学生能看到面料疵病就能找出原因，提出解决方案。

在实际的教学过程中，染整专业教师模拟了印染企业的“纺织品印染加工订单”模式来进行教学。具体操作如下：学生拿到印染生产通知单后明确任务（获取信息）→根据客户要求仿色打样（染色印花打样实验室）→根据仿色打样结果制订生产工艺流程→印染产品生产（染整工艺实训车间）→根据客户要求对印染产品质量进行检测（纺织品检测实验室）。这种理实一体的化教学模式为学生提供了一个与实际职业岗位相贴近的技能训练空间，提高了染整专业的教学质量，培养了学生的岗位操作能力。

活跃在绍兴中专课改园地中的另一支队伍是机电专业教研室的教师。2008 年 7 月，学校邀请机电行业专家组成鉴定组，对机电专业课改的项目进行鉴定，摆脱了依据教材而制订教学计划、实施教学的束缚，走向了依据企业需求和产品生产过程来设计教学方案之路。机电专业技能项目模块的教学是在第二学年开始，用一个学期左右的时间完成，以每一个技能项目模块为核心，辅以相关的工艺知识和专业理论知识进行初级基本技能模块教学。初级基本技能中的钳工、电子、电工、计算机基本操作这四个技能项目模块教学，均按初级工技能要求设置，并将《电工电子技术基础》《电工材料》《电工仪表与测量》《电机与变压器》《企业供电》《电气制图》《电力拖动控制线路》等课程中的有关部分和技能结合起来讲授，采用“技能车间化”的教学模式。完成教学任务后，学生参加市劳动部门组织的维修电工、计算机操作工初级考核，考核合格即取得相应的成绩和等级证书。然后，教师再用将近一个学期的时间教授中级专业技能，包括“电机与变压器拆装与维修”“电动机基本控制电路安装与维修”“机床电路原理与维修”“PLC 控制技术与变频技术”四个技能项目模块。同时，将“电机与变压器”“电力拖动控制线路”“可编程序控制器”三门专业理论课与技能项目模块培训结合在一起讲授，依然采用“技能车间化”教学模式，完成教学任务后，学生进行维修电工中级工的考核，考核合格后取得相应的成绩和等级证书。最后，教师根据顶岗实习的需要，用一定的时间进行岗前技能模块培训，同时进行相关的理论知识教学。学生最后一个学期进入预分配阶段，到企业进行生产实习。

校本教材

（五）课程改革的效应——改变教师，服务学生，辐射企业

“聚成一团火，散为满天星。”课改核心成员在试行的基础上，通过传、帮、带，将先进的课改理念和具体的操作方法在全校进行了推广。化工、建筑、电子商务等专业教研室，语文、数学、英语等基础课教研室都纷纷响应课改号召，成立了课改小组，进行了热烈的探讨。其中，语文教研室的课改很有特色。语文老师们认识到，语文学习的最终目的是促进中职学生更好地掌握语文知识，更快地学习技能，并且能熟练地运用知识解决工作中遇到的一系列问题。因此，中职语文学习评价既注重对学生学习过程、学习结果以及学生在实践活动中所表现出来的情感态度和价值观的评价，更注重对学生

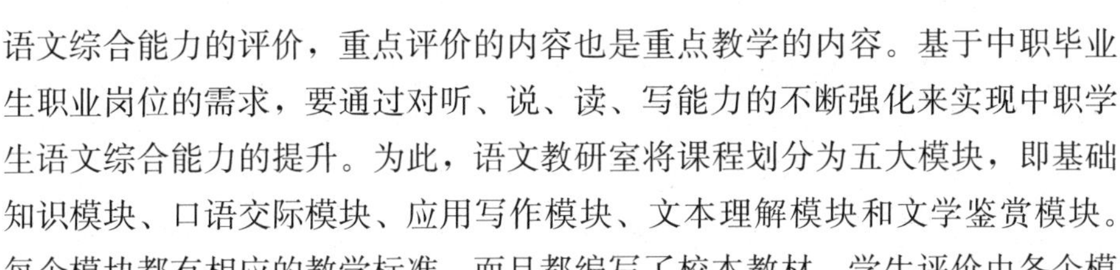

语文综合能力的评价，重点评价的内容也是重点教学的内容。基于中职毕业生职业岗位的需求，要通过对听、说、读、写能力的不断强化来实现中职学生语文综合能力的提升。为此，语文教研室将课程划分为五大模块，即基础知识模块、口语交际模块、应用写作模块、文本理解模块和文学鉴赏模块。每个模块都有相应的教学标准，而且都编写了校本教材，学生评价由各个模块的考核成绩汇总而成。

“换个角度，可以看到不一样的风景。”娄校长认为，教师观念转变促使行动研究产生了巨大的变化。目前，模块化课程改革已经深入人心，行动导向教学模式普遍受到欢迎。在专业技能教学中，如机电类的数控加工、电工、钳工技能教学等，建筑类的五大员实训，化工类的化工工艺检测等，我们采用“技能车间化”的项目技能教学方式，为学生提供“做中学”的机会，让学生在“动”中感知、在“做”中求知、在“用”中增知，实现教学与实践零距离、教师与学生零间隙、技能与上岗零过渡的目标。在财电、外贸、职业道德等课程教学中采用案例教学法，通过一项项真实案例的分析，将案例与专业知识结合起来，给学生留下了深刻的印象。在部分以记忆为主的工科职业技能教学中采用情境教学模式，利用实训工厂，把这些要记忆的教学内容和学生今后将要碰到的工作场景联系起来进行教学，并让学生按实际工作的要求扮演各种不同的角色，这样起到了事半功倍的作用。

教务处处长赵迪芳老师说：“实施模块化课程改革后，受益最大的是学生。课程组织形式变化了，合作学习很普遍了；学生行为改变了，上讲台讲解多了，面对面交流多了，学习方式变化了。理论课和实践课合在一起成了‘做中学’。”学生整体的技能水平也得到了很大提高，专业技能初级通过率达98%左右，中级通过率达85%左右，“一人多证”达100%。

学校以校企合作为途径，通过“众望培训中心”，使模块化教学改革的影响开始向本地企业辐射，为企业培训了众多人才。学校开展的社会培训有：绍兴市电力局进网作业电工培训，市建管局建筑项目经理及五大员培训，省特种设备检测中心锅炉水质处理培训，还有市劳动局各类职业技能鉴定与培训，秘书资格定点鉴定等。这些培训都是建立在模块化教学基础上的，做到学员随来随学，搞活社会培训，受到企业的一致好评。这样的社会培训使学校与企业保持紧密的联系，掌握了企业对人才的需求标准，并及时将其引入中专人才培养方案中，保证了模块化教学改革的可持续发展。

四、不得不说的故事

（一）诊疗组式的教师团队建设

娄校长始终认为，靠个人的单打独斗是不可能进行课程改革的，课改的成功离不开一支高效团结的教师团队。如何将不同年龄、不同专业、不同层次、不同性格的教师组合在一起，形成最优化的教师团队结构，是课改过程中面临的一个课题。当时，娄校长和时任教科室主任的金忠义老师、教务处长赵迪芳老师共同讨论这个问题。金老师的爱人是绍兴市人民医院的医生，当时绍兴市人民医院也正在进行改革。医院根据某一科室所涵盖的项目将医生分成若干个诊疗小组，每个诊疗小组安排一个以主诊医生为核心的医疗团队，使每个成员明确自己的发展方向，这有利于他们尽快成长并形成自己的特色。所以，当金老师无意中聊及爱人的工作时，他突然受到这一模式的启发："为什么不将这种团队建设模式复制到学校的教师团队建设中呢?"于是"诊疗组式"的教师团队建设就这样开始了。

学校按照专业技能对现有专业进行分类，形成以技能为项目的模块，并把教师个人的专长和学校的需要进行分类归组，每一个小组对应一个模块。然后，依据首席教师标准选出该模块的首席教师，同时结合名师工程和省级、国家级专业教师职业技能培训，帮助教师尽快形成某一方面的专业技能和特长，使教师的教学"模块化""专业化""团队化"。每个团队的首席教师需要编写按技能模块分项的校本教材和相应的实训指导手册，如王飞老师就是染整专业的首席教师，他充分发挥自己的专业特长和资源优势，带领整个染整专业组团队开展了模块化课程和教学改革，取得了骄人的成绩。

（二）打造"宝贝计划"，让学生尽显风采

"每一个学生都是我的宝贝。"这是娄校长的肺腑之言，他在每学年的新生开学典礼上都要说这句话。娄校长认为，进入我校的学生，不论他原来的底子如何，都是可供提炼的"矿石"，有的甚至是未被发现的玉石，因此他们个个都应该成为我们的"宝贝"，"宝贝计划"成为学校的一个系统工程。为了打造"宝贝"，学校在教学改革中确立"专、智、能"三个模块培养目标，通过构建专业模块、开展技能实训、辅以学科教学、进行文化补缺、结合职业生存状况、进行社会体验等方式，把工作过程和项目任务划分成多个模块，每个模块之间互相联系又相对独立，学生完成一个模块的学习即相当

于完成一项工作任务。学校通过加强技能教学改革，为学生就业、创业创造了良好条件。

学校将“技能”作为学生的立身之本，采取了一系列措施强化学生技能训练。对于全体学生而言，要达到“双证”要求才能毕业，即每位学生必须同时获得毕业证和技能等级证书才可毕业。学校每年一度的“技能运动会”就是一次展示学生技能训练水准的“大阅兵”。学校还建立了技能竞赛海选制，为打造“高技能、高就业”的职教教学品牌搭建平台。从学生进校开始，学校就营造技能选优氛围，鼓励技能好的学生积极参与，然后从班级到学区再到全校层层选拔。学校不满足于仅仅选出几个“技能尖子”，而是以海选的形式促使学生勤学苦练、提高技能水平，以求取得更大的成效。

技能运动会

顶层设计展示了学校的教学、课程改革的美好蓝图和基本框架，而每一位师生脚踏实地地训练则是取得累累硕果的保证。

师生们一次次一丝不苟地训练，一次次失败后从头再来，才换来了一场场比赛中的精彩“亮剑”，才铸就了一次次的荣耀辉煌。

说起竞赛训练，娄校长总忘不了那一幕幕感人的场景。建筑测量项目的训练全部在室外进行，无论是天寒地冻还是酷暑难耐，学生们都迎着寒风或顶着烈日，始终在操场上训练。“粗略算算，他们跑过的路程可以绕地球一圈了。”主管教学的邵国成副校长说。赢得全国职业院校技能大赛建筑测量项目团体第一名的张明同学在回忆学习、训练情况时感慨颇多，他说刻苦训练磨炼了他的意志，小组合作学习培养了他的团队精神，每一个数据的精确计算培养了他的耐心细致，而竞赛的成功更是极大地激发了他的自信，坚定了他的职业理想和信念。“我们三个人已经成为无话不说的好兄弟了。”张明将另外两名小组成员胡栋、祝张良视为自己的兄弟，通过长期的训练和激烈的竞赛，他们之间培养出的不仅是默契，更是一份坚固的信任和友谊。

“学生有时实在是太累了，有一次，他们就抱着测量仪器坐在地上睡着了。”每次说到这个情况，被学生喻为“金牌教练”的建筑教研室主任单唯一老师眼中总会闪烁着泪花。学生的点滴付出、细微的进步他都看在眼里，尽管他有时也会因为心疼学生而想让他们多休息一会儿，但是一想到他自己肩负的重担，他还是咬咬牙、狠狠心，丝毫不放松对学生的要求。

对于老师的付出，学生们也都是心怀感恩。在谈到指导老师单唯一和冯晓君时，学生们很动情："老师们从训练一开始就一直陪着我们，他们没有双休日，春节也就休息了几天。他们经常在上课之后来不及休息一会儿或喝口茶，便匆匆赶到训练场，指导我们训练到很晚。""冯晓君老师有一个多月都没和他女朋友见面了，老师把谈恋爱的时间都用在了学生的训练上。"的确，教师是学生的坚强后盾，他们不仅教给学生专业知识和技能，还以崇高的师德和专业精神感染学生。"老师用自己的辛勤付出为我们点亮了前进道路上的明灯，指引着我们成功通往全国大赛，最后问鼎桂冠。所以，当我们手捧荣誉证书时，最应该感恩的就是我们的两位恩师。"学生饱含深情地说。

随着学校办学规模的不断扩大，社会声誉的不断提升，娄校长也在为学校的未来发展深思："我现在思考的是如何提升职业教育的吸引力，让社会改变对中职学校和中职学生的偏见，尽管这条路还很漫长，还需要我们不断探索和坚持下去。"

得天时、地利、人和者方能谋事成功，绍兴中专课程改革的成功，也离不开把握天时、利用地利、依靠人和这三个方面。

一、把握天时，抓住发展机遇，顺应课改浪潮

所谓天时，用现在的话来说，就是要抓住机遇，正所谓"机不可失，时不再来"。学校课程改革的天时，可以从内外两个角度来看。

从外部条件看，首先，职业教育受到国家前所未有的重视，拥有良好的发展机遇。党的十六大以来，国务院先后三次召开全国职业教育工作会议，并于2002年和2005年两次作出关于大力发展职业教育的决定，明确把职业教育作为我国经济社会发展的重要基础和教育工作战略重点的方针。近几年来，浙江省职业教育发展很快、成效显著。2006—2008年，全省新建、改建、扩建的职业学校有140多所，经费投入高达77.8亿元。浙江省教育厅鲍学军副厅长说："我们的职业教育是'草根'，很有生命力，职业学校的校长很有闯劲，就像浙江的企业家，给一点阳光就灿烂，给一点雨露就发芽，

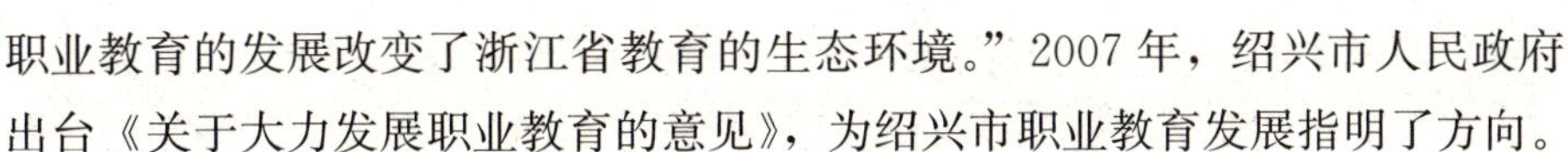

职业教育的发展改变了浙江省教育的生态环境。”2007年，绍兴市人民政府出台《关于大力发展职业教育的意见》，为绍兴市职业教育发展指明了方向。

其次，社会经济发展过程中暴露出的“用工荒”问题引起人们对职业教育的普遍关注。随着我国经济的快速发展，技术产品更新换代的速度将会越来越快，拥有和储备一批优秀的技术工人有利于我国企业在经济全球化进程中保持强大的竞争力。长期以来被人们称道的德国，就一直把职业教育作为立国富民的“秘密武器”。“德国制造”的成功在很重要的方面也归功于这个国家高水平的职业技术教育及技术工人受到的良好待遇。而在我国，社会上普遍存在盲目追求高学历、鄙视职业技能教育的倾向。近年来，“中国制造”中暴露出的工人数量短缺、技术低下、操守失当等问题促使人们重新审视我国教育的畸形发展问题，尊重职业教育、尊重“蓝领”的社会风气正在逐步形成。

再次，职业教育内部掀起了课改热潮，职业教育改革，改到深处是“课程改革”。职业教育界的领导和学者都认识到，职业教育要为社会经济发展服务，就不能关起门来办学，不能一味强调学科和专业的完整性，不能忽视职业教育的特点。职业教育内部的课改经历了学科系统化的课程开发、职业分析导向的课程开发、学习理论导向的课程开发、工作过程导向的课程开发这四个阶段。2004年，教育部在《职业院校技能型紧缺人才培养培训指导方案》中提出了按照企业实际工作任务开发“工作过程系统化”的“教学项目”课程模式，这从理论上解决了长期以来困扰我们的“破”掉“学科系统化”课程体系后不知道“立”什么的问题。

从内部条件看，学校教学环境也在发生着变化。当时，学校招生工作面临着十分激烈的竞争环境。学校不仅面临着生源数量上的问题，也无法回避生源质量的问题。生源质量的骤降使得传统的教学内容和教学方法黯然失色，教师教得辛苦，学生学得痛苦。有的学生提出了质疑：“要我们背这些定义有什么用?”的确，在传统的专业课中，学生没多少动手的机会，难怪学生不爱学。娄校长经常说：“我们的学生是不爱读书，而不是不爱学习，他们喜欢动手操作而非理论。”学校许多专业的课程设置仍旧是仿效高校的课程设置，采用严密的学科体系，老师们也不敢逾越半步，教与学的矛盾日益突出。与此同时，从用人单位的反馈中也暴露出了学校培养和企业需求之间的矛盾，学生到了企业后很难直接上手，企业还得花费时间、财力来进行上岗培训。改革源于矛盾，矛盾越突出，改革就越迫切。

学校领导班子很快达成共识："不改革，就没希望。"娄校长对此坚信不疑，同时指出改革就必须抓住时机、迎难而上，以质量立校，打响学校的教学品牌。"教学思想大讨论"就是在这样的背景下诞生的，这一场讨论是中专课程改革的开始，尽管当时大家对课改的认识还很浅薄，还缺乏深厚的课改理论和实际操作经验，但这一步迈出了一片广阔的天地。

二、利用地利，推进项目建设，提升课改效果

从地域上看，绍兴具有促进职业教育发展的优渥土壤。绍兴地处长江三角洲南翼、浙江省中北部杭甬之间，人口在 437 万左右，是中国首批历史文化名城、中国优秀旅游城市，有着 2500 年的建城历史，素有水乡、桥乡、书法之乡、越剧之乡、黄酒之乡、名士之乡的美誉，被毛泽东主席誉为"鉴湖月台名士乡"。除了悠久的历史，绍兴还荣获"联合国人居奖"和"2008 年中国最具幸福感城市"称号。在 2009 年中国城市竞争力排行榜中，绍兴在环境竞争力中排名第十，文化竞争力排名第五。绍兴职业教育总体发展势头良好，通过布局调整，规模实力排在全省前列；通过机制激励，技能成绩排在全省前列；通过专业建设，品牌创建走在全省前列；通过管理创新，经验推广走在全省前列。

除了职业教育发展的良好外部环境，学校的异地新建无疑也是课改得以顺利进行的重要保障。老校区在市区的马臻路，不到 50 亩的占地面积容纳了近 3000 名学生，实验实训条件十分落后，好的教学改革理念在实施过程中由于硬件条件的限制难以实现。2009 年初，学校搬迁至城南占地 170 余亩、投资 1.7 亿元的现代化新校园，两幢实训大楼解决了实训场地不足的问题。学校一方面积极申报省市和中央的财政支持项目，一方面自筹资金，建设了 68 个实验实训室，添置了各专业实训所需的"家当"。在各专业开展的模块化课改中，实训时间占所有课程时间的一半，这极大地提高了学生的技能水平，也是学校在各级技能竞赛中取得优异成绩的基础。

三、依靠人和，锻造教师团队，彰显课改成效

学校在办学中离不开政府的扶持、企业的帮助和社会的认同。绍兴中专优良的校风、学风使得学校的知名度、美誉度、认可度不断提升。2010 年，学校成为世界第六届国际合唱比赛国际合唱村，接待了 800 多名来自世界各国的选手。从中央到省市的各级领导经常莅临学校，对我校美丽的校园环

境、良好的设施设备、文明的校园风尚、规范的办学行为都予以了充分的肯定。学校也与绍兴当地的许多知名企业签订了校企合作协议，企业的技术骨干成为学校专业建设指导委员会专家，企业的车间成为学生的实习基地，而学校为企业送去了合格的劳动者，同时也承担起为企业培训员工的职能。在近些年的招生工作中，老师们更是感受到了社会和家长对学校的高度评价，不少家长就是冲着我们学校的办学品牌而来的，很多毕业生把自己的弟弟妹妹、亲戚邻居都介绍过来，家长对学校信任度的不断提高使得我们的招生工作大为改观，学校不仅能按计划完成招生任务，而且还提高了招收学生的质量。

课程改革过程中，课程专家的作用只能是引领，对职业教育的课程理念与技术开发进行指导，改革的任务最终要由教师自己完成。仅由大学教师来开发职教课程是不合适的，因为他们难以充分理解职教课程理论，也难以把握好职校生的学习特点，对工艺层面的知识也知之甚少。而行业专家也只能提供一些协助，要他们承担课程开发的主体任务是不现实的，并且他们也缺乏足够的课程与教学理论知识。要开发出富有职业教育特色的课程，就必须培养自己的师资队伍。职校教师只有参与课程开发，才可能对新课程有深刻的理解，并按照新课程的理念进行教学。因此，培养一支素质过硬、团结协作的课改队伍至关重要。学校领导一个高瞻远瞩的举措为课改的顺利进行奠定了基础。2006 年，学校实施了校内的名师工程，形成了从新人新秀到学科带头人再到校内名师的梯队式培养模式，这为后期的课改做了充分的人才储备。学校通过派送教师出国参观学习、参加省级和国家级技能培训、下企业实习、进高校提高学历层次、听取专家讲座、参加学术交流会等多种途径来更新教师的教学观念，提升教师的思考力、创造力和执行力。“聚成一团火，散为满天星”，在骨干教师的带动下，学校各专业的课程改革如火如荼地进行着。

天时、地利、人和，当占尽了这三个因素后，我们的努力没有白费，我们的探索赢得了回报。职教课程改革到什么程度才算成功？对于这个问题，华东师范大学职业教育与成人教育研究所所长石伟平认为，只有当学生真正学习了，才能实现课程改革的目标，学生是否“乐学”是衡量课改效果的重要依据。从这个角度看，我们感到前面的路还很艰辛，还有许多问题亟待解决，如教师的工作量过于繁重影响课改实施的问题，课改激励和保障机制的问题，教师教学能力提升的问题，实验实训场所配套的问题，项目教材的开发问题，人才培养目标定位的问题等。但是，无论问题有多少、有多难，改革之路我们会坚持走下去，因为我们要对学生的一生发展负责，为学生的一生幸福奠基！

职业教育需要为社会经济的发展提供大批技能型人才，传统的学科系统化的教学模式显然已经不能满足职业教育人才培养的需求，对欧洲模块化课程模式的借鉴，使我国职业教育的人才培养质量得到了很大的提升，促进了职业教育发展的国际化。

模块化课程改革是对传统学科系统化课程模式的宣战。绍兴市中等专业学校积极进行模块化课程改革，并取得了骄人的成绩，使各专业均取得了突破性的发展，为职业教育课程改革提供了宝贵经验：

1. 注重全校教师课程理念的变革，使教师通过培训与学习逐步确立以能力为本位的课程建设理念。

2. 对接区域经济，发挥行业、企业、专家在课程开发中的作用。

3. 立足工作过程，以岗位技能和职业资格技术等级标准分析为基础，开发以技能为项目的“模块化”课程，并采用“螺旋式”上升方式，满足学生发展的需求。

4. 改革教学方法，以工作场景为特色，创设“技能操作车间化”教学模式，将项目教学、案例教学和情境教学融于一体，使学生在真实的工作环境中强化能力，加强了对学生职业技能、创新能力的培养。

5. 以校企合作为途径，在校企“一体化”联动管理机制下，形成以核心实训基地为中心的模块化实训基地群。

6. 改革以学科为中心的教研组织，成立了“诊疗组式”教师团队，形成以技能为中心的教师团队或专家工作室。

学校模块化课程改革得到了全面的贯彻，不仅仅局限于课程内容上，更延伸到教学方法等各个层面。当然，任何一次改革都是一场战役，我们看到绍兴市中等专业学校的改革经历了迷茫、怀疑、探索几个阶段，在校领导的积极带领下，在全校教师的共同努力下，模块化课程改革才自上而下全面实施，最后取得了成功。在这里，我们看到了付出，看到了坚定，看到了成果，看到了希望。

打破传统学科体系的束缚，使职业院校教师真正从思想上认识到课程与教学改革的重要性与必要性，并将其落实到具体的教学行动中，是一项长期且艰巨的任务，我们在充分肯定绍兴市中等专业学校取得成绩的同时也不能忽略其存在的问题及隐患。比如，该校提出的在改革过程中存在的教师工作量过于繁重影响课改实施的问题、课改激励和保障机制的问题、教师教学能力提升的问题、实验实训场所的配套问题、项目教材的开发问题、人才培养目标的定位问题等。这就需要学校在改革的过程中不断反思、不断总结、不断完善。只有对学校的个性化经验进行总结与提炼，才能为其他学校的改革提供范例。

（点评：徐涵）

依托课程改革　创新培养模式

——山西省太原市财政金融职业中专学校

名校／名校长简介

太原市财政金融职业中专学校创建于1955年，是太原市教育局直属公办的首批国家级重点职业中专学校、全国职业指导先进单位、全国计算机软件与应用技能型紧缺人才培养培训基地、太原市劳动技能鉴定基地和市教科研中心教学实验基地。

学校地处市中心，占地50亩，分东西两校区，建筑面积37916.5平方米。现有在岗教职工224人，其中教师197人，拥有本科学历的教师比率达95.7%，“双师型”教师53人，省市教学能手62人，省市学科带头人18人，市名师2人，名师培养对象7人。现有教学班62个，在校生3000余人。

学校采用“扁平化”管理模式，除设有职能处室外，实行专业组建制，下设5个专业组：金融、财会、计算机、烹饪、美容美发。学校一直坚持正确的办学方向，适应市场需求，转变办学观念，强化内部管理，全面落实科学发展观。

我校实施先进的办学理念，本着“以服务为宗旨，以就业为导向”的思想，逐步形成了“出口畅通”的办学特色和优势；采取校企联办、订单培养、定向实习、顶岗培训、半工半读等方式，为学生就业寻找出路。与学校挂钩的联办企业或订单培养企业、实习基地有工商银行、三晋国际饭店、太原美容厅、铜锣湾时代广场等。我校依托这些丰厚的办学资源，为学生就业打开了门路，学生就业率达到90％以上。学校还聘请产业校长、行业指导委员和客座教授进行指导，促进了办学的开放性和多元性。

学校多年来坚持外延发展与内涵发展相结合的办学思想。一方面，继续扩大办学规模，拓宽招生渠道；另一方面，加强内部管理，努力提高办学质量、办学水平，打造特色品牌专业群，做到人无我有、人有我精。

在办学模式上，按照“订单培养”的要求推动学校运行机制的改革。首先是采用灵活学制和灵活学习形式，在学制上做到长短结合，通过“1＋1”“2＋1”“1＋2”的办法，和企业、县区等部门的教育资源相结合，发挥我们的优势。其次，建立了适应上述办法的教学管理模式。在办学机制上，按照市场经济的要求，促进办学的开放性和多样化。我们找准就业市场的需求，积极做好市场调研，加强市场预测，密切与企业及人才市场合作，逐步实现就业中心和劳务中介一体化，各专业都有明确的定位和发展目标。另外，我们努力做好学生的就业服务工作，尽量满足学生的就业需求，保证学生的就业待遇，维护学生的合法权益。拓宽就业市场，不仅限于太原的就业市场，我们还积极联系外地的大企业、知名企业，寻求新的合作伙伴。

为了更好地适应市场的需要，有效推进课程体系的建设，使学生走向社

会后能尽快达到岗位要求，我们找准着力点，搭建改革平台，从课程体系建设着手。

一、加强制度建设，构建和谐有效的科学管理机制

一方面，靠制度的保障为课程体系建设搭建平台。学校加大了人才引进力度，提高了教师学历层次，为学校的可持续发展提供了人力资源保障。同时继续加强专业组建制，试行“二级”管理模式，理顺处室与专业组的关系。专业组长直接参与学校的管理工作，各专业组制订了自身的发展规划，从招生到就业，整个过程独立运作，推动了学校管理向“同心圆、扁平化、协作式”相结合的模式发展。另一方面，加强师资队伍建设。“人才培养，教育为本；教育发展，师资为本”，对于师资队伍建设，学校坚持“普遍提高”与“重点培养”并重的原则，以提高专业课教师的学历层次、动手能力和创新能力为重点，全面提高教师的政治素质和业务素质，努力构建结构合理、素质优良的教师队伍。

为了打造一支高素质的教师队伍，学校实施了“三个工程”和“六动齐驱”的举措，即“名师工程、青蓝工程、双师工程”和“制度激动、骨干带动、同行互动、学生驱动、学习拉动、教研引动”。“名师工程”：就是抓尖子、带骨干。我们借助学校作为太原市名师团专业组培养基地的平台，让学校骨干教师、专业组长、教研组长与名师培养对象一起参加研训活动，利用专业的优质资源，提高学校骨干队伍的素质。“青蓝工程”：就是让青年教师拜师学艺。学校要求初级教师拜中、高级教师为师，促进了青年教师更好更快地成长。2010 年 11 月份，学校启动了第三期师带徒活动，又有 54 对新、老教师结成帮教对子、签订协议书、举行拜师仪式。“双师工程”：“双师型”教师队伍建设是职业学校师资队伍建设工作的重点，只有培养出高技能的教师，才能培养出高技能的学生，若要培养的学生能迅速适应用人单位的要求，必须有了解、熟悉企业要求的教师。我们采取“送出去、请进来”的办法，将专业教师送到企业、行业去参观、学习、实践、培训，让他们获取相应的专业等级证书；把行业、企业的技术能手、能工巧匠请到课堂讲示范课，开设“名师名菜”课程、面塑课程、“银行实务”课程、“专家讲坛”课程等。学校先后送 13 位专业教师参加市技能签订中心组织的技能考评员培训，派 5 位专业教师随学生实习，进入银海宾馆、太原美容厅、建设银行等企业见习，送 40 余名教师赴外地考察学习。另外，学校从行业、企业聘请

了20名专业教师。2010年，师生比控制在1∶12.5，通过以上"三个工程"，专业课教师占教师总数的60%以上，教师学历达标率达到100%，"双师型"教师的比例达到50%以上，省、市学科带头人和骨干教师达到30%以上，教师结构、学科结构日益合理。学校深化了课程体系改革，以更好地适应市场的需求。首先，我们成立了"课程体系建设"领导组，以王校长为组长，主管教学副校长、教务处和教研室主任、副主任及各专业科科长、副科长为成员。五大类专业均成立一个"课程体系建设"小组，专业科科长、副科长及骨干教师和行业专家负责对专业的"课程体系"进行全面的修订，使得通用能力培养与专业能力训练所占课时达到4∶6，切实处理好提高学生文化素质与强化技能培训的关系、职业岗位需要与终身学习的关系、扩大知识面与强化职业岗位针对性的关系。

二、广泛开展社会调研

各专业在一定范围内开展了市场调研并设计调研问卷，调研的对象有用人单位、行业企业、专业教师和毕业学生。烹饪专业关于我市餐饮行业人才需求情况的调查问卷如下：

关于我市餐饮行业人才需求情况调查问卷

一、关于烹饪专业毕业生就业状况调查

1. 你所在企业雇佣员工的主要途径？（可勾出多项，并圈出主要一项）

□①招收普高毕业生　□②招收职校毕业生　□③人才劳务市场

□④求职者中挑选　□⑤私人介绍　□⑥外部招聘

□⑦通过广告招聘

2. 你的企业是否愿意招收职校的学生顶岗实习并支付劳动报酬？（可多项选择）

□（1）愿意，是因为：

□①职校培养的学生素质较高，劳动力成本较低，经短期培训可直接上岗。

□②通过学生在企业实习可了解学生，从中选择优秀员工。

□③其他，请填具体原因____________________

□（2）不愿意，是因为：

□①学生技能培训不过关，不能直接上岗。

□②为顶岗实习学生支付劳动报酬，成本过高。

□③学生不足法定年龄，不可以上岗。

□④其他，请填具体原因____________________

3. 你所在企业的员工晋升主要取决于哪些因素？（可勾出多项，并圈出最主要的一项）

□①专业知识和技能场所 □②工作效率 □③工作质量

□④个性 □⑤为人处世 □⑥参加企业活动

□⑦本企业工作年限 □⑧学历、职称、证书 □⑨其他

4. 中等职校烹饪专业毕业生在您的企业里就业人数情况。

□①很多 □②较多 □③不多 □④没有

5. 毕业生就业的主要岗位。

□①行政总厨 □②厨师长 □③厨房基础工作（水台、打荷、切配等）

□④面点制作 □⑤食品雕刻制作 □⑥锅台烹调 □⑦其他____

6. 您的企业招收中等职校烹饪专业毕业生的原因。

□①职业学校与企业建立了合作关系。

□②职业学校培养的毕业生有职业技能，劳动力成本低，能满足企业需要。

□③通过学生在企业实习了解了学生，企业留住了他们。

□④企业需要人，但从其他渠道招收不到，所以选择了职业学校。

□⑤其他，请填写具体原因____________________

7. 您的企业所招收的烹饪专业毕业生在工作中的表现：

□①很好 □②较好 □③一般 □④不好

8. 近几年您的企业是否还会招收中等职校的烹饪专业毕业生？

□①是。理由：____________________

□②否。理由：____________________

二、关于烹饪专业毕业生的职业素质调查

1. 请对在您的企业工作的中等职校烹饪专业毕业生的职业综合素质进行评价。

（1）在工作中积极上进、虚心好学的

□①很多 □②较多 □③一般 □④少 □⑤没有

（2）敬业精神

□①很好 □②较好 □③一般 □④差

(3) 工作态度

□①热情　□②较热情　□③一般　□④差

(4) 在工作中的安全生产意识

□①很好　□②较好　□③一般　□④差

(5) 注重产品质量、效益意识

□①很好　□②较好　□③一般　□④差

(6) 工作责任心

□①很强　□②较强　□③一般　□④差

(7) 遵守规章制度

□①很强　□②较强　□③一般　□④差

(8) 个人修养

□①很好　□②较好　□③一般　□④差

2. 请对在您的企业里工作的烹饪专业毕业生的职业素质满意程度和重要性排序。

职业素质	满意程度				重要性排序			
	满意	较满意	一般	不满意	4	3	2	1
职业道德和工作态度								
相关专业知识								
专业操作技能								
组织协调能力								
学习新知识新技能的态度								
个人修养								

注：在“重要性排序”中，4为最重要；3为重要；2为比较重要；1为很不重要。

三、关于烹饪专业毕业生的专业技能和专业知识调查

1. 学生对基本的专业技能知识的掌握

□①很好　□②较好　□③一般　□④差

2. 学生在具体工作中熟练操作和使用设备

□①很好　□②较好　□③一般　□④差

3. 从企业需求的角度出发，您认为学校应加强学生哪些知识和技能学习，才能更好地适应工作要求？（可选择多项）

□①职业道德 □②烹饪技能（刀工、勺工、雕刻、面点等）

□③组织协调能力 □④专业理论知识 □⑤其他____

4. 从您的企业需要考虑，您认为中等职校应开设哪些基础课？

□①语文 □②数学 □③外语

□④计算机 □⑤体育与健康 □⑥其他____

四、您的建议和观点

1. 在工作过程中，通过您的观察，您认为烹饪专业毕业生的优势是____。

2. 在工作过程中，通过您的观察，您认为烹饪专业毕业生的弱势是____。

3. 您认为中等职业学校烹饪专业的教育强项是____。

4. 您认为中等职业学校烹饪专业的教育弱项是____。

5. 根据您的工作经验，您认为中等职业学校烹饪专业的教育教学应该从哪些方面加以改正？

____。

根据人才需求情况调查问卷，烹饪专业着重了解毕业生面向的职业或岗位的工作任务、岗位能力要求、技能要求、专业知识要求、职业素养要求等。学校教研室对收回的问卷进行了认真的分析和统计，为课程体系建设提供了依据。

三、紧紧依托教研活动，促进课程体系的建设

学校开展了多种形式的以“课程体系建设”为主题的教研活动，多次组织教师们对课程体系进行研讨，认真听取他们的意见和建议，不断完善课程体系。2009 年 6 月，在认真听取了太原市教育局组织的关于中等职业学校新一轮课程改革思路的解读讲座后，学校多次组织开展教研活动，各专业对照讲座研讨本专业课程体系如何建设，文化课、专业课课时比例及内容如何与岗位挂钩，实训课课时比例怎样更合理，实训方法如何创新等方面，不断听取各科教师的意见，反复研究和修订，确立以核心技能培养为课程改革主旨、以核心课程开发为专业教材建设主体、以教学项目设计为专业课程改革重点的改革思路，逐步形成了教学领域的“六化”改革。“六化”即专业设

置市场化、岗位定位多极化、课程设置模块化、教学组织项目化、教学评价社会化、专业师资双师化。专业设置市场化，即根据游戏专业人才和酒店管理专业人才紧缺的市场需求，开设了游戏动漫专业、酒店管理与服务专业。岗位定位多极化，即贯彻一年打基础、两年定方向的原则，如计算机专业已发展成为包括计算机网络、计算机多媒体、电子商务、游戏动漫等在内的子专业齐全的专业群，主干专业课程基本一致，然后再根据社会需要与学生个人爱好，向不同岗位方向发展。课程设置模块化，即引进的 CEAC 计算机课程体系和游戏专业课程体系都是模块化的。教学组织项目化，即在专业教学中用任务驱动法、项目教学法。教学评价社会化，即通过行业对学生的学习质量进行评价，如组织学生参加省、市举办的各种技能大赛、技术等级签订等，引入行业评价，实现学校教学与行业标准的“无缝对接”。专业师资双师化，即通过专门培训，使专业教师不仅理论知识扎实，而且实践教学技能过硬。这充分体现了中等职业课程改革打破了传统课程的系统性和学科性，确立了模块化教学课程体系。我们以基本素质模块、专业通用能力模块、专业核心能力模块、岗位核心能力模块来培养高素质劳动者，采用多种教学形式，将各个能力点进行综合，使之形成职业能力。课程体系建设正是这种综合职业能力的全方位体现，我们也正是在这样的基础上，采取了以下措施：

技能大赛

（一）以职业岗位群为目标，制订专业课程计划

学校各专业首先从分析近年来毕业生的就业岗位入手，掌握本专业学生就业的岗位群情况，然后分析该岗位群所要求具备的素质、职业能力、知识结构，确定本专业的培养目标。其次，根据社会与市场对人才需求的变化和专业发展的动态，对课程设置进行调整，加强实践性教学环节，这体现了以职业能力培养为本位、以就业为导向的教学宗旨。再次，明确本专业应该开设的课程，从而形成本专业的课程体系。最后，再根据需求对教学计划和专业教学大纲进行修订，在课堂教学中推行“项目教学法”和“任务驱动法”，探索学分制，实行分层教学，开设各类选修课程，从而达到提高学生专业技能水平和就业竞争力的目的。以下是我校计算机网络安防专业的课程设计：

计算机网络安防专业课程设计

1.【专业名称】计算机网络安防专业

2.【入学要求】初中毕业或相当于初中毕业文化程度

3.【学习年限】3年

4.【培养目标】

本专业主要培养面向中小型网络管理与网站维护的技能型人才；培养适应社会主义现代化建设需要，具有相应的计算机基本知识，掌握计算机网络技术专业相应的知识、技能，能够从事中小型网络建设与管理、网站开发和网络产品销售等工作，可以从事与现代安防工程相关的工作，胜任安防项目设计、组织施工、验收、维护等岗位工作，具有公民基本素养和职业生涯发展基础的中等应用型技能人才。

5.【职业范围】

序号	专门化方向	就业岗位
1	网络安防工程的施工与管理	网络工程的施工与维护 安防项目设计、施工、验收、维护
2	网络系统的安装、调试与维护	计算机网络安装与管理 计算机通信网络设备调试
3	网页设计与制作	网站设计与网页制作 网络编辑 动漫设计与制作 网络课件设计
4	计算机组装维护	计算机（微机）组装、维修、调试 信息产品销售及售前售后服务 计算机系统维护

6.【素质要求】

具有良好的思想品德、行为规范；

能够遵守职业道德基本规范，遵纪守法，尊重知识产权；

具有良好的文化素养和身体、心理素质；

具有较强的理解能力、沟通能力、动手能力；

具有一定的组织协调能力、洞察危机能力和思维判断能力；

视觉与听觉正常，反应迅捷；

动作协调性和实际操作能力较强；

爱护设备，实事求是，工作认真，尽职尽责，一丝不苟，精益求精；

具有勇于创新、艰苦创业、爱岗敬业的精神；

具有良好的社会交往能力；

具有良好的团队合作能力、服务意识和法律意识；

具有较好的语言表达能力和得体的仪表、仪容、仪态；

具备良好的职业规划能力。

7.【职业能力分析】

(1) 网络安防工程的施工与管理

A. 技能结构要求

能够依据工程设计方案和图纸进行基础工程施工和设备安装；

能够进行安防系统前端设备安装；

能够进行监控中心设备安装；

能够进行网络设备安装调试；

具有驾驭服务器操作系统的能力；

具有操作各类网络化安防系统的能力；

具有网络及安防系统工程的案例分析和系统设计能力；

具有强电弱点布线、网络设备及安防设备设施的连接和配置能力、系统调试能力。

B. 知识结构要求

具有计算机基础知识，特别是文档排版、幻灯片制作、网络图制作等；

具有电子电路方面的基础知识；

具有综合布线和工程施工知识；

具有安防器材方面的知识；

具有网络安全方面的基础知识；

具有安装维护方面的安全知识；

具有入侵报警系统相关知识；

具有视频安全防范监控系统相关知识；

具有基础施工常规要求、实体防护设施安装方面的知识；

通晓安全防范相关法规和标准。

C. 可持续发展方向

安防监控业是一个高速发展的行业，多年前还只能在银行、博物馆、军事基地看到的监控设备，如今已进入寻常百姓的生活。在超市、宾馆、学校、居民小区，几乎都能看到安防监控设备，由此也带来了一个巨大的市场。

（2）网络系统的安装调试与维护

A. 技能结构要求

能安装与维护计算机系统，具有驾驭服务器操作系统的能力；

能使用网络施工常用设备和工具；

能管理和维护中小型网络软、硬件；

具有网络设备认知和调试能力；

具有维护对外互联通信线路能力；

具有维护局域网通信线路能力；

具有网络设备的维护和网络基本服务能力；

具有监控网络运行状况能力；

具有网络终端设备的安装与配置能力；

具有网络应用服务器的安装与配置能力；

具有服务器系统的安装与配置能力；

具有对网络设备进行优化配置与维护能力；

具有网络系统性能分析、优化及故障排除能力。

B. 知识结构要求

具备计算机网络基础知识，了解网络技术发展动态；

具有网络安全方面的基础知识；

掌握各类网络设备的选型与配置使用知识；

掌握网络管理标准、工具的使用知识；

掌握一定的计算机专业英语术语；

掌握操作系统原理；

掌握网络操作系统的种类、现状及发展趋势；

掌握计算机及信息网络安全法规；

掌握互联网域名申请与注册方面的知识；

掌握 Web 服务器知识。

C. 可持续发展方向

本专业采取校企结合的方式，由企业提供市场上最新技术，学校编制教学内容。学生学习的是当前工程中最实用、最先进的技术，毕业后就可以直接上岗工作，并占据技术核心人才的地位。专业以技术理论教学为基础，以实验实训为核心，以案例分析为突破口，通过分析大量的现实案例，进一步提高学生利用所学的知识和实训经验分析问题、解决问题的能力，提高学生适应岗位工作的能力，拓宽学生的视野，让学生进一步把握技术的应用环境，走出校门就能适应企业工作环境。学生在工作中经过持续学习，可以获得计算机网络工程师、计算机网络架构师等职业资格，担任项目经理或其他高一级的工作。

可以参考的职业规划如下：

小企业的网络管理员（系统管理员）；

进入大中型企业，进行同样的网络管理工作，提升待遇；

进一步学习全面的知识，成为普通的网络工程师；

学习更全面的知识，成为专业的网络工程师，如网络存储工程师、网络安全工程师等。

(3) 网页设计与制作

A. 技能结构要求

具有良好的中文读写及口头表达能力；

熟悉互联网，能够简单读写 HTML 源代码；

了解并运用 CSS，能够熟练地使用一到两种可视化的网页开发工具；

了解并能简单运用图像处理软件（如 Firework，Photoshop）进行图像处理；

能够运用 Flash 软件进行网页美工设计、网页配色，并会用 Logo 与 Banner 等制作常见的网页动画或进行网页布局；

对动态网页设计有简单的了解，能够架设网页服务器；

具有收集和处理信息、准备和加工素材的能力；

能够设计网页、布局网页；

有一定的读、写网页源代码的能力。

B. 知识结构要求

了解基本的与计算机网络相关的英语；

了解计算机基础知识，熟练应用计算机常用办公软件；

掌握因特网、站点相关知识；

掌握网页制作、网站维护的相关知识；

掌握一种中文平台的基本使用方法和知识；

掌握一两种网页制作相关软件的使用知识，具有制作静态网页的能力，了解其他相关软件的基本特点和使用方法；

熟悉基本的图像处理软件，如Firework，Photoshop；

了解并使用网络动画制作软件，如Flash；

了解一定的CSS知识并能够熟练应用；

熟练架设网站服务器并了解网站发布的相关知识；

了解动态网页设计的相关知识；

了解网页制作技术的发展动态。

C. 可持续发展方向

本专业的职业定位是网站设计、网站美工、网络编辑等。网页设计与制作是一门发展很快的专业，学生在胜任本职工作岗位后，发展方向主要有三个：一是以设计为主，向网页设计师方向发展，需要补充有关设计的理论知识及美工知识；二是学习动态网页知识，向网站后台编程方向发展，需要学习与编程相关的知识，深入了解动态网页相关技术；三是向网站内容编辑员方向发展，要求具有较强的收集、处理信息的能力。

（4）计算机组装维护

A. 技能结构要求

能够熟练使用计算机；

熟悉计算机内部结构组成，完成计算机的组装与系统设置；

能够正确安装操作系统、一般的驱动程序，能够完成常用应用软件的安装；

能够安装和使用系统补丁程序、防病毒软件、软件防火墙，并能够进行系统的备份与恢复；

能够熟练安装、使用打印机，能够正确安装、使用常用的数码设备（如扫描仪等）；

能够对计算机硬件、操作系统及应用软件的常见故障进行诊断。

B. 知识结构要求

具有一定的物理学知识基础，对电学及电子电路知识有一定的了解；

具有一定的英语基础，能够正确理解常见的计算机英文提示；

能够理解计算机工作过程中所涉及的数学理论知识；

对计算机工作原理有一定的认识，对计算机的硬件结构及外部设备有一定的了解。

C. 可持续发展方向

本专业学生就业后从事与计算机组装、测试、维护及网络系统管理维护相关的工作，如计算机维修员、计算机装配调试员、计算机网络管理员等。学生通过不断学习、不断实践、不断探索，可为以后担任计算机硬件技术工程师、硬件维修工程师以及IT技术支持工程师等职位作准备。

8.【考核标准】

考核是以学生的专业态度、技术能力、核心能力、艺术表现四个方面的综合表现为评定标准，具体考核标准如下：

专业态度（20%）：课堂作业成绩占10%，出勤率及课堂纪律占10%。

技术能力（20%）：对课程内容的掌握程度占10%，根据课堂内容进行举一反三的能力占10%。

核心能力（30%）：对课程的理解力占10%，对知识的综合应用能力占20%。

艺术表现（30%）：创意设计能力占10%，根据创意完成表现效果的能力占20%。

9.【课程结构】

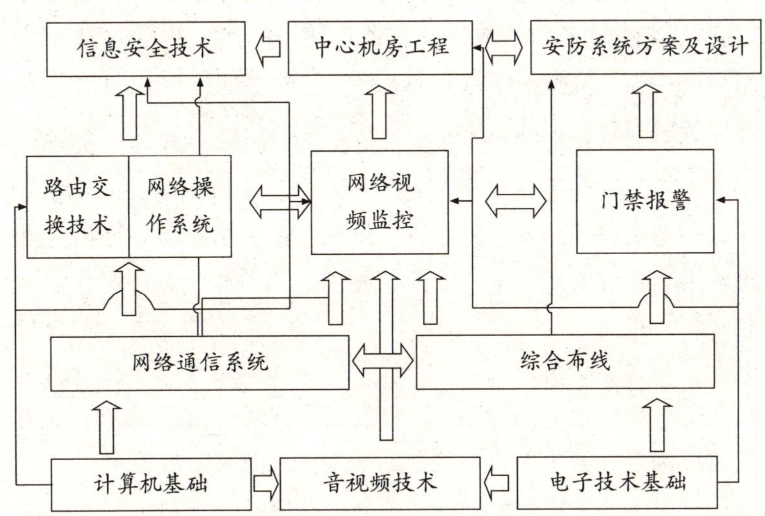

课程结构

从计算机网络安防专业的课程体系设计可以看出，新的“课程体系”贯穿着如下主线：学生就业岗位群→素质要求、专业技能、知识结构→培养目标→课程体系→课程标准→课程考核办法和评价指标。从修订后的课程体系可以看出：文化课以培养学生的文化素养为主；专业课程包括专业基础平台课程、专业核心课程，以培养学生的专业能力为主；选修课程是为了激发学生的兴趣，拓展学生的知识与能力。新课程体系与以往不同的是，在给出课程内容和要求的同时，还有引导学生学习的建议和考核的项目与要求。

（二）加强校本教材建设，使之成为课程体系建设的重要内容

中等职业学校要根据当地社会经济、科技发展的实际情况以及行业企业的现实需要，结合本校的传统和优势，充分发掘和整合学校、企业和社会的课程资源，借鉴和引进国外优质职业教育专业课程和教材，积极开发体现本校办学特色的校本课程。根据新修订的课程体系和学生的实际，学校针对校本教材的建设，制订了相应的鼓励制度，调动老师们编写校本教材的积极性，并为校本教材的出版创造条件。为此，我校教师开发和编写了适合本校学生的校本教材。从 2010 年以来，我校教师主编并出版的校本教材有五种：《计算机实用软件经典任务实训指导》《计算机常用工具软件》《礼仪礼节规范教程》《简明书法教程》《山西省中等职业学校对口升学语文》。另外，还有部分教材尚在编写中。

校本教材

（三）规范专业技能鉴订范围

为了提高学生的技能水平，体现专业特色，使学生更好地适应市场对专业人才的需求，各专业规范了专业技能鉴定的范围和项目。如计算机专业的鉴定项目：

公共鉴定项目：文字录入、办公软件（Windows 基本操作＋图文混排＋电子表格＋幻灯片制作）、图形图像处理、网页制作、数据库基本操作。

计算机应用专业鉴定项目：二维动画制作、微机组装。

电脑美术专业鉴定项目：二维动画制作、三维动画制作。

网络安防专业鉴定项目：综合布线、局域网搭建。

学校在规范鉴定项目的基础上，重新修订了专业技能考核标准，对各专业技能课提出了明确的目标和要求。

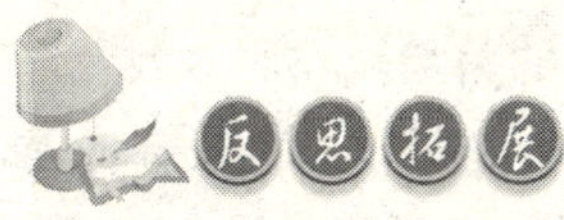

课程改革必须有相应的制度和考核标准作保障，严格的制度和标准使学生学有目标、练有方向。学校对学生专业技能的训练与考核也进行了新的尝试，将学期和学年目标分解成月目标、周目标，每月大考核，每周小考核，实现了目标的分层落实。通过新的课程体系建设，学校形成了各具特色的专业课程体系。烹饪、美容美发专业课程体系中增设了由企业骨干和专家讲授的课程，如“名师名菜”“发型创意”“戏剧化妆”“企业文化”等。这两个专业还开设了很多体现新技术和新项目的课程，如“盘饰”（烹饪专业）、“美甲技术”“香薰技术”（精油的使用）等。这两个专业的专业技能课和实训课时间大幅增加，由原来的一年半改为两年。新课程体系实施以来，学生的就业率和对口就业率有较大提高。如计算机网络安防专业，由于该专业培养目标明确、针对性强，社会和企业需求旺盛，2010 年学生就业率和对口就业率增长快。该专业学生动手能力和专业技能水平有了明显提高，受到用人单位的好评。2009 年和 2010 年，该专业学生参加“山西省太原市中等职业学校职业技能大赛”，取得优异成绩。会计、烹饪、美容美发专业学生在近几年的技能比赛中，成绩也名列前茅。学生专业思想更加稳定，实习期间频繁更换岗位的现象减少。

烹饪课

技能比赛

从以上可以看出，中等职业教育课程改革的关键是教材，我们应依据“以就业为导向”的原则开发课程教材，彻底打破以知识传授为主要特征的传统教学模式，开发以项目任务为核心的任务驱动教学模式，让学生通过完成具体项目来构建相关理论知识体系并发展职业能力。每个项目的学习都要求以产品为载体来设计活动，从而实现理论和实践一体化。

提高教师队伍的专业水平也是中等职业教育发展的关键，在职业教育课程及教学方法改革中，我们所遇到的最大困难就是师资问题。在课程改革中，教师除了要寻找到适合教学的项目任务，还必须具备完成项目所涉及的专业知识和专业技能，能根据实际的教学项目来编写相应的教学案例，并能对现有教材进行整合重组，引导学生立足于现有教材而又不局限于教材，注重培养学生的综合职业能力。因此，我们要建立相对稳定的培训基地，多渠道引进人才，聘请企业工程技术人员、行业专家等来校授课，以扩大教师的视野。同时，我们也重视对骨干教师和学科带头人的培养，加快建设具有教师资格和专业技术能力的“双师型”教师队伍，有计划地安排专业教师到相关企业、事业单位进行顶岗工作或实习锻炼，提高广大教师特别是中青年教师的专业技能和实践能力。

职业教育从根本上来说即就业教育，要让每一个学生学到能使他在市场中有立足之地的真正技能，成为市场需要的技能人才。要实现这一目标，职业学校就必须彻底摆脱传统的教学模式，从办学思想、办学模式、办学机制等各方面进行大胆的改革和创新，开设贴近现实生活、适应市场需求的专业，增强专业的适用性，紧紧围绕市场需求做文章。同时，要树立为企业、为社会服务的思想，以市场为导向，以全面提高学生能力为宗旨，根据实际工作任务和情境设计理论与实际一体化的教学项目，使学生通过在模拟或真实的工作情境中学习，获取直接的工作经验，养成良好的行为习惯，具备行业、企业以及个人发展需要的社会能力、专业能力和学习能力。

学校应建立教学质量监控机制，以解决教学资源难以有效调配的问题，将规范管理和灵活管理相结合，以实现教学资源效益的最大化。我校制订了新的教师考核评价标准，如教师是否具有先进的职业教学理念，是否具有足够的实践能力、课程开发能力、教学设计能力、专业教学能力和教育科研能力等。学校在这些方面对教师进行定性和定量考核管理。

课程改革是一个过程，学校在人才培养方式改革的过程中，对职业教育的价值观、知识观、教学观、质量观、管理观进行不断的探索和创新，从而使学校有特色、教师有特点、学生有特长。学校一旦进行课程改革，以往的稳定状态就被打破，在这种状态下，就需要领导来部署和示范，这时校长作为领导者的角色便凸显出来。但校长和教学副校长只是学校课改的督导者，课改还必须教师来执行，能否调动他们的积极性，提高他们的自主性和专业水平，关系到改革的进程和学校能否形成特色。

随着课程改革的深化，课程体系受到许多客观条件的限制。比如，学生基础较差，教师在教学中完全落实教学目标有较大的难度；实习实训场地严重不足，工位不够，使实训课和技能训练课课时量受到较大影响；专业教师亟待培训且专业师资不足，有些课程必须不断地聘请行业专家来校授课，但由于学校经费不足，不能满足要求。

学校课程改革的顺利实施，得益于科学的课改理念的指导、缜密的实施方案，以及把培养目标和学生就业岗位目标紧密结合。学校从 2010 年 9 月份开始试行新的课程体系，改革了课程结构，提高了技能标准，通过延长早读时间强化学生技能训练，做到周周有目标、月月有考核，全面提高学生专业技能水平。在金融、会计、计算机专业组试行的技能月考核工作中，取得了明显的效果，学生适应专业岗位的能力、技能水平和学习兴趣得到了明显提高。由于水平有限，新修订的课程体系还存在许多不足，有待进一步完善，希望得到专家和同行的指导和帮助。

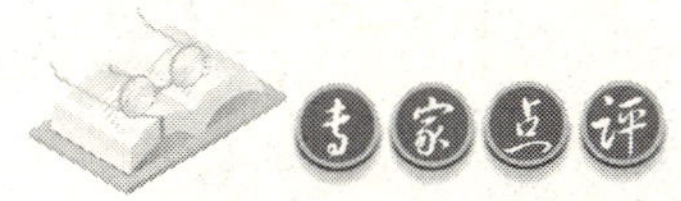

课程改革是职业学校发展中的永恒主题，近年来越来越多的职业院校参与其中，进行了艰苦而富有成效的探索。要实现课程改革的成功，脚踏实地、实事求是、精益求精的精神必不可少，太原市财政金融职业中专的课改案例为我们提供了一些经验。

1. 制度保障为课程建设搭建平台。充分发挥专业组在学校管理和课程建设中的作用，赋予专业组更大的自主权，从招生到就业整个过程由专业组独立运作，这为各专业的课程改革提供了制度上的保证。

2. 教师队伍建设的水平决定了课程改革的成效与质量。为了打造一支高素质的教师队伍，快速提高青年教师的教学水平，该学校实施了“三个工程”和“六动齐驱”的举措，促进教师的专业成长。

3. 课程改革的成功需要建立在前期充分的准备的基础上。只有了解了用人单位的需要，明确了培养目标，才能更好地促进课程改革的实施。太原市财政金融职业中专在启动课程改革的初期，通过问卷调查了解毕业生面向的职业或岗位的工作任务、岗位能力、技能要求、专业知识、职业素养等，为课程体系建设提供了依据。另外，学校还开展多种形式的以“课程体系建设”为主题的教研活动，逐渐确立了以核心技能培养为课程改革主旨、以核心课程开发为专业教材建设主体、以教学项目的设计为专业课程改革重点的改革思路；逐步形成了教学领域的“六化”改革，即专业设置市场化、岗位定位多极化、课程设置模块化、教学组织项目化、教学评价社会化、专业师资双师化。

4. 课程改革必须有相应的制度和考核标准作保障，有了严格的制度和标准才能使学生学有目标、练有方向。太原市财政金融职业中专学校的课程改革之所以能取得一些成效，主要源于科学的课改理念指导，源于实施方案的精致和过程的细致，源于把培养目标和学生就业岗位目标紧密结合。但在改革过程中也受到了学生基础较差、实习实训场地不足、工位不够、专业师资不足、学校经费不足等问题的困扰。这些问题是课程改革中必然会遇到的矛盾，如何深化校企合作、提高师资队伍建设质量、开拓学校办学资金来源等，不仅是该学校需要认真探索的课题，也是其他学校在课改过程中需要认真分析、研究和实践的重要课题。

（点评：徐涵）

课程改革卷

以科学的理念促进学校转型发展

——天津市第一商业学校

名校／名校长简介

郭葳，1990年开始从事职业教育，经历了从教师、教研室主任、校长助理、副校长到校长的一步步成长过程。2005年以来，她先后被评为全国教育系统优秀教育工作者、全国商业优秀教育工作者、全国职业教育杰出校长等。

郭葳校长勇于探索，不断积累实践经验，她学习黄炎培先生的大职业教育思想，与时俱进、创新发展，建设了以学生、教师、社会、政府为维度，以职业、社会、生活为梯度，以全日教学活动一体设计为量度的“顶层统筹的职业教育工程学思想”，构建了“等量四T”（Transmission chain，传动链）管理模式。

在郭校长的领导下，学校教育教学改革取得了显著的成效，实现了由商科学校向工商应用技术综合型学校的转型，教学能力与教学水平受到社会的肯定。学校先后被评为全国职业教育先进单位、全国教育系统首届先进集体、全国中等职业教育德育工作实验基地、全国职业院校中职组计算机项目竞赛校、全国中职学校德育工作先进集体、全国第一批中职学校改革创新示范校等。

我校构建和应用职业学校教育资源管理链理论，将与教育教学相关的要素纳入管理范围并列为管理对象，根据其基本属性，将其整合为同一类别的管理资源链。在发展目标确定后，通过管理资源链的运作、分解和传导，落实工作任务，实现目标。由于不同的管理资源链服务于总体目标且在工作任务中具有不同的作用，我们在实现链与链之间的协调、平衡运行时，使管理机器高效、有序地运行。管理链包括教学要素链、资金配置链、人力资源链、信息控制链，这些链既自成系统，又形成了互相交织的网络。职业学校教育管理资源链思想体系从产生到成熟经历了 3 年的时间，为推动现代职业教育思想发展、加快具有中国特色职业学校管理模式体系的形成提供了实现路径。

一、管理原理与技术

学校实行大部门化统合岗位，促使教学要素链、资金配置链、人力资源链、信息控制链四条链有序运行，形成了链与链之间协调平衡的管理网络体系。同时，运用 ISO14000 管理原理，结合中等职业学校教学实际，由上至下，按照工作性质划分部门，按照职责划分岗位，按照岗位聘任人员，注重过程控制。

二、管理基础与运行

学校形成了 7 个综合部门，各综合部门包含若干科室，将部门职责、岗位职责、教学管理、行政管理、物业管理的基本制度形成文本，使主要工作环节实现制度覆盖、细节有标准要求，使办事过程规范化、公开化、公平化、评议化、民主化。

学校以质量求生存、以创新求活力、以服务求支持、以贡献求发展，全面规范管理，建立了适应职业教育教学活动的管理制度体系；形成了“理论教学为基础、实践教学为重点、技能培养为目标、个性化培养为方向”的教学运行机制以及“聘任合同为基础、评聘分开为原则、绩效考核为标准”的人事管理运行机制。

一、专业建设管理规划

专业建设理念：传统专业形成品牌，新兴专业形成特色，新兴行业形成专业，发展专业科学定位。

（一）理念形成的基础与时间

在专业建设中，需要处理好老专业与新专业、长线专业与短线专业、新兴职业与新兴产业的关系，这样才能促进专业健康、快速、稳定发展。2006年，学校提出了上述专业建设理念，这一理念在专业建设发展方式转变过程中具有重要的指导作用，但它并不能代替和包办各专业建设的具体问题，而是明确了专业建设应遵循的普遍性规律以及应采取的方式、路径、方法，确立了专业之间的相互关系，明晰了专业发展的几个阶段，确立了专业建设的方向和发展思路，提高了专业整体建设的质量。

（二）实践过程与效果

传统专业经过了长期的发展，形成了稳定的、多方面的、优质的教学资源，已经被企业所认可，专业教学与岗位能力连接紧密，社会需求量持续稳定，学生愿意选择，学校愿意加大投入。如会计、市场营销、计算机应用专业，它们经过了初期基础建设阶段、中期改造更新阶段、优质品牌建设阶段。会计专业是我校建校初期就有的专业，几十年中，该专业与企

承办全国职业院校
中职组计算机技能比赛

业建立了紧密联系，熟悉企业的经营管理模式，关注企业的改革发展，专业建设和课程体系调整准确及时，能够在传承中创新。同时，会计专业沿袭了几十年的教法、训法，如始终保留手工记账和珠算实训课，因为即便是在计算机及会计电算化软件应用普遍的情况下，会计岗位仍然需要掌握这两种能力。会计专业又建立了模拟银行、财税综合实训、ERP 沙盘实训室，让学生熟悉会计岗位涉及的关联性行业，如银行、物价、税务、企管岗位的知识，专业岗位课程在讲解理论精要的基础上加大实训，培养的学生深受企业欢迎，社会声誉良好，具有知名度、信任度、影响度。因此，在天津及环渤海北方区域，想要学习会计专业的学生往往会选择我校的会计专业。计算机专业是 1987 年在天津中职学校中首批开设的专业，经历了两个发展阶段，形成了对接商务服务类行业的课程特色，先后开设过 5 个专业方向，始终紧跟 IT 业快速发展的步伐，知识更新快、课程调整快、教材更新快，每年对校外实训基地的合作企业做出调整，与有代表性的企业开展多项合作，以服务教学、服务学生为合作的基本原则，提高了品牌建设的质量。学校按各专业的不同属性定位，明确了专业建设的周期、阶段、内容等，认识了专业发展的基本规律，建立了保障机制。

新兴专业发展时间短，在建设初级阶段，重点以特色完善为中心任务，不求全、不求优、只求有特色，不是不要优和全，而是在这一阶段还做不到优和全，因为鲜明的特色是完善和发展的必然要求，能够为形成品牌奠定基础、积累经验。如物流服务与管理专业，各学校物流类专业都在建设和发展，因此，我校将该专业定位于与化学危险品物流企业合作，对口培养专业人才，使学生适应这个行业的岗位能力要求，增加化学危险品类课程，增加危险品物流保管、运输与配送服务的实训课时，形成了学校物流专业的特色，走出了一条避免专业建设雷同化的发展道路。新兴专业反映了新兴行业和产业的发展状况，处于快速成长期，代表了专业发展的方向。

物流专业实训立体库

新兴行业是指经济快速发展中产生的岗位群、新的职业工种或网络经济催生的各行业之间的边缘性职业。处于变化成长阶段的岗位群没有强行归纳的需要，这类经济现象不好归类，或虽有归类，但没有列入国家正式行业中。然而，事实上社会对新兴行业有专门的人才需求。学校在 2006 年开设了数码影像与动漫专业，当时动漫产业还处于起步阶段，在指导专业建设中，我们直接将动漫产业的名称作为专业建设的名称，将动漫产业链中的 18 个岗位作为专业核心课和实训教学课的开设标准，使培养的学生在毕业后能立刻适应影视、文化创意、广告制作等生产经营企业的任何一个岗位实践操作，使专业建设实现了与生产企业的紧密对接，达到了企业欢迎、学生满意、社会认可、政府支持的良好效果。新专业经受住了市场的考验，为形成品牌奠定了基础。将新兴行业直接转变为专业，是专业发展的新途径。

发展新专业需要科学定位，新专业对接哪些行业、哪类岗位，如何避免同类学校专业建设的雷同化，都要透过社会现象把握行业发展的走势。我校前几年也有新专业定位不准确、学生不欢迎的情况发生。学校一相情愿地认为可以开设的专业，结果生源少，不能持续招生，难以为继，只能停办。近几年，我们在分析会展专业时，没有盲目跟进，而是吸取了专业开设不成功的教训，反复观察会展专业的波动变化。我们得出的初步结论是：在近 3 年，天津区域会展业还不能形成规模产业，中专类学校开设这类专业时机不成熟。这样就避免了资源投入的浪费。

（三）问题分析与发展

学校在专业建设上确立了“无特不立”的原则，但特色是随着年度而调整和发展的。由于专业教学部调研分析的能力还有待提高，在特色定位上还存在不准确、不及时、不鲜明的现象，所以在专业建设管理中需进一步加强专业建设委员会的作用，聘请同一行业、不同企业类别的专业人员，多听取不同意见，在比较中辨别特色、找准建设方向。

二、课程体系定位管理

课程体系建设理念：社会发展是基础，岗位能力是核心，人生需要是根本，三维一体是准则。

（一）理念形成的基础与时间

职业学校教学改革的核心是专业建设，专业建设的核心是课程体系建设，专业建设的主体形式表现为课程体系，课程体系是实训基地建设、教材建设、教学组织形式、教法改革、师资能力提高等重要教学要素的枢纽和连接带，因此，在教学实践中抓课程体系十分必要。我校在2007年形成了系统的管理指导理念，4年来我们应用这一管理理念使课程体系更加符合企业需要、符合社会需要、符合教育规律，满足了学生成长的需要。

（二）实践过程与效果

学校提出了职业教育“三三五素质教育理念”，即“三素质”“三意识”“五学会”。“三素质”即诚实、勤劳、爱心，“三意识”即主体意识、进取意识、学习意识，“五学会”即学会做人、学会学习、学会劳动、学会创造、学会生活。这为开展“以学生人格完善为中心，以促进学生终身发展为着眼点，使学生成为被社会接纳的高素质劳动者”的全方位教育教学活动奠定了理论基础。

学校将教学活动时间拓展到早自习和晚自习，在教学空间的设计上，将图书馆第二课堂，涉及学生成长的各类讲座，校园文体活动，学生社团建设，服务社会、认识社会的校外社会实践活动等，都纳入教学活动内容之中。学校要求各专业都要说明课程体系中哪些是有利于学生生存、发展、融入社会的课程，哪些是本专业对应岗位能力需要的核心课程，哪些是有利于学生终身发展的课程。按照这三个维度，各专业每年对课程体系进行调整，使课程学习和学生教育管理内容连为一体，使学校的教育功能得到最大限度的发挥。学校按照管理工程的原理统筹安排教育教学活动，在时间不变的情况下，最大限度地提升了教学效率。

教育拓展的空间分为四部分：一是德育类课程，要求所有任课教师紧密联系社会现实情况，采用真实案例进行教学，正面回答学生最关心的各类小问题，同时让他们带着这些问题参加社会实践，在实践中认识社会、认清自我。二是专业课，所有专业课都要渗透德育内容，在课程设计上体现职业道德和职业素养的培养，以职业道德为标尺，着眼于为客户提供最优质的服务，并将这些内容纳入考试考核体系。三是体育课和礼仪课，要求加强培养学生的团队意识、荣誉意识、合作意识，以适应促进学生终身发展的要求，使他们成为受社会、受团体欢迎的学生，产生责任感。四是职业资格认证培训，推行“一书多证”制度，满足学生就业的需求，在课余时间成立专业兴趣小组，使一部分优秀学生得到更好的指导。

在学生社团建设指导管理中，学校采取以品牌化、大社团为主的建设模式，集中人力、资金、时间，建设了师生合唱团、舞蹈社，凝聚了全校师生的思想，举办50年校庆、学校联欢会、社区演出等活动，扩大了学校的影响力；在对小社团的扶持上，只要是具有潜质的学生，学校就给予积极的帮助，使他们都能得到多方面的锻炼。学校拓展教育的空间，追求教育活动效率的最大化，使之与课堂教学互为补充。

庆祝建校50年

（三）问题分析与发展

学校在课程体系建设理念上已达成共识，在实践上已经有了成熟的方式，但晚自习管理和学生指导还需加强，不但要从形式上确立这一学习制度，还要在质量上有所提高，促使学生充分利用时间提高学习效果。同时，要根据每一学年学生的学习状况，加强分类指导；为了提高对学生学业、职业、行为、习惯的指导，要提高教师的综合教学管理能力；在教学方案上，分阶段、分教师执行并考核，提高课程改革的融合度。

三、实训基地建设

校内外实训基地建设理念：以数字化为标准，以情境化为形式，以通用化为主体，以专用化为引领，校企共建共管，生产与实训兼顾，校企双方受益，实训绩效显著。

（一）理念形成的基础与时间

我校实训基地形成规模建设是在2004年以后，因为实训基地直接关系着实训课程教学的质量，职业教育的发展对实训教育的依赖程度越来越高。2005—2007年是学校实训基地规模化建设阶段，在此之前，各实训室分布于各教学部，零星分散，不成规模。学校从整体上规划实训基地时，面临的第一个问题就是确立建设的基本思路。我们分两步形成了上述理念：第一步，形成校内实训基地的建设理念；第二步，2007年下半年至2008年年初，在推进校企合作、工学结合育人模式改革的实践中，形成校外实训基地建设理念。

（二）实践过程与效果

职业教育要适应信息化时代的要求，必须对传统的教学方式进行改革。实训基地建设以数字化为标准，即各实训室都要充分利用计算机网络环境生成优质的数字化教学资源，使学生在模拟环境中掌握岗位所需要的技能；以情境化为形式，是要在实训室营造和工作环境相类似的教学环境，使教学与岗位工作环境融为一体；以通用化为主体，是为了提高实训室的利用率，满足更宽泛的实训课程的要求；以专用化为引领，即基地建设要不断适应和满足专用实训室的要求，与专用实训室形成体系。

校内综合实训基地

在建设理念确定以后，学校在商贸类、财会类实训室创造了小型超市的真实环境、贸易洽谈的真实场景，也同时在专用机房中营造了商场的氛围，建有模拟银行、综合财税服务厅、财务工作室。机电技术类、信息技术类的专用实训室、苹果专用机房、电工电子实训室、CJ 室、制冷技术室等每年都对专用设备进行改造和更新。数字化教学资源促进了教师能力的提高和教学资源管理的跟进，同一类专业、同一类课程的多名教师共同合作，形成统一教案，实现资源共享。同时，每名教师根据年度状况和学生的不同情况设计有个性的特色教案。在学校共享服务器上，教师们按门类、按专业、按课程保存教案、课件、教学资料，按层级调出、检查和使用这些资料，也不断丰富数字化教学资源库。

商贸实训基地

校外实训基地对专业实训和顶岗实习具有重要作用，只有校内外实训基地形成专业体系，才能保障实训教学顺利进行。校企合作要兼顾双方的利益，在建设校外实训基地时，首先要确立原则，即双方人员共同组成管理小组，协商实训教学管理问题，企业在生产经营的同时兼顾学生实训教学，承担学生培养责任。校企双方合作需要磨合，磨合的“润滑剂”和“黏结剂”

是企业文化。在我国法制政策还有待完善的背景下，文化是解决双方在合作中出现的问题的最好良方，即便法制环境和政策保障完善了和提高了，学校重视和引入企业文化也是必要的，因为这样更容易被企业理解和支持。在实训教学中，学校要积极为企业服务，我们主要是帮助企业改造计算机网络系统，对企业员工进行多项职业技能培训。校外实训基地给校企双方带来绩效双收益。

我校的校外实训基地分为两种：一种是专业实训教学型，能同时满足师生实训教学和能力提高的要求；二是就业顶岗实训型，主要满足学生就业和顶岗实习的要求。由于明确了校外实训基地建设中校企双方的责任，我们有效地提升了合作质量。

（三）问题分析与发展

我校内外实训基地体系已经形成，建设管理和发展的思路在实践中收到了好的成效，但有些地方需要改进和加强。主要问题有两点：一是引入企业文化的力度不够，合作的基础还需加强，为企业服务的能力还要提高；二是需要进一步争取企业的支持，让企业更多地参与校内实训基地的建设和改造，使企业更加重视教育工作，使全民办教育事业的氛围更浓郁。

学校课程改革取得了阶段性成果，我们也获得了一些成功经验，但课程体系还不够完善，有待于我们进一步探索。因此，我们在课程改革中注重改进管理机制，通过文化促进学校改革的不断深化。

一、引入企业文化

职业教育和企业联系最为紧密，工学结合、校企合作的新型育人模式将学校和企业连为一体，教学改革、专业建设、德育工作等都需要我们加强对企业文化的研究。学生毕业后主要是进入企业从事基层工作，我们在教学中要营造企业文化氛围，使学生对企业有基本的了解和认识，对企业文化所包含的基本元素——竞争、合作、效率、效益、质量、信誉、责任、考核等加以分析，不搞简单的移植，而要结合教学活动实现转化。企业文化的范围很宽，我国企业文化的历史还不长，不确定性因素还很多，我们要分析引入企

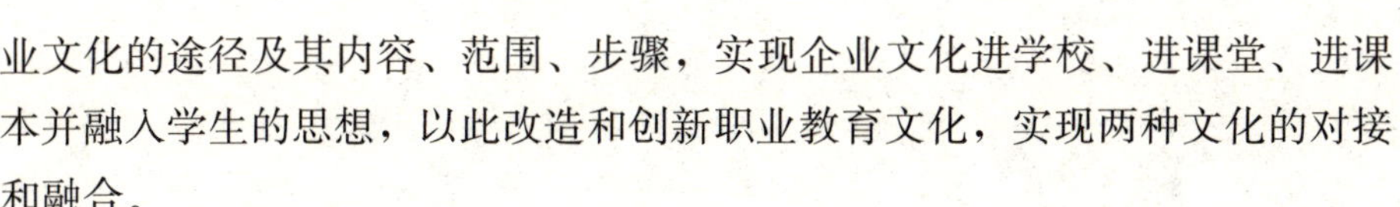

业文化的途径及其内容、范围、步骤，实现企业文化进学校、进课堂、进课本并融入学生的思想，以此改造和创新职业教育文化，实现两种文化的对接和融合。

二、关注教师的成长

学校注重建立健康、真诚、正常、良好、和谐的人际关系，帮助教师建立良好的同事关系、上下级关系、师生关系，处理好个体发展和集体发展的关系。处理关系是一门学问，我们要弥补以往这项教育内容的缺失，因为管理效率低往往和关系协调不好有直接联系。学会沟通，才能组织协调工作。领导不仅要关心教师的教学能力发展，而且要关心他们的人际关系，按其性格类型给予指导。在制度建设和教学活动要求上，要以人为本，为每名教师的终身发展创造良好的人际环境，使每名教师都融入学校这个大集体。在评优奖励、考核分配、人员组合、表扬总结等方面改进和完善制度，关心和培育每名教师，使他们心情舒畅，有良好的、健康的心理和思想情感，让他们以饱满的精神状态投入工作和教学活动之中，充分发挥自己的智慧和力量，为学校和学生服务。

三、加强信息管理和学生社团管理

当前，学校需要加强信息管理。学校的校园网虽然有技术保障，但对各类信息的提取、集成、编辑、分析、使用还没有形成大系统，运用起来还不便捷。有些部门和教师对校园网建设工作重视程度还不够，校园网还需要在机构设置上进一步做好保障工作，形成顺畅的信息流，及时、准确、动态地反映学校的各类信息。我们要搭建专长互补型的信息工作班子，为教学管理和服务工作提供支持和保障，全面提升学校现代化建设水平。

学校注重改进学生社团的组织和管理工作，提升社团组织的活动质量，创建具有学校特色的社团组织，如合唱团、舞蹈队、高水准的体育项目队等，既满足了学生的要求，又有效地提升了活动质量，营造了良好的校园生活环境。同时，要将第二课堂活动作为桥梁，引入各级职业技能大赛的内容，促进教学改革的深化；实施全员培训，拓展和丰富学习内容、学习方式，构建全员管理文化的思想基础。

新世纪以来，我国职业教育受到工业化进程快速推进的影响，同时也受到国外职业教育思想的影响，广大的职业教育工作者和教育研究者都在积极地反思传统职业教育的利弊，努力探索新时期职业教育的发展路径。天津市第一商业学校在探索职业教育的改革道路上作出了巨大努力，也取得了骄人的成绩。纵观他们的改革发展历程，给我们以如下启迪：

1. 先进的管理思想是组织发展的不竭动力，是组织不断创新的源泉。基于这样的思想，天津市第一职业学校提出了职业学校教育资源管理链理论，将教育教学相关要素纳入管理范围和管理对象，根据对这些要素基本属性的定位，将其整合成同一类别的管理资源链，同时针对学校的教学要素链、资金配置链、人力资源链、信息控制链，提出了不同的运作方式和管理模式，提高了学校的整体办学效益和办学质量。

2. 在职业教育人才培养模式尚不成熟的今天，课程和教学的改革与探索是学校的核心工作，也是提高人才培养质量的核心要素。在课程建设方面，学校以学生的社会化、职业化和终身发展为目标，提出了颇有新意的“三三五素质教育理念”，为开展“以学生人格完善为中心，以促进学生终身发展为着眼点，使学生成为被社会接纳的高素质劳动者”的全方位教育教学活动奠定了理论基础。同时，以这一理念为指导，对课程内容进行了重新设计，通过对教育内容和教育空间的延伸与拓展，强化学生的职业道德与职业素养，培养学生的团队精神、合作意识和社会责任感，实现了课堂教学的优化。

天津市第一商业学校在职业教育改革中有许多别具特色的做法，很全面，其中不乏创新之处，特别是他们将教育资源管理链理论应用于学校的教育教学改革的探索与尝试，值得我们学习与思考。如果该校能够在现有实践创新的基础上，进一步探索将自身的管理思想转化为更加具有操作性的实施方案，改革的效果将会更好。

（点评：徐涵）

大力实施『双化』教学 大幅提高教学质量

——山东省齐河县职业中等专业学校

名校／名校长简介

山东省齐河县职业中等专业学校始建于1982年，是首批国家级重点职业学校、首批国家中等职业教育改革发展示范学校。“十二五”期间，当地政府已将学校发展列入高职学院建设计划，规划建设用地530亩。

学校现有全日制在校生近7000人，教职工321人，年培训2000人以上；开设有数控技术、汽车维修、机电、服装等14个专业；建有22个实验实习室、8个大型实训基地和数家校办工厂。学生不出校门就完成了工学结合和顶岗实习，大大提高了动手操作与实际参与生产的能力。

近年来，学校牢牢把握“立足当地，面向全国，服务经济”的办学宗旨，以培养具有“黄金素质、钢铁技能”的人才为目标，大力实施了“爱心工程”“名师工程”“优化课堂工程”“实训基地工程”“素质教育工程”“优质就业工程”六大工程。学校在全国率先探索了“课堂车间化，车间课堂化”的专业教学模式并取得成功，培养知识理论和技术能力兼备的复合型人才，学生实践技能合格率、就业安置率连续5年保持在99%以上。

职业教育的目标是培养和培训实用技能型人才和一线管理者，这样的人才应该兼备理论知识与实践技能。我校创造性地提出了“课堂车间化，车间课堂化”的专业教学模式，目的就是为了培养理论知识与实践技能兼备的复合型人才，提高人才培养质量。

所谓“课堂车间化，车间课堂化”，就是使课堂与车间、教师与师傅、学生与徒弟的界限模糊，使之相互融合甚至统一。这一模式的特点是：车间即课堂，课堂即车间；学生即徒弟，教师即师傅；理论教学与操作技能训练合一，教学与生产结合。目标是让学生既容易理解理论又快捷地学会实践，培养知识理论和技术能力兼备的复合型人才。

“课堂车间化”要求教师在课堂创设车间的氛围，要有师傅的意识和视角，要有师傅的思维和能力，像面对工人一样来设计教学、组织教学，广泛使用模型、图片、影像资料，通过实物、模像和语言来阐述理论知识，即理论联系实际、教学结合生产。“车间课堂化”要求教师在车间创设课堂的氛围，要有逻辑的思维，要结合学生实际来组织实践，通过实践加深学生理解所学的理论知识，即实践联系理论、生产结合教学。

“双化”教学的本质是“理论联系实践，实践验证理论，理论与实践紧密结合”，它是以培养学生的心智技能与操作技能为目的一种教学模式。无论是教室，还是车间，学校都以“理论指导实践”与“实践验证理论”作为教学核心。只要是以理论知识联系技能实践，就是“课堂车间化”；只要是以技能实践验证理论知识，就是“车间课堂化”。一节课，可能有许多次的“课堂车间化”，也可能有许多次的“车间课堂化”，千万不要把“课堂车间化”与“车间课堂化”割裂开来。无论在课堂还是在车间，都应该做到理论联系实际。“课堂”与“教室”是两个不同的概念。“课堂”可以设在教室，也可以设在车间，“课堂车间化”不是“教室车间化”。

总之，这一模式要求专业教师必须是基础理论扎实、实践经验丰富、能说会做的“双师型”教师，上讲台能授课，到了一线能操作，既能传道、授业、解惑，又能解决实践问题。而学生则一边学习理论一边动手实践，一边动手实践一边学习理论，毕业时成为一名既懂理论又能实践的技术人才。

由此可以看出，实施“课堂车间化，车间课堂化”教学需要两个基本条件：一是“硬件”，即实验实习室和实训车间以及与之相配套的教学媒体，如各种图片、图表、模型、幻灯片、录像、电视、电影片或教学实物等；二是“软件”，即“双师型”教师队伍。

一、“课堂车间化，车间课堂化”的提出

十多年前，我校情况惨淡，近百名教职工，不到200名学生，学校的发展陷入困境。这固然与传统教育理念和客观上人们并不真正重视职教的大环境有关，但学校教育教学本身的问题也不容忽视。毋庸讳言，长期以来，我校一直都在沿袭着普通教育的教学方式，即重理论轻实践、重知识轻技能，更忽略以人为本、学生主体、实践当头，再加上少设备、无实习，教师教无亮点，学生学无兴味，致使培养出的学生素质低、技能差，就业单位不欢迎，就业时间不长久，社会、家庭不认同。学校本身丧失了吸引力，前途堪忧，实属必然。这就是说，制约学校发展的因素尽管很多，但根本因素就在学校本身，特别是课堂。

多年来从事职教管理与领导工作的陈爱峰校长看清了这个问题，齐河职业中专的广大一线教师看到了这个问题，他们决心从职业教育本身找原因，从教学根本上寻求改革。于是，从2002年开始，经过反复论证，历经各专业多名教师的多次课堂试验，一个崭新的闪着科学光辉的课堂教学模式诞生了，这就是“课堂车间化，车间课堂化”（以下简称“双化”）。具体说来，就是在教学中模糊课堂与车间、教师与师傅、学生与徒弟的界限。在这里，车间即是课堂，教师即是师傅，学生即是徒弟，以达到“理论实践化，实践理论化”。可以说，这是对传统职业教学模式的颠覆，也是对职业教育本身的真正回归。“双化”教学切实实现了课堂与车间、教师与师傅、学生与徒弟、理论与实践、素质与技能的有机融合。结果，学生愿学了，课堂活跃了，职业教育也活了。

“双化”教学的大力推进，让学校焕发了勃勃生机。7年来，齐河职业中专在校生由1000余人迅速发展到7000余人，学校为当地培养各类企事业人才、出国就业人才等超过万人。2004年，学校成为首批国家级重点职业学校，来校学习取经的省内外兄弟单位络绎不绝。

一颗职教明星在鲁西北上空升起来了！

二、“双化”教学的两大特点

（一）学生为主

“双化”教学最显著的特点，就是课堂由过去的以教师传授知识与技能为主转变成现在的以学生主动学习为主。以2009级电子技术应用2班孙秀云老师的理论课“单向收音机电路信号流程”和2010级机电2班于雪琴老师的实习课“车倒角”为例，前者在教室里进行，后者在车间里实施。但无论是孙老师的“把课堂变成车间”，还是于老师的“把车间变成课堂”，他们共同的做法就是把时间交给学生，把学习的主动权交给学生。电子技术应用2班的45位同学每人手持一张线路图，再加一个收音机线路实物模型，在孙老师的指导下，他们一会儿独自阅读、埋头查证，一会儿分组讨论、发言……短短的40分钟，他们就在理论与实践的结合中掌握了“信号流程”知识。而于老师的课更是令人叫绝，她先是用小黑板展示理论要点，接着又以娴熟的技艺当场进行实际操作演示，然后，46位学生便即刻分组上机，使用一台教练车床和14台实习车床，45分钟内顺利完成了学习任务，合格率达95%以上。

“双化”教学要求教师树立全新的教学观，从过去以教师为主的教学模式中走出来，抛弃过去“满堂灌”的教学方式，实行在教师指导下学生自主学习的新方式，使学生的学习变成主动的、探索性的学习，培养学生的自主创造能力。在教学中，教师要充分调动学生的学习积极性，激励学生参与学习的热情，鼓励学生敢于提问、敢于挑战权威，充分发挥学生的主体作用，培养创新型人才。

齐河职专汽修实习课

（二）实践当头

“双化”教学的另一个显著特点，就是将过去的理论传授转变成实践当头。课堂上，让学生初步了解理论之后马上进行实践，形成动手习惯，培养实际操作能力，从而更加深刻地理解理论，为最终熟练地掌握技术、技能、技巧打下牢固的基础。学校明确提出了“黄金素质、钢铁技能”的培养目标，要求每一个专业教师既要让学生掌握本专业的实践技能，未毕业前就成为熟练的技术人才，使技能“钢铁化”；又让学生在实践过程中逐渐形成高尚的职业道德、团结协作精神、环保习惯、人文素养等，让素质“黄金化”。

陶行知说：“教、学、做是一件事，不是三件事。我们要在做上教，在做上学。不在做上用工夫，教固不成教，学也不成学。”温家宝总理指出：“在做中学才是真学，在做中教才是真教，职业教育最大的特征就是要把求知、做人、教学、技能结合在一起。”“教学做合一”体现的就是实践性。

齐河职专车工实习

“课堂车间化，车间课堂化”这一专业教学模式可以很好地实现“在教中做，在做中学”“教学做合一”。因为这一模式既重视专业理论教学，又重视通过实践环节对学生进行专业技能技巧的培养，以提高学生的技术应用能力，从而要求教师在选择教学内容时做到理论与实践训练并重，注重理论与实践的紧密联系，以“必需、够用”为原则，通过分析、诊断教材，确定教学内容的重点、难点和关键点，对知识进行合理取舍，同时又要保证各章节之间知识的连贯性。对于一些内容多、容量大的课程，可以选择核心内容、重点和难点内容讲授；对于一些内容类似或相近的课程，可以将内容重组后分专题讲授。这一模式要求教师在教学中要重视对学生实践能力的培养；同时要求教师要不断提高自己的实践能力，多去实习室、实训基地，深入实际，积极参加生产和工程设计，参与科研活动，将理论、实践与科研有机结合起来。

通过强化实践教学，学生的实践能力不断提高，我校毕业生的就业竞争力大大增强。2009 年 5 月，被分配到龙口隆基三泵集团的数控专业毕业生穆建超，三个月后工资就拿到了 4000 多元。他在回校探望老师时自豪地说：“我上班第一天就能熟练操作数控机床，带班师傅连连竖起大拇指。师傅说，齐河职专的学生来了就能顶岗，真是了不起!”

三、教产一体化的尝试

数控实训基地

学校在实习实训设施建设中时刻不忘生产。我校数控实训基地是教育部和财政部确定的2005年度山东省首批四个中央财政支持的职业教育数控技术实训基地建设项目之一。学校按照以就业为导向的方针，邀请有关行业、企业专家对拟购设备进行论证，聘请济南铁道职业学院庞机伟、王光勇，济南机床一厂李汝河等数控高级技师参与指导学校实训基地建设，以确保采购的实训设备符合专业培养目标和企业岗位的要求，实训设备来自沈阳机床厂、宝鸡机床厂、浙江数控集团、上海机床厂、青岛海克斯康以及方正集团等，构成了完整的生产加工流水线。学校采取“设备边到位、边调试、边使用”的建设方案，确保到位一台、调试一台、使用投产一台。到2006年10月底所有设备到位后，数控实训基地已经全部建成。近3年来，学校又先后投资200多万元购进部分设备。学校依托数控实训基地，注册成立了齐河科发数控技术有限公司，聘请企业家张延良担任公司副总，负责管理企业，保证学生在生产中学习、在学习中生产，使教学和生产融为一体。

随着“双化”教学改革的不断深入，新的矛盾不断出现，如学生多、设备少，学生动手实践的机会受到很大限制。为解决这个问题，学校除继续购买设备、进一步扩充实习实训设施外，大胆引进企业，实行真正的校企合作，尝试教产一体化，引进管理方式、设备、资金和人才，不断扩大实习实训规模，为“双化”教学创设了优越的实习环境。

一是引进管理方式。除了前面提到的聘请企业家张延良担任齐河科发数控技术有限公司的副总外，还聘请山东三铭国际机械有限公司的工程师马景涛为齐河科发机械加工公司的负责人，以及青岛埃姆泰克电子公司副经理卢伟华为学校电子厂厂长，他们既是教师又是管理者，每天都要指导学生进行实践操作并进行散单生产。二是引进设备。“每天都在这条振动马达生产线上进行实践操作，月月还能拿到650元的工资，我们现在是‘带薪上学’

了。”电子专业学生杨亚楠高兴地说。他说的这条生产线属于青岛埃姆泰克电子有限公司，与其他企业不同的是，这家企业就建在齐河职专的校园里，每天来这里“上班”的学生有50名。学校电子厂引进了先进的生产设备，振动马达生产线就是为韩国三星集团服务的。企业负责投入资金和部分设备，允许学生进厂实习生产，并按时发放“工资”。这种模式让学校解决了学生实习问题，公司解决了劳动力和厂房问题，实现了双方“互惠共赢”。学生是这种模式的最大受益者，不仅每月的工资能补贴生活费、学杂费，更重要的是“实战”生产环境代替了以前的“模型”实习，他们能亲自操作仪器，亲身体验企业生产和管理环节，能更快地适应现实的工作岗位。三是引进人才。为使教学内容与科技发展、企业生产技术的变革同步，学校先后从社会上聘请了25名专家和技术人员作为兼职教师，他们承担部分专业理论讲授和校内实训任务，并促进专业教师提高实践能力。齐河县畜牧总站站长刘强是学校畜牧兽医专业的兼职教师；刘玉军和张丽丽都是威海博客牛仔服装公司服装设计人员，也都在我校服装专业任教；数控专业兼课教师庞机伟、王光勇、刘传勇，是全国、全省技能大赛获奖者；汽修专业兼课教师王新是济南技术学院高级讲师和高级技师；王涛是齐河县汽修厂厂长、技师，实践经验丰富。

电子实习车间

2009年10月10日，学校数控实训基地（齐河县科发数控技术有限公司）承接生产的200套黄河斯太尔差速器下线、装箱，正准备运往中国重汽集团。当时来校视察的山东省教育厅党组成员、总督学徐曙光目睹了此情此景，他十分高兴，赞赏地说：“你们把生产、教学结合在一起，这种做法很好!”

四、“双师”名，“双化”通

教师是推行教学改革、推动学校持续发展的主力军。通过实践，齐河职专人意识到，要长期推行“双化”教学，必须要有两个硬件：一是花大力气完善实习实训设施；二是打造一支强大的既能当教师又能当师傅的“双师型”教师队伍。近8年来，学校千方百计地筹措资金，陆续建成了30个实验实习室和实训车间，基本完成了“硬件”建设，满足了“双化”改革的需要。与此同时，学校又不断运用“走出去，请进来”“双考证”“传、帮、带”等形式，建设另一个“硬件”——“双师型”教师队伍。

“双师”名，“双化”通，一支“双师型”教师队伍逐渐形成。目前，全校奋斗在教学一线的276名教师中，已有245名（占90%）成为“双师型”教师，其中30多名已成为全校、全市乃至全国的职教名师。

“齐河职专的‘双师’都是‘逼’出来的。”这是陈爱峰校长经常说的话。一直以来，大多数职专教师基本上只会动嘴不会动手，再好的设备，教师不会操作，也没有价值。于是，学校提出了“口硬，手更要硬”的口号，五招并举，全力打造“双师型”师资队伍。一是企业岗位实践。学校健全了专业教师企业岗位实践制度，每年分批组织专业教师到企业生产一线，在实际岗位技能的操作过程中学习真功夫。企业岗位实践是专业教师业绩考核的重要内容。二是师傅传、帮、带。学校以专业科为单位，通过新老教师结对子，进行专业技能传授，建立校内专业教师培养机制，通过技能突出的教师来影响带动一大批青年专业教师，使他们迅速成长为学校专业技能教学的中坚力量。学校先后从济南、青岛聘请20多名理论和实践能力兼备的专业技术人员到校任教，他们除了承担部分专业理论和校内实习课教学外，主要是带动、培训学校专业教师。学校还多次从清华大学、山东巴伐利亚职教师资培训中心聘请职教专家到校指导教学。三是外派教师参加省级和国家级骨干专业教师培训。近几年，学校争取所有参加省级和国家级骨干专业教师培训的机会，安排专业教师外出培训，先后有4名教师出国培训，学习先进的岗位技能。四是在车间强化技能。学校将专业教师的考核重心放在实践操作上，专业教师在每学期专业理论考核过关后，还要参加专业技能操作考核。专业教师一个一个过关，考核不合格，再练、再补考，一次不行，两次、三次……直到合格为止。五是技能竞赛引导。学校建立师生同台竞赛制度和竞赛辅导机制，对辅导学生参加省市和国家技能大赛的教师予以资金奖励，实行绩效考核，以此调动教师钻业务、提技能的积极性。

实践证明，只有“口硬、手硬”，教师全身“硬”，“双化”教学才能得到真正落实，学校发展才蒸蒸日上。

五、实施“双化”教学的原则与方法

（一）实施原则

教学原则是对教学工作的基本要求，用于处理该教学模式在实施中的各种基本矛盾和关系。《学记》有云：“君子既知教之所由兴，又知教之所由废，然后才可以为人师也。”一个合格的教师，只有认识教学规律，正确地运用教学原则，才能保证教学工作顺利进行，取得良好的效果。“课堂车间化，车间课堂化”这一教学模式应该遵循什么样的教学原则呢？

教师在传授书本知识和理论时，要密切联系客观实际，引导学生把理论与实践、思想与行动统一起来，培养学生运用所学理论分析和解决实际问题的能力。职业教育应培养学生从事生产、服务、管理等一线工作的能力，所以教师在教学中应将理论与实践相结合。教学与生产相结合不仅是必要的，而且是必须的，因为职业教育的首要任务是培养知识与技能兼备的高素质复合型人才，以满足快速发展的知识经济对人才的需求。

传统的学校教学以传授书本知识为主，客观上容易产生理论脱离实际的问题。教师只有认真贯彻理论联系实际的原则，把理论讲授与生活实际结合，把动脑与动手结合，才能处理好间接经验与直接经验、观点与材料、学与用的关系，使学生获得科学的知识，获得实实在在的技能。

贯彻这一原则，一是要重视理论知识教学，提高学生对理论联系实际的认识。这是学生全面系统地掌握知识、培养技能的重要保证。科学系统的知识体系有利于学生为进一步的学习打下良好的基础。二是要理论联系实际，组织学生进行练习、实验、实习、参观、生产等实践活动，组织学生参加课外活动、校外活动、社会调查、科学实验制作等活动。这样，学生在实践中巩固、验证、补充知识，达到锻炼独立思考能力与提高创造能力的目的。

（二）实施方法

教学方法是教师和学生为实现教学目的、完成教学任务所采用的相互作用的手段和一整套方式。它既包括教师教的方法，也包括学生学的方法，是教授方法与学习方法的统一。教师要从学生实际出发，选用各种教学方法诱发学生学习的内在因素，调动学生学习的积极性、主动性，指导学法，培养其独立思考和探索的能力。

在“双化”教学中，教师应正确对待学生的差异，要热情帮助智力发展差、学业成绩不好的学生，使每一个学生都学有所成，为社会所容，为企业所用。

1. **直观教学法**

教师通过直观教具和现代化技术手段，甚至直观语言，丰富学生的感性经验，为学生形成科学概念、掌握理论知识、发展智力创设条件。尤其是在职教教学中，教师应充分利用直观手段，让学生运用多种感官参加认识活动，获得鲜明生动的表象，在感知的基础上认识事物的本质，建立正确的概念。直观教学能引起学生的学习兴趣，利于学生对知识的理解和巩固，能够促进学生观察力、思维能力和想象力的发展，能减轻学生的疲劳程度，促使其提高学习效率。在"双化"教学模式的推广过程中，直观教学法是首选的教学方法。

直观教学一般分为实物直观、模像直观、语言直观。不同学科、不同教材、不同年龄的学生，对直观教学的需求各不相同。如机电、电子、微机、数控等专业，可以尽量多进行实验、实习，甚至生产；服装、食品等专业可采用实物标本、图表或模型等进行教学。为了展示事物的内部结构、运动状态和变化过程，可利用整套的图片或幻灯、电视、录像、教学、电影、模型等，以引起学生认识的深刻变化。随着学生年龄增长、抽象思维能力发展，语言直观的作用越来越重要，它能唤起学生的鲜明形象感，促进学生技能的进一步发展。

直观教具的运用要与语言讲解相结合，直观手段的运用要和教师的指导、讲解、指示相配合，教师要充分发挥语言的调节作用，以保证教学的目的性、实效性。同时，教师要调控学生活动的顺序、纪律和方法，保证活动的效率，对于较隐蔽但很重要的因素要善于准确提示，及时纠正学生产生的错觉，引导学生抓住关键要素。

要注意和防止直观教学可能产生的消极影响。在实物展示、模像展示或实际操作过程中，教师要克服片面追求形式上的热闹、不讲究实效的做法，要采用分组教学等方式，带着理论去实践，在实践中及时进行理论指导，方能收到较好的效果。

2. **演示法**

演示法指教师把实物或直观教具演示给学生看，使学生通过观察获得感性材料，以说明和印证知识的方法。按所用教具分，演示可分四类：一是实物、标本、模型和图片的演示；二是图表、示意图、地图的演示；三是实验的演示；四是幻灯、录像、教学电影等的演示。按教学要求分，演示可分为两类：一是演示单个的物体或现象；二是演示事物运动发展和变化的过程。

这是一种以直观为主的教学方法。“双化”教学模式在日常教学中首先受到了教学条件的制约，我们不可能把教室随心所欲地搬进车间或把车间随心所欲地搬进教室。“课堂车间化，车间课堂化”指的是“课堂”，而不是“教室”。只要是为了教学需要，车间、田野、养殖场都可以称为“课堂”。职教课堂尤其需要教师有创设氛围的能力。“课堂车间化”要求教师在课堂上善于创设车间的氛围，要从师傅的视角，像面对工人一样来设计教学，要理论联系实际，广泛运用语言直观、模像直观甚至实物直观来传授知识，尽量让学生看得见、摸得着。“车间课堂化”要求教师在车间善于创设课堂的氛围，要从教师的视角，像面对学生一样来讲解理论，引导学生进行技能训练，要实践联系理论，通过实践加深学生对理论的理解，使理论学习直观化。

演示法的优点是直观性强，能激起学生的学习兴趣，能促进学生思考，发展观察力，能给学生留下立体的印象，给人一种身临其境的感觉。运用演示法的要求：一是充分准备好演示教具。二是向学生展示实物或教具时，要加强观察对象和背景之间的差别，如颜色对比、大小对比、光线强度对比等，以凸显教学所需的形象。三是对直观材料进行组合，让学生进行整体的感知。四是增强感知对象的活动性，以提高演示效果。教师运用演示法时要指导学生边观察、边比较、边思考，使学生获得全面正确的认识。另外，要时时联系知识讲解，心中牢记教学目的，否则就容易使课堂仅仅是表面上热闹。

3. **参观法**

参观法一般分三种：一是准备性参观，在讲授新课之前进行，为学习新课提供感性认识。二是并行性参观，在学习某一课题的过程中进行，即边讲边看，把理论和实际联系进来，一般和现场教学相结合。三是总结性参观，在讲完新课后进行，以验证、巩固和加深所学的知识。

教师可以根据教学目的，组织学生到工厂、车间、实习室、实践基地、养殖场、大自然、博物馆等地，使学生通过观察和研究实际事物或现象获得学习知识的方法。这种方法适合于学生掌握难以理解但暂时无法实现实际操作的内容。例如，单子叶植物与双子叶植物的区别、棉铃虫与美国白蛾的区别、工厂生产流程等。

参观法使教学与生产、生活紧密联系起来，能开阔学生的视野，使学生在认识世界、了解社会的活动中受到生动实际的教育。教师组织学生参观要有明确的目的，制订可行性参观计划；参观时，要引导学生细心观察，围绕主要内容收集资料并做必要的记录；参观进程中要维持好秩序，保证学生的安全；参观后指导学生写出参观报告。

4. **实习作业法**

电工课堂

实习作业法是教师根据教学标准，组织学生进行实际操作，把书本知识运用于实践的方法。实习作业在专业课学习中占有重要地位，如游标卡尺的应用，畜牧兽医专业中的植物栽培、动物饲养，电工、钳工、车工、数控、微机等专业的生产技术实习等。它有利于培养学生运用书本知识、从事实际工作的能力，以及完成任务的机敏性、独立性和自信心。这种方法是用理论来指导实践，同时又用实践来验证理论。它是体现“车间课堂化”的主要教学方法。

5. **分组练习法**

分组练习法是在教师指导下，学生分组练习，以巩固知识和形成技能技巧的基本方法。它不仅能使学生牢固地掌握知识，形成技能技巧，而且对培养学生的团结协作精神、始终如一的态度、文明安全的习惯等都有重要作用。

运用分组练习法要做到以下四点：一是选好小组长。小组长要真正起到模范带头作用，这是保证本组顺利完成任务的前提。二是示范在先。在练习前要先做示范，保证全体学生，尤其是组长能理解其基本步骤及注意事项。三是同步指导。在课堂上要先精讲理论，凸显要点；在练习过程中，要在把握全局的同时尽量做到个别指导、因材施教；在课堂小结时，要画龙点睛，进行小结。四是要培养学生养成文明安全的生产习惯，树立“没有安全便没有一切”的意识。教师在课前要将安全注意事项讲清楚，在上课过程中要时时注意学生的安全操作。

当然，“教学有法，教无定法”，以上所述的五种方法只是在该教学模式推广中常用的方法。区分教学方法是为了切实了解各种教学方法的性质特点，以便教师在教学实践中把各种联系密切的教学方法结合起来，加以综合运用。教学方法选择和应用的基本要求是符合科学性、实效性和灵活性。任何教学方法都是动态的、发展的，因此中等职业学校应该重视理论与实践的结合。广大教师在“双化”教学模式的实践中大胆实践与探索、积极学习与创新，是该模式得以“生根”“发芽”“开花”，直至长成“参天大树”的最根本的途径。

对教育教学规律的探索是永无止境的，在今后的教学中，我们还需对这一模式进行探索，使之不断完善。

一、“课堂车间化，车间课堂化”教学模式的发展空间

“课堂车间化，车间课堂化”和“半工半读，工学交替”都是适合职业教育的专业教学模式。从某种意义上讲，“课堂车间化，车间课堂化”也是“半工半读”的一种体现。“半工半读，工学交替”适合于“劳动密集型”专业，而对于“技术密集型”专业来讲，“课堂车间化，车间课堂化”的教学模式则更实际、更有效。它突破了学校到企业寻求实习场所、企业到学校获得廉价劳动力的浅层次合作。而且，鉴于职业教育对人才培养的技术性、超前性、储备性和企业效率优先、利润优先的原则性制约，职业学校将专业实训全部寄希望于企业，这显然是不成熟和一相情愿的。所以说“课堂车间化，车间课堂化”这一专业教学模式是一种更有生命力、更为实际的教学模式。但现阶段，由于建设实习室和实训基地所需资金数额较大，再加上不是每个“技术密集型”专业都能建成自己的实训基地，所以学校还需要与企业广泛开展多种形式的合作，进一步建立产学研相结合的人才培养机制，作为专业教学实习实训环节的补充。但就中国职业教育的长远和健康发展而言，“课堂车间化，车间课堂化”教学模式是一种有着强大生命力的专业教学模式。

二、“双师型”教师队伍是推动“课堂车间化，车间课堂化”的关键

目前，职业学校专业教师队伍的培养主要有以下三种途径：一是从社会

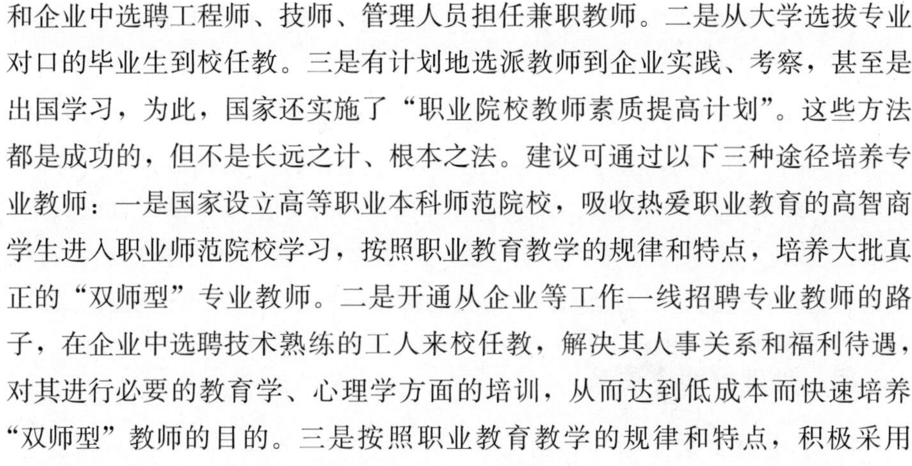

和企业中选聘工程师、技师、管理人员担任兼职教师。二是从大学选拔专业对口的毕业生到校任教。三是有计划地选派教师到企业实践、考察，甚至是出国学习，为此，国家还实施了“职业院校教师素质提高计划”。这些方法都是成功的，但不是长远之计、根本之法。建议可通过以下三种途径培养专业教师：一是国家设立高等职业本科师范院校，吸收热爱职业教育的高智商学生进入职业师范院校学习，按照职业教育教学的规律和特点，培养大批真正的“双师型”专业教师。二是开通从企业等工作一线招聘专业教师的路子，在企业中选聘技术熟练的工人来校任教，解决其人事关系和福利待遇，对其进行必要的教育学、心理学方面的培训，从而达到低成本而快速培养“双师型”教师的目的。三是按照职业教育教学的规律和特点，积极采用“课堂车间化，车间课堂化”教学模式，培养大批“双师型”专业教师。

“双师型”教师在教室、车间或其他教学场所，既会像传统老师一样教授理论知识，又会像传统的师傅一样能够动手操作。他是根据教学目标的需要，及时地转换教师与师傅角色的老师。当然，在课堂上，要以教师为主导，以学生为主体。那么，学生也要随着教师转换角色的同时，自然而然地进行学生与徒弟角色的转换。例如，于雪芹老师在程控室上的“外圆粗车循环 G71”一节课，通过教师示范、学生模仿，把时间还给学生，随着屏幕上的钢锭“化作绕指柔”，那科技的“火花”映照出了职专教师别具一格的风采，也映出了职教学生绚丽的梦想。这就是职业教育者的理想殿堂。

三、改变两个认识

（一）不要把“课堂车间化”与“车间课堂化”分裂开来

“双化”教学的本质是“理论联系实践，实践验证理论，理论与实践紧密结合”。它强调知识与技能的相互转化，是以培养学生的心智与操作技能为目的一种教学模式。因此，无论是在教室还是在车间，或者在其他教学场所，只要是以理论知识联系技能实践，就是“课堂车间化”；只要是以技能实践验证理论知识，就是“车间课堂化”。可见，“双化”教学的本质与时间、地点都没有关系。一节课，可能有许多次的“课堂车间化”，也可能有许多次的“车间课堂化”。

不要把“课堂车间化”与“车间课堂化”分裂开来，甚至当做两个概念来看待。因为无论在课堂还是在车间，都应该做到理论联系实际。

（二）不要把“课堂车间化，车间课堂化”与“半工半读，工学交替”对立起来

“技术密集型”专业和“劳动密集型”专业都是相对的，不是绝对的。而且地区间、学校间，甚至一个学校的不同发展阶段，条件都是不一样的。采用什么教学模式，应因时、因地制宜，而且两种甚至多种模式可以共用。其实，“双化”教学模式与“半工半读，工学交替”这种办学模式也是有机联系、相互补充的，因为他们的本质目的都在于真正实现“理论联系实践”。

四、处理好两个关系

（一）处理好教学与生产的关系

“课堂车间化，车间课堂化”这一专业教学模式将教学与生产融为一体。实习室和实训基地在满足学生实习实训的同时，可以面向社会进行有偿服务，但学校应正确处理好教学与生产的关系。实习室和实训基地的首要职能是培养人，而不能像企业那样以提高效率和经济利益作为首要目标，这一点是非常重要的。

（二）处理好生产实践与职业素质培养的关系

学校应该将职业道德教育融入生产实践中，让学生在实训中接受现代企业文化的熏陶，有意识地培养学生的职业意识与职业道德。必须明白，职业教育如果忽视了对学生综合职业素质的培养，学生就会缺乏后续发展的能力，难以立足于未来。

总之，职业教育作为现代国民教育体系的重要组成部分，已经上升为教育工作的战略重点。职业学校要进一步提高办学质量，就必须深化专业教学改革，加大探索力度。齐河中职将进一步探索、充实和完善“课堂车间化，车间课堂化”这一专业教学模式，为职业教育的健康、持续、快速发展作出应有的贡献。

让学生掌握深广的理论知识不是职业教育的主要追求，但仅以训练技能为中心则会将职业教育推向另一个极端。职业教育不但要培养学生适应某一职业岗位或岗位群的基本工作能力，还要培养学生实现职业发展梦想的学习

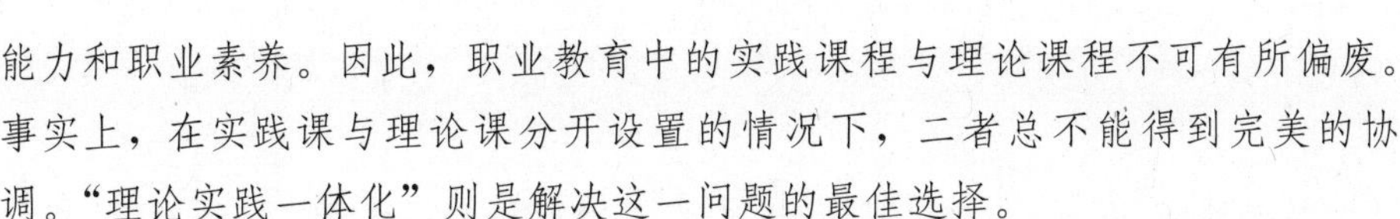

能力和职业素养。因此，职业教育中的实践课程与理论课程不可有所偏废。事实上，在实践课与理论课分开设置的情况下，二者总不能得到完美的协调。“理论实践一体化”则是解决这一问题的最佳选择。

齐河县职业中等专业学校开展“课堂车间化，车间课堂化”的“双化”教学模式则是“理论实践一体化”教学的一种形式。“双化”教学要求模糊课堂与车间、教师与师傅、学生与徒弟的界限，实现理论教学与实践教学的紧密结合。在课堂上，不再以知识的内在逻辑组织教学，也不以使学生掌握系统的理论知识为目标，而是要通过实物直观、模像直观和语言直观等向学生展示理论知识在现实中的应用，从而将理论与实践联系起来。在车间中，教师不仅要教会学生操作工具或机器，完成生产或服务过程，还要教会学生懂得操作的原理及其在整个生产和服务过程中的意义，从而将实践与理论联系起来。该校在推行“双化”教学模式的过程中，还从引进管理、引进设备、引进人才等方面着手，为实施“教学生产一体化”准备了条件；以实施企业岗位实践制度等方式推进“双师型”教师队伍建设，为成功开展“双化”教学提供了保障。

该校的“双化”教学模式取得了明显的效果，不仅提高了教学质量，培养出了深受企业欢迎的技能型人才，而且也造就了一支素质优良的“双师型”教师队伍。该校的实践使我们看到了“双化”教学模式未来的发展前景。同时我们也需要对“双化”教学模式进行反思与完善。首先，对“双化”教学模式的本质有待进一步认识。目前，学校将“双化”教学的本质界定为“理论联系实践，实践验证理论，理论与实践紧密结合”，实际上，实践不仅能验证理论，更重要的是能发展理论，“课堂车间化”与“车间课堂化”所要解决的并不是理论联系实际和实践验证理论的问题，其核心是通过理论与实践一体化的教学模式培养学生创造性地解决实际问题的能力。其次，学校进行了“教学生产一体化”的尝试，取得了明显的效果。但值得我们关注的是，在“教学生产一体化”的探索过程中如何解决生产与教学之间的矛盾，因为并不是所有的生产任务都适合于教学。只有这个问题解决好了，才能避免将学生作为廉价的劳动力使用。

（点评：徐涵）